中国技能大赛——全国医药行业职业技能竞赛教材

全国职业教育医药类规划教材

医药物流管理技术

YIYAO WULIU GUANLI JISHU

中国医药教育协会职业技术教育委员会　　组织编写

鲍宗荣　　张晓军　　主编

U0359815

化学工业出版社

·北京·

本教材以《医药商品储运员　国家职业技能标准》为依据，围绕收货入库、储存养护、复核出库、运输配送等职业活动，按照现代职业教育的要求，以符合职业教育特点，紧扣工种培养定位，突出实用技能要求。面向医药流通及医药物流企业工作一线，在现有教材基础上，精选和更新了内容，增加了新技术、新设备和新方法，拓宽了知识面，既保证必要的基本知识、基本理论，又注重职业技能和能力的培养，体现科学性、先进性、规范性、实用性。

本教材在内容上基于职业技能标准、技能竞赛大纲及医药行业特性，体现和满足医药商品储运工种国家职业资格的要求，范围与深度与职业标准、中国技能大赛竞赛大纲相适应，适合医药职业类院校学生、医药行业职工等参考用书。

图书在版编目（CIP）数据

医药物流管理技术/中国医药教育协会职业技术教育委员会组织编写；鲍宗荣，张晓军主编. —北京：化学工业出版社，2020.2　（2025.6重印）

中国技能大赛——全国医药行业职业技能竞赛教材

全国职业教育医药类规划教材

ISBN 978-7-122-35897-4

Ⅰ.①医… Ⅱ.①中… ②鲍… ③张… Ⅲ.①医疗产品-物流管理-高等职业教育-教材 Ⅳ.①F763

中国版本图书馆 CIP 数据核字（2019）第 297961 号

责任编辑：张　蕾　陈燕杰　　　　　　　　　　文字编辑：赵爱萍
责任校对：边　涛　　　　　　　　　　　　　　装帧设计：王晓宇

出版发行：化学工业出版社（北京市东城区青年湖南街 13 号　邮政编码 100011）
印　　装：河北延风印务有限公司
787mm×1092mm　1/16　印张 14¾　字数 361 千字　2025 年 6 月北京第 1 版第 13 次印刷

购书咨询：010-64518888　　　　　　　　售后服务：010-64518899
网　　址：http://www.cip.com.cn
凡购买本书，如有缺损质量问题，本社销售中心负责调换。

定　　价：39.00 元

中国医药教育协会职业技术教育委员会
第三届常务理事单位名单

主　任　蒋忠元　上海医药职工大学
副主任

　　　　曲壮凯　辽宁医药职业学院

　　　　朱照静　重庆医药高等专科学校

　　　　阳　欢　江西省医药技师学院

　　　　李光勇　河南医药技师学院

　　　　吴昌标　福建生物工程职业技术学院

　　　　张　晖　山东药品食品职业学院

　　　　张炳烛　河北化工医药职业技术学院

　　　　葛　虹　广东食品药品职业学院

　　　　徐小萍　上海健康医学院医学影像学院

　　　　龚　谦　长江职业学院

　　　　彭　莺　深圳技师学院生物学院

　　　　韩忠培　浙江医药高等专科学校

秘书长　王冬丽　上海市医药学校

常务理事单位

　　　　河南通量电子科技有限公司

　　　　四川省食品药品学校

　　　　广州市医药职业学校

　　　　江苏省连云港中医药高等职业技术学校

　　　　辽宁医药职业学院

　　　　江苏省常州技师学院

　　　　重庆医药高等专科学校

　　　　广东省食品药品职业技术学校

天津现代职业技术学院

江西省医药技师学院

江西省医药学校

河南医药技师学院

山东医药技师学院

上海驭风文化传播有限公司

广东岭南职业技术学院

福建生物工程职业技术学院

上海市中药行业职业技能培训中心

山东药品食品职业学院

河北化工医药职业技术学院

湖南食品药品职业学院

山西药科职业学院

上海医药（集团）有限公司

广东食品药品职业学院

北京奥鹏远程教育中心有限公司

河南应用技术职业学院

江苏省徐州医药高等职业学校

上海健康医学院医学影像学院

汕头中医药技工学校

长江职业学院

深圳技师学院生物学院

杭州第一技师学院

浙江医药高等专科学校

河南应用技术职业学院医药学院

南京药育智能科技有限公司

编写人员名单

主　编　鲍宗荣　张晓军

编　者

王丽红　山东药品食品职业学院

厉　欢　河南医药技师学院

龙　尾　天津现代职业技术学院

杨　涛　华润医药商业集团有限公司物流中心

吴　杰　江苏省徐州医药高等职业学院

何学志　江苏省医药商业协会

何秋红　江苏省润天生化医药有限公司

张晓军　杭州第一技师学院

张雪荣　河北化工医药职业技术学院

金　爽　辽宁医药职业学院

赵　瑞　浙江英特物流有限公司

姜云莉　山西药科职业学院

黄玉洁　四川省食品药品学校

崔　艳　上海市医药学校

麻佳蕾　金华职业技术学院

韩瑶聘　江苏省常州技师学院

曾凡林　广东省食品药品职业技术学校

鲍宗荣　华润江苏医药有限公司

主　审　吴华庆　浙江省中医药健康产业集团有限公司

序

近年来，国务院先后发布了《关于推行终身职业技能培训制度的意见》和《国家职业教育改革实施方案》，对新时期开展职业教育和职业培训提出了新的指导思想和具体任务，把职业教育培训摆在国家改革创新和经济社会发展中更加突出的位置。在两个文件中，都把开展技能竞赛、职业资格制度和职业技能等级制度（"1＋X"制度试点）作为职业院校学生、企业员工强化工匠精神和职业素质培育，坚持产教融合、校企合作、知行合一、德技并修的重要举措。

中国技能大赛——全国医药行业职业技能竞赛经国家人力资源和社会保障部批准，已由中国医药教育协会连续举办五届，历时十年，对医药行业技能水平提升发挥了重要作用。此外，"1＋X"制度的推进，使医药行业技能等级培训、评价，在原有职业资格制度基础上做得更加深入，将引起医药职业院校更大的关注和期待。为适应医药行业技术发展职业技能竞赛、"1＋X"制度试点改革的需要，中国医药教育协会决定由中国医药教育协会职业技术教育委员会组织对《药品购销技术》《中药调剂技术》和《医药物流管理技术》竞赛培训教材进行编写，就研究组织教材编写的活动形成了几大特点。

1. 教材内容基于《中华人民共和国职业分类大典》（2015 年版）的职业（工种）定义、技能竞赛大纲，体现和满足医药商品购销员、中药调剂员和医药商品储运员三个工种的国家职业资格要求、范围和深度与职业标准、中国技能大赛竞赛大纲相适应。因此其实践性、应用性较强，突破了传统教材以理论知识为主的局限，突出了职业技能特点。

2. 教材突出实践导向，以岗位实际要求为出发点，以职业能力和职业素养培养为核心，整合相应的知识点、技能点，实现工作与学习的统一，理论与实践的统一，专业能力、方法能力和社会能力的统一；在内容选取上适应企业岗位需求，突出实用性和针对性；教材为书网融合教材，即纸质教材与数字教学资源有机融合，增加学习趣味性。

3. 教材注重产教融合，采用企业与院校双主编，将行业中现行的新技术、新规范、新标准融入到教材内容中，实现校企合作、工学结合的"无缝对接"。

4. 实行主审制，每本教材均邀请专业领域内企业专家担任主审，确保教材内容准确性。

本套教材紧扣药品流通领域职业需求，以实用技术为主，产教深度融合，可作为学校相关专业教学用书，也可用于药品流通领域企业在职员工培训、日常学习。教材将会听取各方面的意见，及时修订并开发新教材以促进其与时俱进、臻于完善。

愿使用本套教材的每位师生收获丰硕！愿我国医药事业不断发展！

中国医药教育协会职业技术教育委员会

2020 年 1 月

前　言

本教材是以《医药商品储运员　国家职业技能标准》为依据，围绕收货入库、储存养护、复核出库、运输配送等工作职业活动，突出实用技能要求。按照现代职业教育的要求，紧扣工种培养定位、突出技能养成、渗透工匠精神、源于生产实践，改革了教材体系；突出技能实用、理论够用，强化实践环节，面向医药物流企业工作一线，精选和更新内容；以符合职业教育特点，夯实基础、重视应用、突出创新，理论为实践服务；增加新技术、新设备和新方法，拓宽知识面，既保证必要的基本知识、基本理论，又注重职业技能和能力的培养，体现教材的科学性、先进性和实用性。

本教材主要内容为医药学基础知识、现代医药物流基础知识、现代医药物流管理、收货入库、储存养护、复核出库、运输配送、培训与指导。在内容上基于职业技能标准、技能竞赛大纲，体现和满足医药商品储运工种国家职业资格的要求，范围与深度与职业标准、中国技能大赛竞赛大纲相适应。

通过对本教材的学习目标、教学内容、测试、实训的学习应达到以下基本要求：掌握医学、药学和医药商品基础知识；掌握现代医药物流管理相关知识；增强现代医药物流技能；提高药品入库、药品储存养护、药品出库、药品配送运输等岗位技能操作水平。教材突出以实践导向；以工作任务来整合相应的知识、技能和态度，实现理论与实践的统一、专业能力和方法能力、社会能力培养的统一，有利于现代医药物流从业人员综合能力的提高；在内容编排方式上适应企业岗位的特点，有利于激发学习的积极性。

本教材由鲍宗荣、张晓军担任主编，并分别主持第五章和第四章编写。姜云莉、麻佳蕾参与编写第一章；厉欢、黄玉洁参与编写第二章；杨涛、曾凡林、金爽参与编写第三章；赵瑞参与编写第四章；吴杰参与编写第五章；张雪荣、何秋红参与编写第六章；崔艳、何学志、龙尾参与编写第七章；王丽红、韩瑶聘参与编写第八章。

由于编者水平与经验有限，书中疏漏之处在所难免，敬请读者批评指正。

编者

2019 年 12 月

上篇
医药物流管理基础知识

下篇
医药物流管理工作技能

上篇
医药物流管理
基础知识

第一章
医药学基础知识

⬤ 学习目标

本章教学内容要求在了解人体结构与功能等医学基础和医药学基础知识上，重点学习药物的剂型及作用等药学基础知识，了解药物在体内吸收和发挥药效的过程，熟悉影响药物作用的因素，了解医药商品的分类和包装，掌握医药商品储运和质量管理。通过本章学习，达到以下基本要求：了解人体结构及功能的基本知识，熟悉药物作用的性质、构效关系和有效性等知识；掌握药物常用剂型及临床应用的特点；掌握医药商品的分类、医药商品的储运管理和质量管理，了解医药商品包装的基本知识。

第一节　医学基础知识

一、人体的构成及功能

人体是一个统一的整体，各系统既具有本身独特的形态、结构和功能，又在神经系统的统一支配下和神经体液的调节下，相互联系，相互制约，协同配合，共同完成统一的整体活动和高级的意识活动。

（一）细胞的结构及功能

细胞是构成人体基本的结构和功能单位（见图1-1），人体的细胞多种多样，形态各异，大小不等，功能不同。除血液中成熟的红细胞外，细胞由细胞膜、细胞质、细胞核三部分构成。其中细胞膜具有维持细胞形态、进行细胞与周围环境之间的物质交换、参与细胞相互识别和传递信息等功能；细胞质是细胞膜和细胞核之间的物质，其内有许多具有一定形态结构并担负不同生理功能的细胞器，如细胞的消化器官溶酶体、细胞的氧化供能站线粒体、细胞的运动器官微丝微管、细胞的代谢器官内质网，此外还有高尔基复合体、核糖体、中心体等。细胞核是细胞的重要组成部分，其化学成分主要是核蛋白，由核酸和蛋白质结合而成。核酸有两种，脱氧核糖核酸（DNA）和核糖核酸（RNA），其中以DNA为主，是遗传的物质基础。

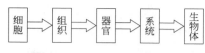

图 1-1　细胞与生物体的关系

（二）人体主要系统

人体的系统是由执行某种相同功能的器官有机地联系组成，具有特定功能。

1. 运动系统

由骨、骨连接和骨骼肌组成。骨与不同形式的骨连接联结在一起构成骨骼，形成了人体体形的基础，并为肌肉提供了广阔的附着点。

运动系统主要的功能是运动；其次是构成人体体形、支撑体重和内部器官以及维持体姿；最后最重要的功能是保护和支持脑、心、大血管、肺等重要脏器。

2. 血液系统

由血浆和血细胞组成，是人体重要的组成部分，正常人的血液总量占体重的 6%～8%。血浆是血液的液体成分，血浆是血细胞的细胞外液，是重要的机体内环境。血细胞是血液的有形成分，包括红细胞、白细胞、血小板，占 40%～50%，它们均起源于造血干细胞。

3. 心血管系统

由心脏和血管组成，其内有血液循环流动。心脏是推动血液流动的动力器官。心脏有四个腔室，即右心房、右心室、左心房、左心室。血管包括动脉、静脉和毛细血管。心血管系统负责氧和营养物质的运输，通过血液循环运输到组织和细胞。根据循环路径不同可分为体循环和肺循环两类。

4. 消化系统

消化系统由消化道和消化腺组成。消化道是人体的"食品加工厂"，包括口腔、咽、食管、胃、小肠、大肠，主要功能是摄入食物、将食物粉碎成为营养素、吸收营养素进入血液，以及将食物的未消化部分排出体外；消化腺包括唾液腺、胃腺、肝脏、胰腺、肠腺，其主要功能是分泌消化液，参与代谢。

5. 呼吸系统

呼吸系统由气体通行的呼吸道和气体交换的肺所组成。呼吸道由鼻、咽、喉、气管、支气管和肺内的各级支气管分支所组成。从鼻到喉这一段称上呼吸道；气管、支气管及肺内的各级支气管的分支这一段为下呼吸道。其中，鼻是气体出入的门户，又是感受嗅觉的感受器官；咽不仅是气体的通道，还是食物的通道；喉兼有发音的功能。

机体通过呼吸运动，不断地从空气中得到氧气，同时不断地排出机体在进行新陈代谢过程中产生的二氧化碳，确保新陈代谢的正常进行，为机体生命活动提供能量。因此呼吸是昼夜不停、一生不止的，呼吸一旦停止，机体就会死亡。

6. 泌尿系统

泌尿系统由肾脏、输尿管、膀胱和尿道组成。其中，肾脏是人体代谢废物的"处理站"，通过形成尿液将体内各种废物和多余水分排出体外。

当血液流经肾脏时，绝大部分的血液都要流经肾小球，其中一部分血浆（约 1/5）除大分子的蛋白质外，水和小分子的物质都能透过毛细血管壁和肾小囊的脏层而进入囊腔，此滤过液叫原尿。当原尿流过小管系统时，约 99% 的水和机体所需要的物质被肾小管上皮细胞重吸收回血液；而代谢终产物则仅少量未被重吸收或不吸收的水和物质形成尿液。

将肾脏形成的尿液送往膀胱，膀胱是个有一定容积的囊状器官，可暂时储存尿液的器官，逐渐积累到最大容量，才产生尿意通过尿道排出体外。一般膀胱能容纳 350～500ml 的尿液，所以，在正常情况下，成人一昼夜排尿 3～5 次。

7. 生殖系统

生殖系统分为男性生殖系统和女性生殖系统。男女生殖系统均分为内生殖系统和外生殖系统。男性内生殖器包括睾丸、输精管道和附属腺；女性内生殖器包括卵巢、输卵管、子宫和阴道。

生殖系统的功能如下。

（1）产生生殖细胞　完成生殖功能，以保证个体的繁荣和种族的延续。

（2）产生激素　调节人体的生理功能和行为活动，如睾丸产生的雄激素可促进男性第二性征的出现和维持性功能，并可促进红细胞的生成；卵巢分泌的雌激素可促进女性性器官的发育和第二性征的出现，卵巢分泌的孕激素有维持妊娠和刺激乳腺发育的作用等。

8. 内分泌系统

内分泌系统总指全身内分泌腺体，是神经系统以外的另一重要功能调节系统。内分泌腺体分泌的激素是一种高效能的物质，主要调节机体的新陈代谢、生长发育或生殖功能等。当激素的量过多或过少时，都会严重地影响人体的正常功能，甚至导致内分泌疾病。

9. 神经系统

神经系统由中枢神经系统及外周神经系统两部分组成。中枢神经系统包括脑和脊髓，分别位于颅腔和椎管内，两者在结构和功能上紧密联系。外周神经系统包括 12 对脑神经和 31 对脊神经。外周神经分布于全身，把脑和脊髓与全身其他器官联系起来，使中枢神经系统既能感受内外环境的变化（通过传入神经传输感觉信息），又能调节体内各种功能（通过传出神经传达调节指令），以保证机体的完整统一及其对环境的适应。

神经系统是机体生命活动中起着主导作用的功能调节系统。机体各器官、系统的功能和各种生理过程都是在神经系统的直接或间接调节控制下，互相联系、相互影响、密切配合，实现和维持正常的生命活动；同时，神经系统对体内各种功能不断进行迅速而完善的调整，使机体适应体内外环境的变化；人类的神经系统高度发展，特别是大脑皮质不仅进化成为调节控制机体活动的最高中枢，而且进化成为能进行思维活动的器官。因此，人类不但能适应环境，还能认识和改造世界。

（三）功能活动的调节

人类的生命活动，实际上是体内各部分细胞共同活动的结果。正常机体通过调节作用，共同维持内环境的相对稳定。机体内环境，即为细胞外液，约 3/4 为组织液，分布在全身的各种组织间隙中，是血液与细胞进行物质交换的场所；约 1/4 为血浆，分布于心血管系统，血浆与血细胞共同构成血液，在全身循环流动，是体内物质运输的主要媒介。内环境的稳态是处于动态平衡状态，例如体温维持在 37℃ 左右，血浆 pH 维持在 7.35～7.45，血糖平衡等。

机体对外环境变化的反应，是与环境变化相适应的。当机体发生适应性反应时，既要调节运动系统完成一定的动作，又要调节内脏活动保持稳态，这些调节是由机体内三种调节机制来完成的，即神经调节、体液调节与器官、组织、细胞的自身调节，其中神经调节是体内最重要的调节机制。

1. 神经调节

神经调节是通过神经系统的活动对机体功能进行的调节，基本方式是反射。完成反射的结构基础是反射弧。通常构成反射弧的五个环节是：感受器→传入神经→中枢→传出神经→效应器。例如当血液中氧分压下降时，颈动脉等化学感受器发生兴奋，通过传入神经将信息传至呼吸中枢导致中枢兴奋，再通过传出神经使呼吸肌运动加强，吸入更多的氧使血液中氧分压回升，维持内环境的稳态。

反射类型可分为非条件反射和条件反射。非条件反射是先天遗传的，是一种初级的神经活动，如呼吸反射就是一种简单的非条件反射。条件反射是后天获得的，是个体在生活过程中按照它的生活条件而建立起来的，是一种高级的神经活动，如工人进入劳动环境中就会发生呼吸加强的条件反射，这时虽然劳动尚未开始，但呼吸系统已增强活动，为劳动准备提供足够的氧并排出二氧化碳。所以，条件反射是更具有适应性意义的调节。

2. 体液调节

体液调节指体液中的化学物质，即机体内分泌细胞分泌的各种激素，通过体液的运输，对机体各部分发挥的调节作用。这些激素经血液运送到全身各处，主要调节人体的新陈代谢、生长、发育、生殖等重要的基本功能。

很多内分泌腺体可直接或间接地受中枢神经系统的调节，在这种情况下，体液调节成了神经调节的一个环节，又称为神经-体液调节。

3. 自身调节

自身调节是指内外环境变化时组织、细胞不依赖于神经或体液调节而产生的适应性反应。例如，心肌收缩产生的能量在一定范围内与收缩前心肌纤维的长度成正比，即收缩前心肌纤维愈长，收缩时释放的能量愈多。又如，脑血管的血流量在理论上应决定于动脉血压的高度，但平均动脉压在一定范围内升降时，脑血管可相应地收缩或舒张以改变血流阻力，使脑血流量能保持相对恒定。一般来说，自身调节的调节幅度较小，也不十分灵敏，但常常也是准确、稳定的，对于生理功能的调节仍有一定意义。

二、医学微生物学

微生物是指一切肉眼看不见或看不清的微小生物，包括细菌、病毒、真菌等。生物界的微生物达几万种，大多数对人类有益，只有一少部分能导致疾病。能引起人和动物致病的病原微生物主要有：细菌、真菌、病毒、放线菌、螺旋体、衣原体、支原体、立克次体等。

（一）细菌

细菌是一种单细胞生物体，广泛分布于土壤和水中，或与其他生物共生。人和动植物的许多传染病，都是由细菌引起的。

细菌按其形态分为球菌、杆菌、螺形菌三类。其结构如图 1-2 所示，由细胞壁、细胞膜和细胞质等组成，细胞质内含有各种颗粒和储藏物质。

细菌的形态、染色、特殊结构以及生理生化特征等是细菌分类的主要依据。临床上常用革兰染色法将细菌分成两大类，革兰阳性菌和革兰阴性菌。常见的革兰阳性菌有：葡萄球菌、链球菌、肺炎双球菌、炭疽杆菌、白喉杆菌、破伤风杆菌等，它们能产生外毒素使人致病。在治疗上，大多数革兰阳性菌都对青霉素敏感（结核杆菌对青霉素不敏感）。

常见的革兰阴性菌有：痢疾杆菌、伤寒杆菌、大肠埃希菌、变形杆菌、铜绿假单胞菌、百日咳杆菌、霍乱弧菌及脑膜炎双球菌等，它们产生内毒素，靠内毒素使人致病。在治疗

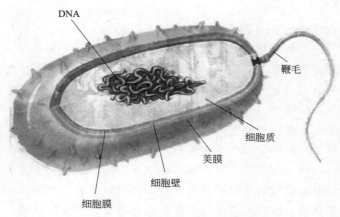

图 1-2 细菌细胞的结构

上，革兰阴性菌则对青霉素不敏感，可以选择氟喹诺酮类药物如诺氟沙星、左氧氟沙星等，也可以选择大环内酯类比如克拉霉素、罗红霉素等。

（二）真菌

真菌是一种真核细胞型的微生物。它们在自然界分布广泛，有些真菌如蘑菇、木耳、银耳、竹荪等，它们既是一类重要的菌类蔬菜，又是食品和制药工业的重要资源。但是真菌也会给人类带来许多危害，如梅雨季节，家具、衣服长出的"白毛"；阴湿的仓库里，粮食、蔬菜、水果常常腐烂变质等。对人类致病的真菌分浅部真菌和深部真菌，前者主要侵犯皮肤、毛发、指甲，后者可侵犯全身内脏，严重的可引起死亡。此外有些真菌寄生于粮食、饲料、食品中，能产生毒素引起中毒性真菌病。

（三）病毒

病毒是由一个核酸分子（DNA 或 RNA）与蛋白质构成的非细胞形态的靠寄生生活的生命体。病毒不能单独生存，必须在活细胞中过寄生生活，寄生在人或其他动物身上的病毒称为动物病毒，如人类的天花、肝炎、流行性感冒、麻疹等疾病，动物的鸡瘟、猪丹毒、口蹄疫等，都是因为病毒寄生于人体及畜禽细胞而引起的；寄生在植物体上的叫植物病毒，烟草花叶病、马铃薯的退化病等都是由植物病毒引起的；寄生在昆虫体上的病毒是昆虫病毒，由于这种病毒可以有效地杀死害虫，所以近年来被当作生物农药广泛使用。

在通常情况下，病毒感染能够引发免疫反应，消灭入侵的病毒。而这些免疫反应能够通过注射疫苗来产生，从而使接种疫苗的人或动物能够终生对相应的病毒免疫，即人工免疫。

（四）其他微生物

除细菌、真菌、病毒外，自然界还有放线菌、螺旋体、衣原体、支原体、立克次体等微生物。放线菌与人类关系密切，目前广泛应用的抗生素约 70％是各种放线菌产生的，少数放线菌也会对人类构成危害，引起皮肤、伤口感染等；螺旋体广泛分布在自然界和动物体内，可引起皮肤病、血液感染等，患回归热、梅毒、钩端螺旋体等疾病；衣原体广泛寄生于人类、哺乳动物及鸟类，仅少数有致病性，可引起沙眼、泌尿生殖道感染等；支原体为目前发现的最小、最简单的原核生物，可引起肺炎、尿路感染等；立克次体是细胞内寄生物，主要寄生于节肢动物，有的会通过蚤、虱、蜱、螨传入人体，引起如斑疹伤寒等。

第二节　药学基础知识

一、药物的剂型

药物的剂型是指将药物制成适用于临床使用的形式，简称剂型，如胶囊剂、片剂、注射剂等。剂型是药物应用于人体的最终形式，对药效起着极为重要的作用，如，不仅增加了药物的稳定性，有时还可减少毒副作用。此外剂型还可适应不同的临床需求，同一种药物还可加工成不同的剂型供临床使用。如注射剂等速效剂型，可用于急救；而缓控释制剂可用于慢性病治疗等。

（一）药物剂型的分类

目前，常用剂型较多，可依据不同需要进行不同分类，常用分类方法有：按给药途径分类、按分散系统分类、按制法分类、按形态分类等。本节重点介绍与临床使用密切相关的按给药途径分类。

1. 经胃肠道给药的剂型

经胃肠道给药的剂型是指药物制剂经口服进入胃肠道，经胃肠道吸收而发挥药效的剂型。其给药方式简单，如口服溶液剂、乳剂、混悬剂、散剂、片剂、颗粒剂、胶囊剂等。容易受胃肠道中酸或酶破坏的药物一般不宜采用此类剂型。

2. 非经胃肠道给药的剂型

非经胃肠道给药的剂型是指除口服给药途径以外的所有其他剂型，这些剂型可在给药部位起局部作用或被吸收后发挥全身作用。

（1）注射给药剂型　如注射剂，包括静脉注射、肌内注射、皮下注射、皮内注射及腔内注射等多种注射途径。

（2）呼吸道给药剂型　如喷雾剂、气雾剂、粉雾剂等。

（3）皮肤给药剂型　如外用溶液剂、洗剂、搽剂、软膏剂、硬膏剂、糊剂、贴剂等。

（4）黏膜给药剂型　如滴眼剂、滴鼻剂、眼用软膏剂、含漱剂、舌下片剂、粘贴片及贴膜剂等。

（5）腔道给药剂型　如栓剂、气雾剂、泡腾片、滴剂及滴丸剂等，用于直肠、阴道、尿道、鼻腔、耳道等。

（二）药物剂型的特点

剂型应取决于原料药物特性、临床给药需求以及药品的安全性、有效性和稳定性等，剂型之间不能随意相互替代。除另有规定外，生物制品应于 $2\sim8$℃避光储存和运输。常见药物剂型如下。

1. 片剂

片剂系指原料药物或与适宜的辅料制成的圆形或异形的片状固体制剂。一般分为口服片剂、口腔用片剂和外用片。片剂剂量准确，质量稳定，服用方便，便于识别，成本低廉；但其溶出速度较慢，有时影响其生物利用度；儿童及昏迷患者不易吞服；含挥发性成分的片剂储存较久时含量下降。

2. 胶囊剂

胶囊剂系指原料药物或与适宜辅料充填于空心胶囊或密封于软质囊材中制成的固体制

剂，可分为硬胶囊、软胶囊（胶丸）、缓释胶囊、控释胶囊和肠溶胶囊，主要供口服用。胶囊剂能掩盖药物的不良嗅味，提高药物的稳定性，提高药物的生物利用度，将含油量高的药物或液态药物制成软胶囊，以方便计量和服药等。

3. 注射剂

注射剂指原料药物或与适宜的辅料制成的供注入体内的无菌制剂，可分为注射液、注射用无菌粉末与注射用浓溶液等。注射剂起效迅速、剂量准确、作用可靠，适用于不宜口服的药物，适用于不能口服药物的患者，能产生定位及靶向给药的作用；但使用不便，注射部位疼痛，稳定性差，生产成本高。

4. 颗粒剂

颗粒剂指原料药物与适宜的辅料混合制成具有一定粒度的干燥颗粒状制剂，可分为可溶性颗粒剂、混悬型颗粒剂和泡腾性颗粒剂等。颗粒剂可以直接吞服，也可以冲入水中饮入，应用和携带比较方便，溶出和吸收速度较快。但缺点是其生产成本高、易潮解、对包装方法和材料要求高、机动性差无法随症加减等。

5. 溶液剂

溶液剂指药物溶解于适宜溶剂中制成的澄清液体制剂，可供内服或外用。如果是用滴管以小体积计量或以滴计量的口服溶液剂、混悬剂、乳剂则称为滴剂。溶液剂服用方便、取量准确，作用迅速，具有良好的生物利用度，特别对小剂量药物或毒性较大的药物更适宜；但储运不方便，水性制剂易霉变，对包装材料要求高。

6. 散剂

散剂指原料药物或与适宜的辅料经粉碎、均匀混合制成的干燥粉末状制剂。散剂粉碎程度高，表面积大、易分散、起效快；外用覆盖面大，具保护、收敛等作用；制备工艺简单，剂量易于控制，便于小儿服用；储存、运输、携带比较方便。但使用中无法保证散布均匀，可能造成局部药物过量或剂量不足，尤其一些对皮肤黏膜具有刺激性的药物不宜制成散剂使用。

7. 栓剂

栓剂指原料药物与适宜基质制成供腔道给药的固体制剂，可分为直肠用栓、阴道栓和尿道栓。栓剂不受或少受胃肠道 pH 值或酶的破坏；可避免药物对胃黏膜的刺激性和肝脏首过消除。适宜于不能或不愿口服给药的患者；可在腔道起润滑、抗菌、杀虫、收敛、止痛、止痒等局部作用。

8. 贴剂

贴剂指原料药物与适宜的材料制成的供粘贴在皮肤上的可产生全身性或局部作用的一种薄片状制剂。贴剂可用于完整皮肤表面，也可用于有疾患或不完整的皮肤表面。其中用于完整皮肤表面，能将药物输送透过皮肤进入血液循环系统的贴剂称为透皮贴剂。

9. 涂剂

涂剂指含原料药物的水性或油性溶液、乳状液、混悬液，供临用前用消毒纱布或棉球等柔软物料蘸取涂于皮肤或口腔与喉部黏膜的液体制剂。涂剂是涂于局部皮肤的外用澄清液体制剂，多为抗霉菌、腐蚀或软化角质药物的醇溶液，也有用其他有机溶剂做溶剂的。涂剂一般应仅用于局部患处，勿沾染正常皮肤或黏膜。

10. 软膏剂、乳膏剂

软膏剂指原料药物与油脂性或水溶性基质混合制成的均匀的半固体外用制剂，分为溶液型软膏剂和混悬型软膏剂。乳膏剂指原料药物溶解或分散于乳状液型基质中形成的均匀半固体制剂，分为水包油型乳膏剂和油包水型乳膏剂。除另有规定外，软膏剂应避光密封储存。乳膏剂应避光密封置 25℃ 以下储存，不得冷冻。

11. 丸剂

丸剂指原料药物与适宜的辅料制成的球形或类球形固体制剂。中药丸剂包括蜜丸、水蜜丸、水丸、糊丸、蜡丸、浓缩丸和滴丸等。

12. 凝胶剂

凝胶剂指原料药物与能形成凝胶的辅料制成的具凝胶特性的稠厚液体或半固体制剂。除另有规定外，凝胶剂限局部用于皮肤及体腔如鼻腔、阴道和直肠。

13. 喷雾剂

喷雾剂指原料药物或与适宜辅料填充于特制的装置中，使用时借助手动泵的压力、高压气体、超声振动或其他方法将内容物呈雾状物释出，用于肺部吸入或直接喷至腔道黏膜及皮肤等的制剂。按使用方法分为单剂量和多剂量喷雾剂。喷雾剂能使药物迅速达到作用部位、起效快，避免首过效应，副作用小，使用和携带方便；但生产成本高，遇热和撞击可能发生爆炸，且可因抛射剂渗漏而失效。

14. 洗剂

洗剂指含原料药物的溶液、乳状液或混悬液，供清洗或擦涂无破损皮肤或腔道用的液体制剂。除另有规定外，洗剂应密闭储存。

15. 酊剂

酊剂指将原料药物用规定浓度的乙醇提取或溶解而制成的澄清液体制剂，也可用流浸膏稀释制成。供口服或外用。

二、药物的作用

（一）药物作用的性质和方式

药物作用是指药物与机体细胞间的初始作用；药理效应是指继发于药物作用之后所引起机体器官原有功能的变化，是药物作用的结果。由于两者意义相近，所以常相互通用。

1. 药物作用的性质

药物作用的性质主要有两种类型：凡能使机体原有生理、生化功能增强的作用称为兴奋作用，如咖啡因能提高中枢神经系统的功能活动，使人精神振奋，思维活跃等；凡能使机体原有生理、生化功能减弱的作用称为抑制作用，如地西泮能降低中枢神经系统的功能活动引起镇静催眠、西咪替丁减少胃酸分泌等。

2. 药物作用方式

药物作用方式分局部作用与吸收作用。药物吸收入血以前，在用药局部产生的作用称为局部作用。如抗酸药氢氧化铝中和胃酸作用、口服硫酸镁的导泻和利胆作用。药物从给药部位吸收入血后，分布到机体各组织器官而产生的作用称为吸收作用或全身作用。如口服阿司匹林的退热作用、肌内注射硫酸镁产生降血压和抗惊厥作用。

（二）药物作用的选择性和双重性

1. 药物作用的选择性

药物进入机体后，对某些组织器官产生明显作用，而对另一些组织器官作用很弱甚至无作用，这种在作用性质和作用强度上的差异，即为药物作用的选择性。如强心苷类药物对心肌具有明显的兴奋作用，而对骨骼肌和平滑肌则无作用。

药物作用的选择性是相对的，常与药物的剂量相关。如小剂量阿司匹林有抗血小板聚集的作用，剂量加大则产生解热镇痛、抗炎、抗风湿作用。药物作用的选择性是药物分类的基础，同时也是临床选择用药的依据。

2. 药物作用的双重性

药物进入机体后，既可产生对机体有利的治疗作用，又可能产生对机体不利的不良反应，这就是药物作用的双重性。在用药过程中，凡符合用药目的或能达到防治疾病效果的作用称为治疗作用。根据治疗目的不同，又可分为对因治疗和对症治疗。凡不符合用药目的并给患者带来不适或痛苦的反应均称为不良反应。根据治疗目的、用药剂量大小及反应的严重程度，不良反应可分为以下几类。

（1）副作用　是指药物在治疗剂量下发生的与用药目的无关的不适反应。副作用属药物固有的药理作用，一般都较轻微，是与治疗作用同时发生的，通常可预知，但较难避免，故可事先告诉患者，以免患者误认为病情加重。有些药物的副作用是可设法纠正的，如用麻黄碱防治哮喘时，其同时出现的中枢兴奋作用可导致患者失眠，若同时服用镇静催眠药可纠正。

（2）毒性反应　是指用药剂量过大或用药时间过长，药物在体内蓄积过多时发生的危害机体的反应。毒性反应是药物药理作用的延伸，通常也可预知。因此，若使用了对造血系统、肝脏、肾脏有毒性的药物时，应定期检查有关血液、尿液等的生化指标，发现异常，应及时停药或换用他药。毒性反应通常与药物的剂量和用药时间有关，在临床用药时，应注意掌握用药剂量和间隔时间，以防止毒性反应的发生。

致畸、致癌、致突变合称"三致反应"，是药物引起的特殊毒性反应，属于慢性毒性范畴，常用于评价药物的安全性。尤其是胎儿在开始发育的最初3个月内，有丝分裂处于活跃阶段，胚胎发育分化很快，易受药物的影响，故在怀孕的头3个月内用药应特别谨慎。

（3）变态反应　又称为过敏反应，是指机体受药物刺激所产生的异常免疫反应，可引起机体生理功能障碍或组织损伤。如药物热、皮疹、接触性皮炎、溶血性贫血、过敏性休克等。变态反应与药物剂量无关，在治疗量或极少量时即可发生，如微量的青霉素可引起过敏性休克。变态反应见于少数过敏体质的患者，致敏物质可能是药物本身，或是药物在体内的代谢物，甚至是药物制剂中的杂质。由于变态反应大多不易预知，因此对于易致变态反应的药物或过敏体质的患者，用药前应详细询问患者的过敏史，并做皮肤过敏试验，凡有过敏史或过敏试验阳性者，禁用有关药物。

（4）继发反应　是指由于药物治疗作用引起的不良后果，又称治疗矛盾。如长期应用广谱抗生素，由于敏感菌被抑制，一些不敏感的细菌大量繁殖而引起继发性感染，称二重感染。

（5）后遗效应　是指停药后血浆药物浓度已降至最低有效浓度以下时仍残存的药理效应。如应用长效巴比妥类催眠药后，次晨仍有困倦、头昏、乏力等"宿醉"现象。

（6）停药反应　是指长期服用某种药物，突然停药后原有疾病复发或加重的反应，又称为反跳。如长期服用普萘洛尔治疗高血压，若突然停药会导致血压急剧回升；对这类药物，如需停药，应逐步减量，以免发生危险。

（7）特异质反应　是指某些药物可使少数患者出现与常人不同的特异性不良反应。如少数红细胞葡萄糖-6-磷酸脱氢酶缺乏的患者，在应用有氧化作用的伯氨喹、磺胺等药物时，可能引起溶血。大多是由于机体生化机制异常所致，与遗传有关，属于遗传性生化缺陷。

3. 药物的构效关系与量效关系

（1）药物的构效关系　药物作用的性质取决于药物的化学结构，结构相似的药物可引起相似或相反的效应。有些药物结构式相同，但光学活性不同而成为光学异构体（对映体），它们的药理效应不全相同。如左旋体的奎宁有抗疟作用，而右旋体的奎尼丁产生的却是抗心律失常作用。了解药物的构效关系有助于深入认识药物的作用，对定向设计药物结构、研制开发新药等有重要的指导意义。

（2）药物的量效关系　药物剂量是决定血药浓度和药物效应的主要因素。在一定范围内，药物剂量的大小与血药浓度高低成正比，效应随着剂量的增加而增强。但若剂量过大，则可引起毒性反应，出现中毒甚至死亡。

半数有效量（ED_{50}）是指能引起50％阳性反应或50％最大效应的剂量。半数有效量越小，表明药理效应越强；反之，药物活性越弱。

极量（最大治疗量）是能产生最大治疗作用的剂量，是安全用药的极限。

治疗量是最小有效量与极量之间的剂量。常用量是比最小有效量大，比极量小的剂量。常用量在一般情况下是安全而有效的剂量，药典对药物的常用量都有明确规定。

效价是指药物达到一定效应时所需的剂量。效能是指药物产生最大效应的能力。效价和效能反映药物的不同性质，具有不同的临床意义，可用于评价性质相同药物中不同品种的作用特点。

4. 药物的安全性评价

评价药物安全性的指标有治疗指数、半数致死量、安全指数和安全范围等。

（1）治疗指数（TI）　是指药物半数致死量与半数有效量的比值，即 $TI = LD_{50}/ED_{50}$。治疗指数越大的药物相对安全性越大。

（2）半数致死量（LD_{50}）　是能引起50％实验动物死亡的剂量。半数致死量是反映药物毒性的重要指标，其值越小，毒性越大，其值越大，毒性越小。

（3）安全指数（SI）　是指药物最小中毒量（LD_5）与最大有效量（ED_{95}）的比值，即 $SI = LD_5/ED_{95}$。安全指数越大的药物安全性越大。

（4）安全范围　是最小有效量与最小中毒量之间的范围。安全范围越大，药物毒性越小，用药越安全。

三、药物的体内过程

药物由给药部位进入机体产生药理效应，然后由机体排出，其间经历吸收、分布、代谢和排泄四个基本过程，这个过程称为药物的体内过程。

（一）药物的吸收及影响因素

药物自给药部位进入血液循环的过程称为吸收。除静脉注射无吸收过程外，药物吸收的快慢和多少，常与给药途径、药物的理化性质、吸收环境等密切相关。

1. 消化道给药

消化道给药包括口服给药、舌下给药、直肠给药。

口服给药是最常用的给药途径，其特点是简单、经济、安全，但有很多因素会影响药物在胃肠道吸收：①药物的崩解度；②胃排空速度；③食物等。口服药物在胃肠黏膜吸收后，首先经门静脉进入肝脏，当通过肠黏膜及肝脏时部分药物发生转化，使进入体循环的有效药量减少，这种现象称首关消除。首关消除明显的药物有硝酸甘油、普萘洛尔等，一般不宜口服或需调整口服用量。

少数药物可经舌下含化，通过口腔黏膜吸收，并可避免首关消除，如硝酸甘油可舌下给药控制心绞痛急性发作。对少数刺激性药物或不能口服药物的患者，可直肠给药，尤其适合小儿、老人而被采用。

2. 注射给药

静脉注射可使药物迅速而准确地进入体循环，没有吸收过程。肌内注射及皮下注射，药物通过毛细血管壁吸收，肌肉组织的血流量明显多于皮下组织，故肌内注射比皮下注射吸收快。水溶液吸收迅速，油剂、混悬剂或植入片可在注射局部形成小型储库，吸收慢，作用持久。

3. 呼吸道给药

气体或挥发性药物经口、鼻吸入后经呼吸道可由肺泡吸收。肺泡表面积大，且血流丰富，药物吸收快而完全，临床对哮喘治疗常采用此种给药法。

4. 经皮和黏膜给药

完整的皮肤吸收能力较差，外用药物主要发挥局部作用，如果在制剂中加入促皮吸收剂，可使吸收能力加强。如硝苯地平贴皮剂用于预防心绞痛发作。此外，口腔黏膜、支气管黏膜、鼻黏膜和阴道黏膜均可吸收药物。

（二）药物的分布及影响因素

药物从血循环通过多种生理屏障转运到各组织器官的过程称为分布。影响分布的因素主要有如下几种。

1. 药物与血浆蛋白的结合

吸收入血的药物可与血浆蛋白呈可逆性结合。与血浆蛋白结合的称为结合型药物，未结合的称为游离型药物。结合型药物暂时失去药理活性，又不被代谢或排泄；游离型药物分子量小，易转运到作用部位产生药理效应。

若同时应用两种与血浆蛋白结合率高的药物，则可竞争结合同一蛋白而发生置换现象。被置换出来的游离型药物比例加大，效应增强或毒性增大。如华法林和保泰松同时使用，前者被后者置换，则游离型的华法林明显增多，导致抗凝作用增强，甚至引起出血。

2. 体液的 pH 值

弱酸性药物在碱性环境中或弱碱性药物在酸性环境中解离增多，不易跨膜转运。通过改变体液 pH 值，可改变药物的分布方向。如抢救弱酸性巴比妥类药物中毒，可用碳酸氢钠碱化血液和尿液，可加速药物自尿液排出。

3. 器官血流量

药物吸收后首先分布于肝、肾、脑、心等血流量相对较大的器官组织，然后再分布到肌肉、皮肤或脂肪等血液灌注量相对较小的组织，这种现象称为药物的再分布。

4. 组织的亲和力

药物对某些组织的特殊亲和力，使药物在该组织浓度明显高于其他组织。如碘主要集中于甲状腺；钙沉积于骨骼中等。四环素与钙络合沉积于骨骼及牙齿中，会使儿童骨骼生长抑制及牙齿黄染。

5. **特殊屏障**

药物在血液与器官组织之间转运时所受到的阻碍称为屏障，主要的屏障有血-脑脊液屏障、胎盘屏障等。

（三） **药物的生物转化及影响因素**

药物在体内发生的化学变化称为生物转化，又称代谢。大多数药物主要在肝脏，部分药物也可在其他组织进行生物转化。

药物生物转化后其生物活性有三种变化：①由活性药物转化为无活性的代谢物，称灭活；②由无活性或活性较低的药物变成有活性或活性强的药物，称活化；③由无毒或毒性小的药物变成毒性代谢物。

药物的生物转化必须在酶催化下才能进行，这些催化药物的酶统称为药物酶，简称药酶。肝药酶的活性和含量是不稳定的，且个体差异大，又易受某些药物的影响。

1. **药酶诱导剂**

凡能使肝药酶的活性增强或合成加速的药物称为药酶诱导剂，如苯巴比妥、苯妥英、利福平等，它能加快药物的代谢，使药效减弱。

2. **药酶抑制剂**

凡能使药酶活性降低或合成减少的药物称药酶抑制剂，如氯霉素、对氨基水杨酸、异烟肼等，它能减慢药物的代谢，使药效增强。

（四） **药物的排泄及影响因素**

药物在体内经吸收、分布、代谢后，以原形或代谢产物经不同途径排出体外的过程称排泄。挥发性药物及气体可从呼吸道排出，多数药物主要由肾排泄，有的也经胆道、乳腺、汗腺、肠道等排泄。

1. **肾排泄**

肾是药物排泄最重要的器官。当尿液呈酸性时，弱酸性药物排泄慢，而弱碱性药物排泄快；反之，当尿液呈碱性时，弱酸性药物排泄快，而弱碱性药物排泄慢。临床上可利用改变尿液 pH 值的方法加速药物的排泄以治疗药物中毒。

2. **胆汁排泄**

许多药物及其代谢物可经胆汁排泄进入肠道，某些药物在肠道内又被重吸收，可形成肝肠循环，将使血药浓度下降减慢，作用时间延长。有的抗微生物药物如利福平、多西环素经胆汁排泄，在胆道内浓度高，有利于胆道感染的治疗。

3. **乳汁排泄**

乳汁略呈酸性，脂溶性高的药物和弱碱性药物如吗啡、阿托品等可自乳汁排出，故哺乳期妇女用药应慎重，以免婴幼儿产生不良反应。

4. **挥发性药物、全身麻醉药**

可通过肺呼气排出体外，有些药物还可以从唾液、汗液、泪液等排出。近年来发现某些药物在唾液中的浓度与血药浓度有一定相关性，故唾液可作为无痛性采样药检的手段。

四、影响药物作用的因素

药物应用后在体内产生的作用（效应）常常受到多种因素的影响，例如药物的剂量、制剂、给药途径、联合应用、患者的生理因素、病理状态等，都可影响药物的作用，不仅影响药物作用的强度，有时还可改变药物作用的性质。因此在临床应用药物时，除应了解各种药物的作用、用途外，还应了解影响药物作用的因素，以便更好地掌握药物使用的规律，充分发挥药物的治疗作用，降低不良反应的风险是十分必要的。

（一）药物因素

1. 药物剂型

药物的剂型可影响药物的体内过程。同一药物的不同剂型，吸收速度往往不同。口服时液体制剂比固体制剂吸收快，即使是固体制剂，吸收速度：胶囊剂＞片剂＞丸剂；肌内注射时水溶液吸收＞混悬剂＞油剂。

2. 用药剂量

药物剂量与药物效应密切相关，在一定范围内随剂量增加作用增强，但剂量太大，可产生毒性反应，甚至导致机体死亡；同一药物在不同剂量时，对机体的作用强度不同，用途也不同，例如镇静催眠药地西泮，在低剂量下即可产生抗焦虑作用，对各种原因引起的焦虑症均有明显的疗效；剂量增加，可产生镇静催眠作用；剂量再增加，则有抗惊厥、抗癫痫以及中枢性肌肉松弛等作用。

3. 给药途径

给药途径不同可直接影响药物效应的快慢和强弱。依药效出现时间的快慢，其顺序为静脉注射＞肌内注射＞皮下注射＞口服。临床用药应根据病情需要和制剂特点选择适当的给药途径。

4. 用药时间和次数

用药时间应根据病情需要和药物特点而定。一般来说，饭前服药吸收较好，起效较快；饭后服药吸收较差，起效较慢，有刺激性的药物如水杨酸类，宜饭后服用，可减少对胃肠道的刺激。针对治疗目的不同，也应有相应的选择，如催眠药应睡前服，降糖药胰岛素应餐前给药。

用药次数应根据病情需要以及药物在体内的消除速率而定。通常可参考药物的半衰期。对毒性大或消除慢的药物，应规定一日的用量和疗程。长期用药应避免蓄积中毒，当患者的肝、肾功能不全时，应适当调整给药次数及给药的间隔时间。

5. 联合用药与药物相互作用

联合用药是指两种或两种以上药物同时或先后应用。联合用药往往使药物之间发生相互作用。相互作用可产生两种结果。①协同作用指联合用药使药效相加或增强。如青霉素与链霉素合用，可使抗菌谱扩大，抗菌效应增强。②拮抗作用指联合用药后使原有药效减弱或消失。如胰岛素与普萘洛尔合用，使胰岛素降血糖作用减弱。

在临床上，采用药物间的协同作用多用于增强治疗效果，而采用拮抗作用，多用于减少不良反应或解救药物中毒。

（二）机体因素

1. 年龄

年龄对药物作用的影响主要表现在婴幼儿和老年人。婴幼儿各种生理功能和自身调节机制都不完善，对药物的代谢和排泄能力较差，对药物的消除较慢，易发生毒性反应。用药量可根据体重、年龄或体表面积计算。老年人各系统器官功能逐渐衰退，对药物的消除能力降低，敏感性增加，老年人的用药量一般为成年人剂量的 3/4。此外，还应考虑到老年人常患有多种疾病，同时应用多种药物时要注意药物间的相互作用。

2. 性别

性别对药物反应无明显差别。女性用药应考虑月经期、妊娠期、分娩期、哺乳期，用药时应予注意。

3. 遗传因素

药物作用的差异有些是由遗传因素引起的，遗传因素对药物反应的影响比较复杂，可表现为种属差异、种族差异和个体差异。

4. 病理状态

病理状态能改变药物在体内的药动学，并能改变机体对药物的敏感性，从而影响药物的效应。如营养不良导致低蛋白血症可使药物与血浆蛋白结合率降低，使游离型药物浓度增多，作用增强甚至引起毒性反应；肝功能不全，可使在肝脏生物转化的药物代谢减慢，持续时间延长；肾功能不全可影响自肾排泄药物的清除率，半衰期延长，易引起蓄积中毒等。

5. 心理因素

心理因素对药物治疗效果的影响主要发生在慢性病、功能性疾病及较轻的疾病中。影响药物效应的心理因素很多，包括疾病性质、制剂颜色、包装、价格以及医务人员的语言、行为、态度等，因此，医药工作者应充分利用这一效应，树立良好的职业道德，建立良好的医患关系，以求达到满意的疗效。

6. 长期用药引起的机体反应性变化

长期或连续使用药物后，机体对药物的反应可能发生改变，其原因可能和机体与药物接触后，相应部位受体、神经及其递质或生化代谢改变等有关。

（1）耐受性　是指在连续用药后，机体对药物的敏感性降低而导致药效减弱，需增加剂量才能产生原有效应的现象。一般来说，耐受性可在停药一段时间后消失，此时机体可重新恢复对药物的敏感性。

（2）耐药性　又称为抗药性，是指病原体或肿瘤细胞对化学治疗药物敏感性降低的现象。抗菌药物的广泛应用是导致病原体产生耐药性的直接原因，因此临床用药时，应注意合理应用抗菌药物，以防止或减少耐药性的产生。

（3）依赖性　是指长期用药后患者对药物产生精神性和生理性依赖，需要连续用药的现象，亦称为成瘾。

精神依赖性又称心理依赖性：是指用药后产生愉快满足的感觉，使用者在精神上渴望周期性或连续用药，以获得满足感。若仅产生精神上的依赖性，停药后患者只表现为主观上的不适，没有客观上的体征表现。较易产生精神依赖性的药物是镇静催眠药等中枢抑制药。

生理依赖性或躯体依赖性：由于反复用药造成的一种依赖状态，若中断用药可导致严重的生理功能紊乱而引起强烈的躯体反应，即戒断综合征，渴望再次用药。吗啡、哌替啶等镇痛药以及海洛因等毒品连续应用均可引起躯体依赖性，若突然停药，使用者会出现嗜睡、流泪、流涎、出汗、腹痛、腹泻、肢体疼痛、肌肉抽搐等戒断症状，这是成瘾性不易戒除的主要原因。因此，易产生依赖性的"麻醉药品"和"精神药品"均列入特殊管理药品目录，必须严格控制，合理使用，以防对个人和社会造成危害。

第三节　医药商品基础知识

医药商品是指满足消费者防病、治病、保健等方面需求的特殊商品，正确掌握医药商品基础知识才能准确识别医药商品，对药品储存、养护、运输等环节才能做到精准决策。

一、医药商品的分类

医药商品的分类是从不同的角度来对医药商品进行归类，以便于对其进行储存、养护、运输等操作。

（一）按照药品的来源分类

1. 动物性药

动物性药是利用动物的全体或者部分脏器或其分泌物、排泄物直接制成的药物。中药的全蝎等。

2. 植物性药

植物性药是利用植物的各部分，例如，皮、根、茎、花、叶、果实等制成的药品或者提取植物药用部位中有效成分的药物。例如，人参、阿胶、芦丁等。

3. 矿物药

矿物药是直接利用矿物或经过加工而制成的药物。例如，硫黄、硼砂等。

4. 抗生素

抗生素是利用生物（包括微生物、植物和动物）在其生命活动过程中所产生的（或有其他方法获得的）有机物制成的药物，例如，青霉素、链霉素等，或利用上述有机物进行人工合成制得的半合成抗生素，例如，利福平等。

5. 生物药

生物药是根据免疫学原理用微生物（细菌、病毒等）、微生物和动物的毒素、人和动物的血液及组织等制成的药物，例如，疫苗、人体白蛋白等。

6. 人工合成药

人工合成药是利用化学方法合成的药物，例如，阿司匹林等。

（二）按照药物剂型分类

按剂型分类能在一定程度上反映出药品的外观形态、给药途径、制备方法及储存养护要求等。药品剂型主要有片剂、注射剂、胶囊剂、丸剂和滴丸剂、膜剂、液体制剂、软膏剂、颗粒剂、栓剂、气雾剂、控释剂等。

（三）按照处方药和非处方药分类

1. 处方药

处方药简称 Rx 药，是指必须凭执业医师或执业助理医师处方，才可调配、购买和使用的药品。

2. 非处方药

非处方药简称 OTC 药品，是指不需要凭执业医师或执业助理医师处方，消费者可自行判断、购买和使用的药品，消费者按照药品标签和说明书就可自行使用。根据药品的安全性，非处方药分为甲、乙两类。

（四）按照国家基本药物和非国家基本药物分类

1975 年，WHO 在第 28 届世界卫生大会首次提出国家基本药物，随后又出版了《制定国家药物政策的指导原则》及《基本药物目录》（最新为 2015 版）。我国自 1992 年起结合医疗保险制度的改革，开展制定国家基本药物的工作。

1. 国家基本药物

国家基本药物指从我国临床应用的各类药物中通过科学评价，筛选出来的具有代表性的药物。《国家基本药物目录》原则上每三年调整一次。

2. 非国家基本药物

非国家基本药物指未列入《国家基本药物》的品种，国家仍允许继续发展，继续生产使用，国家鼓励创制新药。

（五）按照传统药和现代药分类

《中华人民共和国药品管理法》规定"国家发展现代药和传统药，充分发挥其在预防、治疗和保健中的作用。"

1. 传统药

传统药又称民族药，是指按照传统医药学理论指导用于疾病预防、治疗的物质，包括中药、蒙药、藏药、维药等。其主要来源是天然药物及其加工品。包括植物药、动物药、矿物药等。

2. 现代药

一般指在现代医学理论指导下用于预防、治疗、诊断疾病的物质，也称为西药。现代药是 19 世纪以来发展起来的，用现代医学、药学理论方法和化学技术、生物技术等现代科学技术手段发现或获得的。根据来源不同，现代药通常分为化学药品、抗菌药物、生物制品和生化药品，如阿司匹林、青霉素、尿激酶、干扰素等。

（六）按照药品管理的特殊性分类

药品按特殊性一般可分为普通药品和特殊管理药品。

1. 特殊管理药品

《药品管理法》规定，国家对麻醉药品、精神药品、医疗用毒性药品、放射性药品实行特殊管理。2005 年 8 月 3 日国务院发布第 442 号令，公布了《麻醉药品和精神药品管理条例》，自 2005 年 11 月 1 日起施行。

毒性药品指的是毒性剧烈、治疗量与中毒量相近，使用不当会导致人中毒或者死亡的药品。

麻醉药品指的是连续使用可以使躯体产生依赖性和精神产生依赖性的药品、药用原植物或者物质。经营麻醉药品的全国性批发企业必须经过国家食品药品监督管理部门批准，区域性批发企业，必须经过省、自治区、直辖市食品药品监督管理部门批准，麻醉药品不准零售。有麻醉药品需求的生产企业的年度需求计划必须上报国家食品药品监督管理部门审批备案。

放射性药品是指用于临床诊断或者治疗的放射性核素制剂或者其标记化合物。放射性药品含有的放射性核素能放射出射线，凡在分子内或制剂内含有放射性核素的药品都称为放射性药品。

精神药品是指作用于中枢神经系统使之兴奋或者抑制，不合理使用或者滥用可以产生药物依赖性的药品或者物质，包括兴奋剂、致幻剂、镇静催眠剂等。分为第一类精神药品和第二类精神药品。经营第一类精神药品的全国性批发企业，必须经国家食品药品监督管理部门批准，区域性批发企业，必须经省、自治区、直辖市食品药品监督管理部门批准。专门从事第二类精神药品批发的企业，必须经省、自治区、直辖市食品药品监督管理部门批准，全国性和区域性批发企业可以从事第二类精神药品的批发。第一类精神药品不准零售，第二类精神药品可在批准的药品零售连锁企业凭医疗机构处方销售。

2. 普通药品

普通药品又称普药，指在临床上已经广泛使用或使用多年的常规药。普药一般毒性较小、不良反应较少、安全范围较大、技术含量低，市场上有多家企业生产销售，产品进入市场比较容易，价格较低，临床上已经形成固定的用药习惯。

（七）基本医疗保险药品

基本医疗保险国家药品目录将药品分为三类：

第一类甲类，可以全部进入医保报销范围，按医保比例报销；

第二类乙类，用此类药需个人先按一定的比例承担部分费用后，剩余部分进入医保报销范围，按医保比例报销；

第三类丙类，这部分的药是不报销的，全部由个人承担。

甲类药品是指全国基本统一的、能保证临床治疗基本需要的药品。这类药品的费用纳入基本医疗保险基金给付范围，并按基本医疗保险的给付标准支付费用。乙类药品是指基本医疗保险基金有部分能力支付费用的药品，这类药品先由职工支付一定比例的费用后，再纳入基本医疗保险基金给付范围，并按基本医疗保险给付标准支付费用。

不能纳入基本医疗保险用药范围的药品有：起滋补作用的药品；部分可以入药的动物或动物脏器；干（水）果类；用中药材和中药饮片泡制的各类酒制剂；各类药品中的果味制剂、口服泡腾剂；血液制品、蛋白类制品（特殊适应证与急救、抢救除外）；劳动和社会保障部门规定基本医疗保险基金不予支付的其他药品。

二、医药商品包装

物流术语中对包装的定义为：包装 Package/packaging，为在流通过程中保护产品、方便运输、促进销售，按一定技术方法而采用的容器、材料及辅助物等的总体名称。也指为了达到上述目的而采用容器、材料和辅助物的过程中施加一定技术方法等的操作活动。

医药商品的包装指的是医药商品在生产结束后进入流通领域的过程中，为保持其质量和价值而采用合适的包装材料进行包装操作的技术处理。

（一）医药商品包装的功能

医药商品包装对药品有着保护的作用，这是包装最基本的功能，其可以体现药品的商用价值，而且可以体现药品的使用价值，不同价格的药品有着不同的包装，医药商品包装可以提高药品的销售价格，所以，医药商品包装是企业提高收益的一种有效方式。

医药商品包装还可以保证药品的药效，其可以保证药品免受外界环境的破坏，药品裸露在自然环境中，会受到风吹日晒，而且容易沾染灰尘，不但药品的药效会大打折扣，还会造成药品污染，引起中毒问题。医药商品包装除了可以保证药品免受外界环境因素的侵袭，还可以避免药品出现破损、丢失等现象。

医药商品包装有利于对药品进行运输，在药品流通的过程中，成盒的药品可以方便装卸，药品包装还可以方便计数，药品从生产到销售会经历较多的环节，在转运的过程中容易出现盗窃丢失问题，而药品包装后可以很好地对其数量进行统计，以及时发现失窃问题。

医药商品包装还具有美化商品的作用，可以吸引较多的顾客，可以提高药品的销量。对于同种药品，顾客在选择的过程中，如果没有明确的目标，会考虑药品外包装的美观性，所以，医药商品包装具有较强的商业价值，提高药品包装的质量，可以更好地吸引顾客的目光。

（二）医药商品包装的分类

医药商品包装必须适合药品质量的要求，方便储存、运输和医疗使用，其从不同的角度分类如下。

1. 按照包装在流通领域中的作用进行分类

从医药商品进入流通领域后，按照其不同的作用可以分为以下几类。

（1）销售包装（即内包装、中包装）　销售包装与药品一起到达销售终端，其主要目的是促进销售。销售包装不仅仅要符合国家对药品包装物、包装材料等要求，而且还要符合消费者的购买理念。新颖美观、赏心悦目，符合医药商品的特点，便于识别和陈列以促进销售和方便消费者使用。

（2）储运包装（即外包装）　储运包装是以储存运输为主要目的的包装。通常是指内包装（或单元包装）外面的纸箱、桶以及其他包装物。储运包装应符合保障药品的安全、避免破损、方便装卸搬运、加速周转、点验等要求。此外，储运包装还应符合国家标准的要求，有明显清楚的运输储存标志，以便提示运输、装卸、堆码、分类、保管等要求。危险品必须有国家标准的危险货物包装标志，特殊管理的药品、外用药品、非处方药应有专用标志。

2. 按照包装技术与目的进行分类

（1）真空包装　真空包装指将药品装入气密性包装容器，抽去容器内的空气，使密封后的容器内达到预定真空度的一种包装。

（2）充气包装　充气包装是指将药品、包装容器、材料灭菌后，用氮、二氧化碳等惰性气体置换容器中原有空气的一种包装。

（3）无菌包装　无菌包装是指将药品、包装容器、材料灭菌后，在无菌的环境中进行充填和密封的一种包装。

（4）条形包装　条形包装是指将一个或一组药片、胶囊之类的小型药品包封在两层连续的带状铝塑包装材料之间，热封并形成一粒一个单元的包装。

（5）喷雾包装　喷雾包装是指将液体或膏状药品装入带有阀门和推进剂的气密性包装容器中，当开启阀门时，药品在推进剂产生的压力作用下被喷射出来的一种包装。

（6）儿童安全包装　儿童安全包装是一种能够保护儿童安全的包装，其结构设计使大部分儿童在一定时间内难以开启或难以取出一定数量的药品。

（7）防潮包装　防潮包装是指为了防止潮气侵入包装物内影响内装药品质量采取的一种防护性包装。防潮包装对包装容器的防潮性能要求低，但在药品包装内加入了适量干燥剂防潮。

（8）防霉腐包装　防霉腐包装是指在药品包装时，采取一定的技术措施使其处在能够抑制霉菌微生物滋长的特定条件下，从而保证药品在有效期内有效、稳定、保质的包装技术。通常包括化学药剂防霉腐包装、气相防霉腐包装、气调防霉腐包装和低温防霉腐包装。

（9）热成型包装　热成型包装是在加热条件下对热塑性片状包装材料进行深冲，形成包装容器，然后进行充填和封口的机器。在热成型包装机上能分别完成包装容器的热成型/包装物料的充填（定量）、包装封口、裁切、修整等工序，包括泡罩式和贴体式包装。

（10）危险品包装　危险品的特点是易燃、易爆、有毒、有腐蚀性或有辐射性。危险品包装应能控制温度、防潮、防止混杂、防震、防火以及将包装与防爆、灭火等急救措施相结合。

3. 按包装材料分类

（1）玻璃 玻璃具有能防潮、易密封、透明和化学性质比较稳定等优点，但玻璃也有较重、易碎，可因受到水溶液的侵蚀而释放出碱性物质和不溶性脱片的缺点。为了保证药品质量，药典规定安瓿、大输液瓶必须使用硬质中性玻璃，在盛装遇光易变质的药品时，应选用棕色玻璃制成的容器。

（2）塑料 塑料具有包装牢固、容易封口、色泽鲜艳、透明美观、重量轻、携带方便、价格低廉等优点。但因塑料在生产中常加入增塑剂、稳定剂、附加剂，直接与药品接触可能与药品发生化学反应，以致药品质量发生变异。塑料还具有透气透光、易吸附等缺点，这些缺点均可加速药品氧化变质的速度，引起药品变质。

（3）纸制品 纸制品来源广泛、成本较低、刷上防潮涂料后具有一定的防潮性能，包装体积可按需要而制造，具有回收使用的价值，是当今使用最广泛的包装材料之一。但是纸制品强度低且易变形。

（4）金属 常用的有黑铁皮、镀锌铁皮、马口铁、铝箔等。该类包装耐压、密封性能好，但是成本高。

（5）橡胶制品 主要用于瓶装药品的各种瓶塞，由于直接与药品接触，故要求具有非常好的生化稳定性及优良的密封性，以确保在有效期内不因空气及湿气的进入而变质。

（6）复合材料 复合材料是包装材料中的新秀，是用塑料、纸、铝箔等进行多层复合而制成的包装材料。常用的有纸-塑复合材料、铝箔-聚乙烯复合材料、铝箔-聚酯乙烯等。这些复合材料具有良好的机械强度、耐生物腐蚀性能、保持真空性能及抗压性能等。从发展趋势看，包装材料逐渐向新型复合材料和特种包装材料的方向发展。

（7）木材 木制包装是用天然生长的木材或人工制造的木材制品作为材料的包装容器。一般用来制作运输包装。其最大特点是：易于加工，锯、刨、钻、凿、钉均可；具有优良的强度/重量比，有一定的弹性、能承受冲击、振动、重压等作用。缺点是干缩湿胀，可腐可燃，易受虫害。

（三）医药商品包装要素

1. 警示语

药品标签和说明书上应加注警示语。处方药警示语是：医师处方销售、购买和使用，其包装上无专用标识。非处方药警示语是：请仔细阅读药品使用说明书并按说明使用或在药师指导下购买和使用，其包装上有椭圆形的 OTC 标识，甲类是红底白字，乙类是绿底白字。外用药品的包装上有红底白字。"外"字的四方形专用标识，无警示语。

2. 药品批准文号

药品批准文号是药品监督管理部门对特定生产企业按法定标准、生产工艺和生产条件对某一药品的法律认可凭证，每一个生产企业的每一个品种都有一个特定的批准文号。药品批准文号是药品生产合法性的标志，其有效期为 5 年。

药品批准文号的格式为：国药准字 H（Z、S、J、B、T、F）＋4 位年号＋4 位顺序号，其中 H 代表化学药品、Z 代表中药、S 代表生物制品、J 代表进口药品分包装、B 代表保健药品、T 代表体外化学诊断试剂、F 代表药用辅料。

3. 国家药品编码

国家药品编码是指在药品研制、生产、经营、使用和监督管理中由计算机使用的表示特定信息的编码标识。国家药品编码以数字或数字与字母组合形式表现（表 1-1，图 1-3），适用于药品研究、生产、经营、使用和监督管理等各个领域以及电子政务、电子商务的信息化建设、信息处理和信息交换。国家药品编码遵循科学性、实用性、规范性、完整性与可操作性的原则，同时兼顾扩展性与可维护性。

表 1-1 国家药品编码构成内容

名称	内容	是否在包装上体现
本位码	本位码是药品唯一的身份标识，用于国家药品注册信息管理	否
监管码	监管码用于药品监控追溯系统，识读器可识读并反映相关产品信息	是
分类码	分类码用于医保、药品临床研究、药品供应及药品分类管理等	否

国家药品编码本位码共 14 位，由药品国别码、药品类别码、药品本体码和校验码依次连接组成，不留空格。

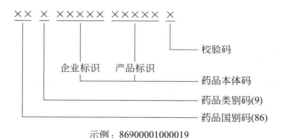

示例：86900001000019

图 1-3 国家药品编码示意图

国家药品编码本位码由国家食品药品监督管理总局统一编制赋码，药品编码变更、注销后，原有国家药品编码不得再被使用。国家药品编码及变更信息在 www.samr.gov.cn 上统一发布。

4. 电子监管码

药品电子监管码是为药品提供身份验证、信息存储与采集、物流流向统计等信息服务所使用的电子标识。药品电子监管码是由 20 位数字加密编码，药品电子监管码分为一级药监码（药品最小销售包装）、二级药监码（药品中包装）、三级药监码（药品外层包装），分别用来标识最小销售包装药品、中间独立包装药品和外箱独立包装药品。药品电子监管码的最大优点是一件一码。

凡进入药品电子监管网《入网药品目录》的品种上市前，必须在产品外标签上加印（加贴）统一标识的药品电子监管码，企业可根据药品包装大小的实际情况自主选择图 1-4 三种样式中的任一种。

| 样式A | 样式B | 样式C |

图 1-4 药品电子监管码

5. 医药商品包装标志

《药品管理法》规定：麻醉药品、精神药品、医疗用毒性药品、放射性药品、外用药品和非处方药的标签，必须印有规定的标志（图1-5）。

甲类非处方药(红底白字)

乙类非处方药(绿底白字)

外用药(红底白字)

麻醉药品　蓝　白

精神药品　绿　白

毒性药品　黑　白

放射性药品　红　黄

图1-5　药品包装标志

三、医药商品储运管理

医药商品的储运管理指的是按照GSP标准对医药商品储存与运输过程中的科学合理的管理，在储存的环节中，对其质量和数量进行科学保养、合理储存，起到"蓄水池"的作用，在运输环节，对其及时、准确、安全、经济的运输，保证医药商品保质保量的到达接收地。医药商品储运是医药商品流通中的重要环节，也是医药商品采购和销售的重要保证。

（一）医药商品储存管理

医药商品储存管理范围是从验收入库到出库待发的整个过程，是医药商品生产结束后到终端的一个重要环节。下面从在库储存的角度来介绍。

1. 医药商品在库养护管理

（1）温湿度管理　企业应当根据药品的质量特性对药品进行合理储存，并符合以下要求：按包装标示的温度要求储存药品，包装上没有标示具体温度的，按照《中华人民共和国药典》规定的储藏要求进行储存；储存药品相对湿度为35%～75%。养护人员应按照规定对库房温湿度进行有效监测、调控。如库房温湿度超出规定范围，应及时采取通风、降温、除湿等调控措施，并予以记录。

① 温度管理与调节　温度是表示空气冷热程度的物理量。温度过高或过低都可能促使药品质量发生变化，因此控制和调节库房温度是药品养护至关重要的环节，其措施如下（表1-2）。

表1-2　降温保温措施

操作项目	具体措施			
降温措施	空调降温	冷库电冰箱降温	通风降温	库房遮光降温
保温措施	空调保温		保温库保温箱保温	

② 湿度管理及调节 湿度是指空气中含有水蒸气的量。空气中水蒸气含量愈多湿度愈大；反之湿度就小。一般药品仓库的相对湿度应在35％～75％。因此，在药品养护保管工作中应不断监测室内外空气的相对湿度，以便采取相应的调节措施，其措施如下（表1-3）。

表 1-3 降湿保湿措施

操作项目	具体措施		
降湿措施	通风降湿		密闭防潮
保湿措施	向库内地面洒水	以喷雾设备喷水	储水自然蒸发

（2）色标管理 为了有效控制药品储存质量，应对药品按其质量状态分区管理，为杜绝库存药品的存放差错，必须对在库药品实行色标管理。

药品质量状态的色标区分标准为：

合格药品——绿色；不合格药品——红色；质量状态不明确药品——黄色。

按照库房管理的实际需要，库房管理区域色标划分的统一标准是：待验药品库（或区）、退货药品库（或区）为黄色；合格药品库（或区）、中药饮片零货称取库（或区）、待发药品库（或区）为绿色；不合格药品库（或区）为红色。三色标牌以底色为准，文字可以白色或黑色表示，防止出现色标混乱。

（3）搬运和堆垛管理 应严格遵守药品外包装图式标志的要求，规范操作。怕压药品应控制堆放高度，防止造成包装箱挤压变形。药品应按品种、批号相对集中堆放，并分开堆码，不同品种或同品种不同批号药品不得混垛，防止发生错发混发事故。

（4）药品堆垛距离 货垛间距是指"五距"，分别是墙距、柱距、顶距、灯距和垛距。叠垛时，不能依墙、靠柱、碰顶、贴灯；不能紧挨旁边的货垛，必须留有一定的间距。

2. 医药商品在库检查

医药商品在库期间，工作人员应当根据药品的不同特性，经常和定期地对其进行检查，以避免其受外界环境影响而发生质量的变化和数量的损失。

（1）逐日检查 一般由保管员结合药品的每日出入库工作进行检查。

（2）定期检查 一般是结合盘点月、季、年终全面检查（表1-4）。

表 1-4 不同药品的重点检查周期

检查周期	内容	备注
每月重点检查	有效期、特殊管理、贵重、首营药品和品种	
加强定期检查	储存时间长、近效期、已发现质量问题及相邻批号的药品	
每季度检查一次	性质不稳定药品	
夏季加强检查	受热易变质的药品	
梅雨季节加强检查	易吸潮引湿的药品	
冬季加强检查	怕冻药品	

（3）突击检查 一般在汛期、雨季、高温、严寒或者发现问题时，临时组织力量进行全面的地毯式检查或局部的突击检查。

（二）医药商品运输管理

医药商品运输管理指的是在医药商品出库后，利用合理的运输工具使其产生时间和空间的位移，最后到达接收地的一个过程。整个运输过程中需要对医药商品进行移动的储存与养护。

1. 选择合理的运输工具

医药商品在运输时，应当根据商品的包装、质量特性并针对车况、道路、天气等因素，选用适宜的运输工具，采取相应措施防止出现破损、污染等问题。发运医药商品时，应当检查运输工具，发现运输条件不符合规定的，不得发运。运输药品过程中，运载工具应当保持密闭。

2. 选择合适的运输线路

医药商品在运输时，应当根据发运地和接收地的实际选择合适的运输线路，一方面节省了资源，另一方面节省了时间。

3. 医药商品安全运输标志

医药商品的外包装是以运输储存为主要目的的，除了满足包装的基本要求以外，还应有明显清楚的运输安全标志，以便提示装卸、搬运、堆码和保管作业。此外，危险品必须有国家标准的危险货物包装标志。

四、医药商品质量管理

医药商品是防病、治病、康复、保健、计划生育和科研教学需要的特殊商品。医药商品质量的好坏直接关系到人的健康与生命。本部分主要介绍医药商品的质量管理。

（一）医药商品质量特征

药品质量是指能满足规定要求和需要的特征总和。表现在以下五个方面。

1. 有效性

有效性是指在规定的适应证、用法和用量的条件下，能满足预防、治疗、诊断人的疾病，有目的地调节人的生理功能的性能。有效性是药品的基本特征，若对防治疾病无效，则不能成为药品。药品有效程度的表示方法，在国外采用"完全缓解""部分缓解""稳定"等来区别，国内采用"痊愈""显效""有效"以区别。

2. 安全性

安全性是指药品在按规定的适应证、用法和用量使用的情况下，对服药者生命安全的影响程度。大多数药品均有不同程度的不良反应。药品只有有效性大于不良反应的情况下才能使用。假如某物质对防治、诊断疾病有效，但对人体有致癌、致畸、致突变的严重损害，甚至致人死亡，则不能作为药品。安全性也是药品的基本特征。

3. 稳定性

稳定性是指药品在规定的条件下保持其有效性和安全性的能力。规定的条件包括药品的有效期限以及药品生产、储存、运输和使用的要求。假如某物质不稳定，极易变质，虽然具有防治、诊断疾病的有效性和安全性，但也不能作为商品药。稳定性是药品的重要特征。

4. 均一性

均一性是指药品的每一单位产品（制剂的单位产品，如一片药、一支注射剂等；原料药的单位产品，如一箱药、一袋药等）都符合有效性、安全性的规定要求。由于人们用药剂量一般与药品的单位产品有着密切关系，特别是有效成分在单位产品中含量很少的药品，若不均一，则可能因用量过小而无效，或因用量过大而中毒甚至致死。均一性是药品的重要特征。

5. 经济性

经济性是指药品生产、流通过程中形成的价格水平。药品的经济性对药品价值的实现有较大影响。若成本价格过高，超过人们的承受力，尚不能作为药品供普通患者使用，而只能供少数人使用。药品经济性对药品生产企业十分重要，若成本低，则可提高企业的经济效益。

（二）医药商品质量标准

医药商品质量标准是国家对药品的质量规格和检验方法所做的技术规定，是药品生产、销售、使用和检验单位共同遵守的法定依据，是强制性标准。

1. 中国药典

《中华人民共和国药典》（简称《中国药典》）是指国家记载药品质量的法定技术标准，由国家药典委员会编纂，国务院药品监督管理部门颁布，现行药典是 2015 年 6 月 5 日出版的，分为四部出版：一部收载药材和饮片、植物油脂和提取物、成方制剂和单味制剂等；二部收载化学药品、抗生素、生化药品以及放射性药品等；三部收载生物制品；四部收载通则，包括制剂通则、检验方法、指导原则、标准物质和试液试药相关通则、药用辅料等。

2. 国务院药品监督管理部门颁布的药品标准

这类药品标准是指未列入《中国药典》而由国务院药品监督管理部门颁布的药品标准，以及与药品质量标准、生产工艺和检验方法相关的技术指导原则和规范。

3. 药品标准的修订与废止

药品标准的修订是指对已载入的及需要载入但尚未载入的药品标准，按照《中国药典》收载原则进行重新审定。《中国药典》一般每五年修订一次。根据药品标准管理的需要进行增补的，原则上每年一版。新版《中国药典》颁布实施后，原版《中国药典》载入的及增补本的药品标准同时废止。

4. 药品注册标准的管理

药品注册标准不符合《中国药典》有关要求的，药品生产企业应按《药品注册管理办法》的有关规定提出补充申请。对于药品注册标准中收载的检验项目多于《中国药典》规定的或质量指标高于《中国药典》要求的，在执行《中国药典》的基础上，应同时执行原标准的相应项目和指标。

（三）假药、劣药

1. 假药

根据《中华人民共和国药品管理法》规定，有下列情形之一的，为假药。

（1）药品所含成分与国家药品标准规定的成分不符。

（2）以非药品冒充药品或者以他种药品冒充此种药品。

（3）变质的药品。

（4）药品所标明的适应证或者功能主治超出规定范围。

2. 劣药

根据《中华人民共和国药品管理法》规定，有下列情形之一的，为劣药。

（1）药品成分的含量不符合国家药品标准。

（2）被污染的药品。

（3）未标明或者更改有效期的药品。

（4）未注明或者更改产品批号的药品；

（5）超过有效期的药品；

（6）擅自添加防腐剂、辅料的药品；

（7）其他不符合药品标准的药品。

 课后练习

选择题

1. 药物的两重性指（ ）。

A. 治疗作用和不良反应 B. 副作用和毒性反应

C. 兴奋作用和抑制作用 D. 局部作用和吸收作用

2. 通过置换产生药物作用的是（ ）。

A. 华法林与保泰松合用引起出血

B. 奥美拉唑治疗胃溃疡可使水杨酸和磺胺类药物疗效下降

C. 考来烯胺与阿司匹林合用，使阿司匹林疗效下降

D. 对氨基水杨酸与利福平合用，使利福平疗效下降

3. 细胞生活的内环境是指（ ）。

A. 体液 B. 细胞内液 C. 细胞外液 D. 组织液

4. 神经调节的基本方式是（ ）。

A. 神经冲动 B. 正反馈调节 C. 负反馈调节 D. 反射

5. 长期反复使用后，病原体对该药的敏感性降低，此现象称为（ ）。

A. 耐药性 B. 耐受性 C. 后遗效应 D. 继发反应

6. 关于剂型的分类，下列叙述错误的是（ ）

A. 溶胶剂为液体剂型

B. 软膏剂为半固体剂型

C. 栓剂为半固体剂型

D. 气雾剂为气体分散型

E. 气雾剂、吸入粉雾剂为经呼吸道给药剂型

7. 关于将药物制成胶囊剂的目的的优点的说法，错误的是（ ）。

A. 可以实现液体药物固体化 B. 可以掩盖药物的不良嗅味

C. 可以用于强吸湿性药物 D. 可以控制药物的释放

8. 治疗指数表示（ ）。

A. 毒效曲线斜率 B. 引起药理效应的浓度

C. 量效曲线斜率 D. LD_{50} 与 ED_{50} 的比值

9. 布洛芬属（ ）。

A. 麻醉性镇痛药 B. 抗震颤麻痹药

C. 抗精神失常药 D. 解热镇痛抗炎药

10. 专供清洗阴道、尿道的液体制剂是（ ）。

A. 复方薄荷脑酯 B. 碘甘油

C. 布洛芬混悬滴剂 D. 复方磷酸可待因糖浆

11.《国家基本药物目录》原则上每（ ）年调整一次。

A. 二　　　　　　　　B. 三　　　　　　　　C. 四　　　　　　　　D. 五

12. 医药商品包装最基本功能是（　　）。

A. 促进销售　　　　　B. 方便堆垛　　　　　C. 保护商品　　　　　D. 方便计数

13. "国药准字 S＃＃＃＃＃＃＃"这个药品批准文号是属于（　　）类药品。

A. 化学药品　　　　　B. 中药　　　　　　　C. 生物制品　　　　　D. 进口药品

14. 一般药品仓库的相对湿度应在（　　）。

A. 30％～70％　　　B. 35％～70％　　　C. 30％～75％　　　D. 35％～75％

15.《药品 GMP 证书》有效期一般为（　　）年。

A. 2　　　　　　　　B. 3　　　　　　　　C. 4　　　　　　　　D. 5

参考答案

1. A　2. A　3. C　4. D　5. A　6. C　7. C　8. D　9. D　10. B　11. B　12. C　13. C　14. D　15. D

第二章
现代医药物流基础知识

学习目标

本章教学内容主要包括现代物流的含义、分类、现代物流的价值体现；现代医药物流的含义及特点，现代医药物流行业发展趋势和人才需求；医药商品仓储及物流设备等内容。通过本章学习，达到以下基本要求：了解现代医药物流行业发展趋势和人才需求的基本知识，熟悉现代物流的分类，现代医药物流的特点，医药商品仓储及物流设备等相关知识；掌握现代物流、现代医药物流的含义，现代物流的价值体现。

无论在生产领域、流通领域还是在消费领域，甚至在居民的日常生活领域，"物流"活动随处可见，特别是经济的全球化、一体化使得现代经济的发展水平很大程度上取决于物流发展的水平，物流业因而成为很多国家经济发展的支柱产业之一，在 2009 年，我国物流行业被国家确定为十大产业振兴规划中的第十个产业。具体到现代医药物流，由于医药商品的特殊性，现代医药物流在整个物流行业里占有十分重要的地位。

第一节　现代物流

物流的概念最早是在美国形成的，起源于 20 世纪 30 年代，"物流"（physical distribution，简称 "PD"），原意为 "实物分配" 或 "货物配送"。1963 年被引入日本，日文意思是 "物的流通"。20 世纪 70 年代后，日本用 "物流" 一词逐渐取代了 "物的流通"。中国的 "物流" 一词是从日文资料引进来的外来词，源于日文资料中对 "Logistics" 一词的翻译 "物流"。Logistics 本意应译为军事术语 "后勤学"，后来意译为 "物流"，具体定义为："包括原材料的流通，产品分配、运输、购买与库存控制、储存、用户服务等业务活动"，其领域统括原材料物流，生产物流和销售物流。"Logistics" 强调的是保障供应系统的逻辑性，而 PD（货物分配）则注重于物资流通系列的协调性。

一、现代物流的概述

（一）物流的含义

物流（logistics）是指物品从供应地向接收地的实体流动过程。根据实际需要，将运输、储存、装卸、搬运、包装、流通加工、配送、信息处理等基本功能实施有机结合。

　　——摘自《中华人民共和国国家标准　物流术语》（简称《物流术语》，2001 年）

从以上物流的定义可知，物流具有以下内涵。

（1）物流是一种经济活动。因而诸如河水、空气等自然、物理运动不属于物流研究对象；另外，不带有经济性质的社会活动也不是物流研究范围，比如同学们将书包从宿舍带到教室或者同学们穿在身上随着人体的移动而发生移动的衣服等。

（2）物流是物品从供应地向接收地的流动过程。

（3）物流包括运输、搬运、装卸、储存、包装、配送、流通加工等基本功能。

（4）物流是一种创造价值的活动。包括时间价值、空间价值、加工附加价值等。

（5）物流是物品有效率、有效益的流动。研究物流、实施物流管理的目的就是为了提高物流效率，降低物流成本，从而最终提高物流效益。

（6）物流是不断满足客户需求的过程。满足客户需求是物流管理追求的根本目标。只有当顾客在他希望进行消费的时间和地点拥有所希望数量和要求的产品时，产品才有价值。

物流的内涵需要从以下几个方面进行把握。

1. 物流的基本要素

物流最基本的构成要素是流体、载体、流向、流量、流程和流速。

（1）流体　流体即物流中的"物"，也就是物质实体。《物流术语》中所说的物品，是指经济活动中实体流动的物质资料，包括原材料、半成品、产成品、回收品以及废弃物等。流体具有自然属性和社会属性。流体的自然属性是指其物理、化学、生物属性。物流管理的任务之一就是要保护好流体，使其自然属性不受损坏，因而需要对流体进行检验与养护，在物流过程中，需要根据物质实体的自然属性合理安排运输、保管、装卸等物流作业。流体的社会属性是指流体所体现的价值属性以及生产者、采购者物流作业者与销售者之间的各种关系，有些关系国计民生的重要商品作为物流的流体，还肩负着国家宏观调控的重要使命，因此在物流过程中要保护流体的社会属性不受任何影响。

（2）载体　载体是流体借以流动的设施和设备。载体可分为两类：第一类载体是基础设施，如公路、铁路、水路、港口、车站、机场等基础设施，它们大多是固定的；第二类载体是设备，即以第一类载体为基础，直接承载并运送流体的设备，如车辆、船舶、飞机、装卸搬运设备等，它们大多是可以移动的。

（3）流向　流向是指流体从起点到终点的流动方向。物流的流向有四种。一是自然流向，即根据产销关系所确定的商品的流向。二是计划流向，即根据流体经营者的商品经营计划而形成的商品流向，即商品从供应地流向需要地。三是市场流向，即根据市场供求规律由市场决定的商品流向。四是实际流向，即物流过程中实际发生的流向。在实际物流活动中，对某种商品而言，可能会同时存在以上几种流向。市场流向反映了产销之间的必然联系，但实际发生物流时还需要根据具体情况来确定运输路线和调运方案，这才是最终确定的流向，即实际流向。

（4）流量　流量是指通过载体的流体在一定流向上的数量表现。根据流量本身的特点可以将流量具体分为实际流量和理论流量。实际流量即实际发生的物流流量。理论流量是从物流系统合理化角度来看应该发生的物流流量。从物流管理的角度，理想状况的物流应该是在所有流向上的流量都均匀分布，这样，物流资源利用率最高，组织管理最容易。

（5）流程　流程是指通过载体的流体在一定流向上行驶路径的数量表现。流程可以分为理论流程与实际流程。理论流程往往是可行路径中的最短路径。实际流程是指通过载体的流体实际发生的路径。

（6）流速　流速是指通过载体的流体在一定流程上的速度表现。流速与流向、流量、流程一起构成了物流向量的四个数字特征，是衡量物流效率和效益的重要指标。一般来说，物流速度快，物流时间短，意味着物流成本的减少和物流价值的提高。

以上物流各要素间有着极强的内在联系。进行物流活动要注意处理好以上六要素之间的关系，否则就会使物流成本升高、服务恶化、效率下降、效益减少。

2. 物流功能要素

物流功能要素主要包括运输、储存、装卸搬运、包装、流通加工、配送以及物流信息。物流功能要素相互作用、相互联系，构成了物流系统结构的全部内容。

（1）运输　运输是指用设备和工具，将物品从一地点向另一地点运送的物流活动。运输包括集货、分配、搬运、中转、卸下、分散等一系列操作。运输的任务是将物流进行空间移动，它不改变产品的实物形态，也不增加产品的数量，但它解决了产品在生产地点和需要地点之间空间距离的问题。运输是物流的中心环节之一，也是物流的主要功能要素之一。

（2）储存　储存也称保管，是指保护、管理、储藏物品。包括物品的堆存、管理、保养、维护等活动。储存的目的是克服产品生产与消费在时间上的差异，从而更好地发挥物品的效用。

（3）装卸搬运　装卸是将物品在指定地点以人力或机械装备装入运输设备或卸下。搬运则是指在同一场所，以对物品进行水平移动为主的物流作业。

（4）包装　包装作为一个名词来讲是指为了在流通过程中保护商品、方便储运、促进销售，按一定技术方法而采用的容器、材料及辅助物等的总称；包装作为一个动词来讲是指为了达到上述目的而利用容器、材料和辅助物，并采用一定技术方法进行的操作活动。包装分为工业包装和商品包装。

（5）流通加工　流通加工是物品在从生产地到使用地的过程中，根据需要施加包装、分割、计量、分拣、刷标志、拴标签、组装等简单作业的总称。它是物流过程中不可缺少的一个环节，是流通过程中辅助性的加工活动。流通加工的目的是弥补生产过程加工的不足。流通加工不仅存在于社会流通过程中，也存在于企业内部的物流过程中。

（6）配送　配送是在经济合理区域范围内，根据客户要求，对物品进行拣选、加工包装、分割、组配等作业，并按时送达指定地点的物流活动。配送是物流中一种特殊的、综合的活动形式，是商流与物流的紧密结合，包含了物流中若干功能要素的一种物流活动。从物流的角度来说，配送几乎包含了所有的物流功能要素，是物流在小范围内全部活动的体现。

（7）物流信息　物流信息是指反映物流各种活动内容的知识、资料、图像、数据及文件的总称。物流与信息的关系非常密切。物流从一般活动成为系统活动依赖于信息的作用，如果没有信息，物流则是一个单向的活动。现代物流通过信息功能实现了对供应商、批发商、零售商等各类企业信息的连接，从而使现代物流成为一种"供应链管理"。所以物流信息是现代物流区别于传统物流的关键所在。

3. 物流的目标

物流目标可以概括为"3S1L-7R"，即以速度（speed）、安全（safety）、可靠（surely）、低费用（low）的原则，实现"7R"的目标。"7R"即将合适的产品或服务（right product or service）、在合适的时间（right time）、合适的地点（right place），以合适的数量（right quantity）合适的质量（right quality）、合适的成本（right cost）交付到合适的顾客（right customer）。

（二）现代物流的分类

1. 按现代物流在经济中运行角度的不同，可将物流分为宏观物流和微观物流

（1）宏观物流　宏观物流是指社会再生产总体的物流活动，是从社会再生产总体的角度认识和研究物流活动，这种物流活动的参与者是构成社会总体的大产业、大集团。显然，宏观物流在空间上呈现出大跨度，在很大的空间范围内活动。通常提到的物流活动中，下述物流活动应属于宏观物流，如国民经济物流、全球物流等。宏观物流研究的主要特点是综合性和全局性。

（2）微观物流　微观物流是指消费者、生产企业所从事的实际的、具体的物流活动，如在整个物流活动中一个局部、一个环节的具体物流活动，在一个小的区域空间发生的具体物流活动，针对某一具体产品所进行的物流活动等。下述物流活动皆属于微观物流，如企业物流、生产物流、供应物流、回收物流、销售物流、废弃物流、生活物流等。微观物流研究的特点是具体性和局部性。

2. 按物流服务对象的不同，可以将物流分为社会物流和企业物流

（1）社会物流　社会物流是指超越一家一户的以社会为范畴，以面向社会为目的的物流。这种社会性很强的物流往往是由专门的物流承担人承担社会物流的范畴。社会物流具有综合性、广泛性的特点。

（2）企业物流　企业物流是从企业角度研究与之相关的物流活动，是具体的、微观的物流活动的典型领域。企业物流又可以划分为不同类型的具体物流活动，如企业供应物流、生产物流、销售物流、废弃物物流和回收物流等。

3. 按物流活动空间的不同，可以将物流分为地区物流、国内物流和国际物流

（1）地区物流　地区物流有不同的划分原则，可按行政区域划分，可按经济圈划分，还可按地理位置划分。

（2）国内物流　国内物流是一个国家范围内的物流活动。物流作为国民经济的一个重要方面，应该纳入国家总体规划的内容。全国物流系统的发展必须从全局着眼，对部门分割和地区分割所造成的物流障碍应该清除。

（3）国际物流　国际物流是跨越国界的物流活动，是国际贸易的支持系统，各国之间的相互贸易最终要通过国际物流来实现。随着国际贸易和全球化作业的发展，因更长的供应链、较少的确定性和更多的物流单证而使物流需求不断增长，国际物流的目的就在于让企业在实现全球营销和全球化作业的同时，保证服务与成本的有效性。

4. 按物流活动运作主体的不同，可将物流分为第一方物流、第二方物流、第三方物流和第四方物流

（1）第一方物流　第一方物流是由卖方、生产者或供应方组织的物流，这些组织的核心业务是生产和供应商品，为了自身生产和销售业务需要进行物流自身网络及设施设备的投资、经营与管理。

（2）第二方物流　第二方物流是由买方、需求者组织的物流，这些组织的核心业务是物资采购，为了采购业务需要投资建设物流网络、物流设施和设备，并进行具体的物流业务运作组织和管理。

（3）第三方物流　第三方物流是指物流活动由供方和需方之外的第三方完成，即专业物流企业在整合了各种资源后，为客户提供包括设计规划、解决方案以及具体物流业务运作等全部物流服务的物流活动。第三方物流是企业物流业务外包的产物。第三方物流在国外也称为契约物流。

（4）第四方物流　物流服务提供者是一个供应链的集成商，它对公司内部和具有互补性的服务提供者所拥有的不同资源能力和技术进行整合和管理，并提供一整套供应链的解决方案，我们称之为第四方物流。在实际运作中，第三方物流公司缺乏对整个供应链进行运作的战略性专长和真正整合供应链流程的相关技术，而第四方物流可以依靠业内最优秀的第三方物流供应商、技术供应商、管理咨询顾问和其他增值服务商，为客户提供独特和广泛的供应链整体解决方案，这是任何单一的一家物流公司所不能单独提供的。

5. 按物流所使用的技术方法的不同，可将物流分为一般物流和特殊物流

（1）一般物流　一般物流是指具有共性和一般性的物流活动。这种物流活动的一个重要特点是涉及全社会、各企业，具有普遍适用性，进行这样的物流活动所使用的技术和装备基本上具有大众性和普遍性。

（2）特殊物流　特殊物流是指专门范围、专门领域和特殊行业在遵循一般物流规律的基础上带有特殊制约因素、特殊应用领域、特殊管理方法、特殊劳动对象以及特殊技术装备的物流活动。根据不同的标准，特殊物流可进一步细分：

① 根据物流对象的不同，特殊物流可分为水泥物流、煤炭物流、原油物流、化学品物流、危险品物流等；

② 根据物流对象的数量和物理形态的不同，特殊物流可分为多品种小批量物流、少品种大批量物流、长件物品物流和重件物品物流等；

③ 根据物流服务方式的不同，特殊物流可分为配送物流、快递物流等；

④ 根据物流装备技术的不同，特殊物流可分为集装箱物流、托盘物流等；

⑤ 其他物流，如军事物流、废弃物物流、回收物流和流通加工物流等。

二、现代物流价值体现

在以商品全球化为主要标志之一的经济全球化时代，一个企业乃至一个国家的竞争力更多地取决于能生产多少满足消费者和市场需求的产品，取决于现代物流能力。因为任何一个产品都只有通过物流环节，进入消费者手中，才能使其成为商品，并具有商品价值、货币价值和使用价值。提高物流能力，降低物流成本，促使物流创造更多的价值，研究现代企业管理模式，建立供应链协同商务体系和信息集成系统对于提高一个企业乃至一个国家的竞争力至关重要。

（一）物流的价值发现

从国际范围来讲，物流价值已经有八次重要发现。

1. 物流系统功能价值的发现

物流系统功能价值的发现是缘于在二战期间，美国在军队通过采用了托盘、叉车的后勤军事系统，这个系统贯穿了军事物资从单元组合（集装）的装卸活动开始，高效连贯地搬运、运输、储存、再运输搬运、直到按指定军事目标到达目的地为止的整个过程，有效地支撑了庞大的战争机器。这一军事后勤系统的运转成功，使人们认识到物流作为一种系统的活动能够实现以往由许多活动才能完成的各项功能，使人们认识到物流系统的价值。

2. 物流经济活动价值的发现

二战以后，价值工程、物流等在战争期间形成的形态，都成功地实现了向经济领域的转移，从军事活动的价值转变为经济活动的价值，这就是物流经济活动价值的发现。

3. 物流利润价值的发现

二战以后，由于战争在全世界造成的创伤需要尽快修复，世界各地都是百废待兴，对于企业来说这是一个巨大的发展机会，只要能够快速、顺利的实现产品向用户转移就能够获取利润。企业界采用物流技术和物流管理方式之后，能够有效地增强企业的活力，提高企业的效率和效益，从而增加企业的利润。在产业革命以后，经济领域对于人力、原材料这两个利润源泉挖掘已经有了一百多年的历史，同时，寻找新的利润源泉就变得更为迫切。日本早稻田大学教授西泽修先生在1970年提出的"第三个利润源泉"就是在这种情况下发现的，西泽修先生发现物流不仅可以帮助扩大销售，而且也是一个很好的新利润增长源泉。

4. 物流成本价值的发现

20世纪70年代初，世界爆发了"第一次石油危机"，实际上是以石油为首的能源、原料、材料、劳动力价格的全面上涨，人们发现，物流领域有非常大的降低成本的空间。当企业和经济界有效地利用物流系统技术和现代物流管理方式之后，有效地弥补了原材料、能源、人力成本上扬的压力，从而使人们认识到，"物流"还具备非常重要的降低成本的价值。物流这一价值的发现，大大提高了物流在国际上的声誉。

5. 物流环境价值的发现

物流的合理化运作，能够使资源配置任务在更合理、更节约使用物流设备的情况下完成；物流系统化以后，物流装备可以得到全面的、系统的开发，装备的效率大大提高而同时装备的能耗大大降低。这些努力汇集起来之后，人们惊喜地发现，"物流"对改善环境、降低污染、实施可持续发展有重大作用，这就使受现代城市病之苦的许多工业化城市对用"物流"这种系统经济形态来改善分立的、混乱的交通，减少交通阻塞、运输损失、降低污染、改善企业外部供应环境格外重视和关爱。

6. 物流对企业发展战略价值的发现

发展战略价值发现实际上是对物流服务价值的发现。20世纪80年代后，企业普遍重视长期的、战略性的发展。这个长期的、战略性的发展有两个非常重要的支持因素，一个支持因素是在现代信息技术支撑下建立的稳定的有效的"供应链"，以增强企业的本体能力；另一个支撑因素就是贴近用户的服务，而这个服务是远远超出所谓"售后服务"水平之上的全面贴近用户的服务。在物流领域的"准时供应系统""即时供应系统""零库存系统"等，这些都成功地使企业获得了更长远的战略发展的能力。

7. 物流对国民经济价值的发现

物流在国民经济中地位也是非常重要的，它能够起到完善结构、提高国民经济总体质量和抗御危机的作用。这一发现的很好佐证就是在1997年的"亚洲金融危机"，在危机过后，人们在分析和总结亚洲各国和各地区的情况时发现，以"物流"为重要支柱产业的新加坡有较强的抗御经济危机的能力，而其他地方的经济受到的影响则非常大。这个发现表明物流不仅对于微观企业有非常重要的意义，而且对于国家经济发展也有非常重要意义。

8. 物流对新经济价值的发现

网络经济在经过近几十年的探索和发展之后，人们逐渐认识到，网上的虚拟运作和实际的物流相结合，才能形成一个完整的新经济形态。这一点在电子商务中反映得更为明显。

（二）物流价值的分类

1. 物流的宏观价值

（1）物流是国民经济的基础之一　物流是国民经济的大动脉，物流通过不断输送各种物质产品，使生产者不断获得原材料、燃料以保证生产过程的正常进行，又不断将产品运送给不同需要者，以使这些需要者的生产生活得以正常进行，这些互相依赖的存在，是靠物流来维系的，国民经济因此才得以成为一个有内在联系的整体。经济体制的核心问题是资源配置，资源配置不仅要解决生产关系问题，而且必须解决资源的实际运达问题，物流正是保证资源配置最终实现的重要环节。物流还以其本身的宏观效益支持国民经济的运行，优化国民经济的运行方式和结构。

（2）物流是企业生产的前提保证　站在企业的立场，物流对企业的作用如下。

① 物流为企业创造经营的外部环境　一个企业的正常运转，必须有一个使企业供、产、销流畅运转的外部条件。

② 物流是企业生产运行的保证　企业生产过程的连续性和衔接性，靠生产工艺中不断的物流活动，有时候生产过程本身便和物流活动结合在一起，物流的支持保证作用是不可或缺的。

③ 物流是发展企业的重要支撑力量　物流作为全面质量的一环，是接近用户阶段的质量保证手段；物流通过降低成本，间接增加企业利润，通过改进物流直接取得效益，这些都会有效地促进企业的发展。

（3）特定条件下，物流是国民经济的支柱　在特定的国家或特定的产业结构条件下，物流在国民经济和地区经济中能够发挥带动和支持整个国民经济的作用。例如欧洲的荷兰、亚洲的新加坡和中国香港地区、美洲的巴拿马等，特别是日本以流通立国，物流的支柱作用显而易见。

（4）物流现代化可以改善国民经济运行的水平，实现质量的提升　物流可作为支撑国民经济运行的"物流平台"，物流如果能够得到全面、系统的改善，就可以使国民经济运行的水平得到很大的提高。

（5）一个新的物流产业可以有效改善国民经济的产业结构　物流产业的物流资源分散在多个领域，包括制造业、流通业等，把产业化的物流资源加以整合，就形成了新的物流服务业，它也是一种复合型产业。因此，物流产业可以有效改善国民经济的产业结构。

2. 物流的微观价值

（1）物流的时间价值　"物"从供给者到需要者之间本来就存在一段时间差，由于改变这一时间差所创造的价值，称为"时间价值"。时间价值通过物流获得的形式有以下几种。

① 缩短时间创造价值　缩短物流时间，可减少物流损失，降低物流消耗，增加物的周转，节约资金等。

② 弥补时间差创造价值　经济社会中，需求和供给普遍地存在着时间差，物流可以科学的、系统的方法去弥补、改变这种时间差，以实现其"时间价值"。

③ 延长时间差创造价值　加速物流速度，缩短物流时间，以尽量缩短时间间隔来创造价值，但是，在某些具体物流中也存在人为地、能动地延长物流时间来创造价值。例如，蔬

菜、水果等商品，由于其季节性较强，通过物流的储存、储备活动，有意识地延长物流的时间，可均衡人们的需求，并且还可以通过有意识地延长物流时间、增加时间差来创造价值。

（2）物流的场所价值 场所价值指的是"物"从供给者到需求者之间有一段空间差，供给者和需求者之间往往处于不同的场所，由于改变"物"的不同场所创造的价值称为"场所价值"。物流创造场所价值是由现代社会产业结构、社会分工所决定的，主要原因是供给和需求之间的空间差，商品在不同地理位置有不同的价值，通过物流将商品由低价值区转到高价值区，便可获得价值差，即"场所价值"。比如盛产于南方的水果，将其运送至北方销售，可以为产品创造价值，以下是几种具体形式。

① 从集中生产场所流入分散需求场所创造价值 企业可以通过集中的、大规模的生产以提高生产效率，降低成本。在一个小范围集中生产的产品可以覆盖大面积的需求地区，有时甚至可覆盖一个国家乃至若干国家。通过物流将产品从集中生产的低价位区转移到分散于各处的高价位区有时可以获得很高的利益。物流的"场所价值"也依此决定。

② 从分散生产场所流入集中需求场所创造价值 和上面相反的情况在现代社会中也不少见，例如粮食是在一亩地一亩地上分散生产出来的，而一个大城市的需求却相对大规模集中，一个大汽车厂的零配件生产也分布非常广，但却集中在一个大厂中装配，这也形成了分散生产和集中需求，物流便取得了场所价值。

③ 在低价值地生产流入高价值需求场所创造的价值 现代社会中供应与需求的空间差比比皆是，十分普遍，除了由大生产所决定之外，有不少是自然地理和社会发展因素决定的，例如农村生产粮食、蔬菜而异地于城市消费，南方生产荔枝而异地于各地消费，北方生产高粱而异地于各地消费等。在经济全球化的浪潮中，国际分工和全球供应链的构筑使企业选择在成本最低的地区进行生产，通过有效的物流系统和全球供应链，在价值最高的地区销售。

（3）物流的加工价值 物流的流通加工功能，使处于流通过程中的商品通过特定方式的加工而增加附加值，这就是物流创造加工价值的活动。物流创造加工价值是有局限性的，它不能取代正常的生产活动，而只能是生产过程在流通领域的一种完善和补充。

（4）物流的利润价值 物流被称为"第三个利润源"，对于专门从事物流经营活动的企业而言，通过有效的经营活动，可以为企业创造"第三个利润源"，也就是说通过物流企业的有效服务，可以为生产企业创造利润。企业中的许多物流活动，例如连锁配送流通加工等，都可以降低企业经营成本，提高企业的利润。

（5）物流的服务价值 物流本身属于服务行业，良好的物流服务，有利于企业参与市场竞争，树立企业和品牌的良好形象，有利于和服务对象结成长期的、稳定的、战略性合作伙伴，这对企业长远的、战略性的发展有非常重要的意义。

第二节 现代医药物流

国家食品药品监督管理局 2005 年 4 月 19 日发布了《关于加强药品监督管理促进药品现代物流发展的意见》（国食药监市［2005］160 号），为医药物流业的发展明确了方向。

现代医药物流就是依托一定的现代化物流设备、技术和物流信息系统，有效整合营销渠道上下游资源，通过优化药品供销配送环节中的验收、存储、分拣、配送等作业过程，提高订单处理能力，降低货物分拣差错，缩短库存及配送时间，减少物流成本，提高服务水平和资金使用效益，实现的自动化、信息化和效益化。

本节主要介绍了现代医药物流的特点和行业发展趋势及人才需求。

一、现代医药物流的特点

我国的医药物流业早期一直都是由国有企业所垄断。全国首家现代医药物流配送中心是北京医药股份有限公司（现华润医药商业集团有限公司），紧接着，国药控股有限公司和上海医药（集团）有限公司也都迅速地崛起成为国内医药物流业的佼佼者。国企独大的局面慢慢被打破，不少民营企业利用自身灵活的经济体制快速崛起。比如：九州通医药集团股份有限公司近年来年销售额增长了十多倍，简单的数字可以看出民营企业发展势头强劲，透露着蓬勃的生命力。

商务部 2016 年，也发布了《全国药品流通行业发展规划（2016—2020 年）》，全面总结了我国"十二五"期间医药物流行业取得的成绩，同时指出了"十三五"期间我国药品流通业发展的指导思想。当前我国医药行业发展迅速，对医药物流的快捷准时、经济合理、专业化都有了更高的要求。因此发展药品现代物流，对促进药品生产企业、经营企业的结构调整，以及管理水平和效益都起到积极的作用。

我国医药物流起步较晚，很多人都还没有弄明白"现代医药物流"究竟是什么？从观念上来看，人们对医药物流仍然存在部分误区。

1. 政策化

国家经济指数、商品自身周期并不是影响医药物流行业的主要因素，而国家医改政策却是会主导着医药物流的发展方向和趋势。从我国加入 WTO，进行市场化大改革以来，医药行业市场规模迅速扩大，药品流通行业更是发展迅速。

2. 专业化

药品经营质量管理规范中明确提出药品生产、经营企业在储存、运输过程中应采取有效的质量控制措施。这就要求所有从事医药流通的企业必须要通过 GSP 认证，实现在途的GSP 管控，对企业的专业化要求高。医药物流中对药品管理的准确性及冷藏药品等特殊的物流设施与设备、仓库、配送条件要求很高，都不同于其他物流。

3. 系列化

现代医药物流强调医药物流服务功能的完善化和系列化。包括了除传统的储存、运输、包装之外的市场调查与预测、物流咨询和物流方案的选择与规划，甚至还有库存策略和教育培养等增值服务。截至 2017 年年末，华润医药从客户需求出发，已经累计向超过 200 家医院提供了医院物流智慧一体化服务。

4. 信息化

基于网络信息技术，药品供应商、批发商、零售商都能通过网络实现信息共享，使得数据能够更快、更准的传递；仓储管理平台与运输管理平台的信息对接，实现了在库存、运输的集中调度，并形成订单自动下传到对应的执行系统来完成自动化处理。通过物流信息平台的完善，也大大降低了物流作业成本，提高了物流的运营效率，加快了医药企业及时反馈市场动态，提高了行业内部的信息化水平，也带动了物流服务质量。

二、现代医药物流行业发展趋势和人才需求

现代医药物流必定会在国家相关法律法规的约束下，在满足、适应市场发展的前提下，

规模化地开始使用现代物流技术、信息技术包括自动化立体仓库储存系统、自动分拣系统等来有效地控制、降低运营成本。

我国医药市场已经随着我国医疗体制改革的深入，以及对外开放，医药物流供应链资源的整合，开启了新的发展趋势。

（一）现代医药物流行业发展趋势

基于商务部药品流通行业统计系统，以中国医药商业协会医药物流数据库中的 788 家医药企业的物流资源数据为有效样本，2017 年医药物流配送网点共有 1289 个；医药物流仓储建筑面积 1117 万平方米。其中，国药控股、华润医药占据龙头（表 2-1 和图 2-1）。

表 2-1　2015～2017 年医药物流资源情况对比

项目	2015 年	2016 年	2017 年
有效样本企业数/家	603	733	788
医药物流配送网点/个	1040	1185	1289
医药物流仓储建筑面积/万平方米	795	975	1117

资料来源：商务部药品流通行业统计系统，中国医药商业协会医药物流数据库。

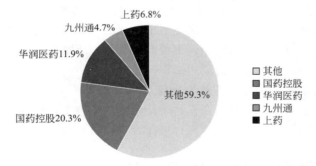

图 2-1　医药物流龙头企业物流网点分布

资料来源：商务部药品流通行业统计系统，中国医药商业协会医药物流数据库

1. 互联网技术、信息自动化技术将会得到全面应用

在当前"互联网＋"的大环境下，各行业都在积极地与互联网进行不同层次的深度融合，移动互联网、云计算、大数据等先进技术得到了充分应用，成为当今物流业创新发展的重要驱动力量，智慧医药物流服务体系尽情彰显了企业先发竞争的优势。借助互联网物流信息平台对仓储上下游医药需求的无缝对接就更能准确地把握、及时配送，使得多仓协同资源配置变得更合理，跨区域配送效率有效的提升，更好地保障药品质量安全；在对药品的运输过程中还可以全程及时监控，实现对药品车辆的全程定位管理，实现全程可视化。通过产业链运营的资源整合、自动化和可视化，使得库存管理、配送、订单处理得到优化。

2. 政策开放，加速行业的集中

国家政策放开，特别是在"两票制"后，药品流通集团企业已经加快了并购步伐，涌现出大者越大，强者越强的局面。这个时候拥有先进物流供应链的企业，拥有互联网、物联网等软件技术的企业，拥有智能化、可视化的物流设施设备的大型品牌企业，强烈击退中小型医药物流企业，更进一步向大型、区域型物流发展，赢得更大的市场份额。

3. 第三方药品物流配送市场竞争升温，部分企业跨界进入医药物流领域，联网技术、信息自动化技术将会得到全面应用

2016 年 2 月 3 日，国务院印发《国务院关于第二批取消 152 项中央指定地方实施行政审批事项的决定》，决定取消从事第三方药品物流业务批准等 7 项中央指定地方实施的食品药品行政审批事项，随着"两票制"的推行，越来越多的医药工业企业和外资企业产生了第三方药品物流服务需求。

截至 2018 年 6 月顺丰医药取得了 GSP 认证及第三方物流许可。2018 年 4 月京东医药物流与安徽华源医药签署了医药云仓合作协议。敦豪快递（DHL）等外资企业也开始签署合作协议，共同拓展在医药、医疗器械领域的第三方物流仓储、配送及增值服务等业务。

（二）现代医药物流行业人才需求

现代医药物流是专业性要求极高的物流，它的发展离不开专业的技术人才。

处在飞速发展阶段的我国医药物流行业，对人才的需求已经达到渴望之际。同时现代医药物流行业本身具有交叉跨越性，涉及医药行业、物流行业两个领域，对人才自身素质要求更高、专业性要求更强，这就导致真正意义上的医药物流人才极其短缺。2019 年有资料显示，具有大学及以上学历的专业人才占行业人数的 20％左右，中专及高中学历的从业人数超过了 50％，这是完全不能满足现代医药物流专业人才和管理人才的短缺的。

目前，我国医药物流企业的人员大多是传统仓储的保管、搬运等岗位转来的，这里面的员工基本没有受过医药专业知识的培训，更没有接受过医药物流人才培训，对行业要求、操作原理、服务规范和现代信息技术的应用知识熟悉的甚少。

通过高等院校开设医药物流专业，在物流管理课程体系上增加药学、管理学知识和技能，通过加强物流企业与学校的校企合作，来使学生从整体上，从医药产业的上游到终端消费者全方位的进行循序渐进的交叉学习来打造符合现代医药物流的新型人才。

第三节 医药商品仓储及物流设备

一、仓储设备

（一）仓储设备概述

仓储设备是指仓储工作中使用的设备，能够满足储藏和保管物品需要的技术装置和机具。是构成仓储系统的重要组成因素，担负着仓储作业的各项任务，影响着仓储活动的每一个环节，在仓储活动中处于十分重要的地位。

1. 仓储设备是提高仓储系统效率的主要手段

一个完善的仓储系统离不开现代仓储设备的应用。先进的仓储设备和先进的仓储管理是提高仓储能力，推动现代仓储迅速发展的重要因素。

2. 仓储设备是反映仓储与物流技术水平高低的主要标志

仓储设备与仓储活动密切相关，在整个仓储活动过程中伴随着存储保管、存期控制、数量管理、质量养护等作业环节及其他辅助作业，这些作业的高效完成需要不同的仓储设备。其水平的高低直接关系到仓储活动各项功能的完善和有效实现，决定着物流系统的技术含量，主要表现在：

（1）设备的社会化程度越来越高，设备结构越来越复杂，从研究、设计到生产、报废的各环节之间相互依赖，相互制约；

（2）设备出现了"四化"趋势，即连续化、大型化、高速化、电子化，提高了生产效率；

（3）能源密集型的设备居多，能源消耗大；资金密集型的现代设备投资和使用费用昂贵，因此提高管理的经济效益对物流企业来说非常重要。

3. 仓储设备是构筑仓储系统的主要成本因素

现代仓储设备多为资金密集型，其购置投资相当可观，而后续维持系统的正常运转，发挥设备效能，需要不断地资金投入。

（二）仓储设备分类

仓储工作中所使用的设备按其用途和特征可以分成装卸搬运设备、保管设备、计量设备、养护检验设备、通风照明设备、消防安全设备、劳动防护设备以及其他用途设备和工具等。

1. 装卸搬运设备

装卸搬运设备是用于商品的出入库、库内堆码以及翻垛作业的工具。这类设备对改进仓储管理，减轻劳动强度，提高收发货效率具有重要作用。

当前，仓库中所使用的装卸搬运设备通常可以分成三类。

（1）装卸堆垛设备　包括：起重机、叉车、堆垛机等。

叉车（表2-2和图2-2）是指对成件托盘货物进行装卸、堆垛和短距离运输作业的各种轮式搬运车辆。

图 2-2　叉车

表 2-2　叉车的类型及特点

分类	特点
内燃叉车	体积较大，稳定性好，宜于重载，使用时间无限制，使用场地一般在室外，载重量为 0.5～45 吨
电动叉车	以电动机为动力，蓄电池为能源。无污染、噪声小，广泛应用于室内操作和其他对环境要求较高的工况，如医药、食品等行业，承载能力 1.0～8.0 吨
仓储叉车	是为仓库内货物搬运而设计的叉车，其车体紧凑、移动灵活、自重轻和环保性能好而在仓储业得到普遍应用

a. 内燃叉车：普通内燃叉车、重型叉车、集装箱叉车、侧面叉车（表 2-3）。

表 2-3 内燃叉车的分类及特点

分类	特点
普通内燃叉车	通常用在室外、车间或其他对尾气排放和噪声没有特殊要求的场所,可长时间、连续作业,能胜任在恶劣的环境下工作,载荷能力 1.2～8.0 吨
重型叉车	一般用于货物较重的码头、钢铁等行业的户外作业。承载能力 10.0～52.0 吨
集装箱叉车	又分为空箱堆高机、重箱堆高机和集装箱正面吊车。用于集装箱搬运,如集装箱堆场或港口码头作业。承载能力 8.0～45.0 吨
侧面叉车	在不转弯的情况下,具有直接从侧面叉取货物的能力,因此主要用来叉取长条形的货物,如木条、钢筋等。承载能力 3.0～6.0 吨

b. 电动叉车：电动托盘式堆垛车、手推电升堆垛车、电动牵引车、冷库专用电动叉车（表 2-4）。

表 2-4 电动叉车的分类及特点

分类	特点
电动托盘式堆垛车	主要用于仓库内的货物堆垛及装卸。行驶,升降都为电动控制,比较省力。承载能力为 1.0～2.5 吨
手推电升堆垛车	需要人工拉动或推着叉车行走,升降为电动,主要用于仓库内的货物堆垛及装卸。承载能力为 1.0～2.5 吨
电动牵引车	采用电动机驱动,用于车间内或车间之间大批货物的运输,牵引能力在 3.0～25 吨
冷库专用电动叉车	多采用电动式驱动,所用材质可用于低温作业

c. 仓储叉车：电动托盘搬运车、前移式叉车、电动拣选叉车（表 2-5）。

表 2-5 仓储叉车的分类及特点

分类	特点
电动托盘搬运车	主要用于仓库内的水平搬运及货物装卸。有步行式、站驾式和座驾式三种操作方式。承载能力 1.6～3.0 吨,货叉提升高度一般在 210 毫米左右
前移式叉车	常用于仓库内中等高度的堆垛、取货作业。提升高度最高可达 11 米左右,承载能力 1.0～2.5 吨
电动拣选叉车	常用于配送中心,可分为低位(2.5 米内)和中高位(最高可达 10 米,驾驶室可提升)两种

（2）搬运传送设备 包括：电瓶搬运车、皮带输送机、手推车等。

（3）成组搬运工具 包括：托盘等。

① 托盘 中国国家标准《物流术语》对托盘（pallet）的定义是：用于集装、堆放、搬运和运输的放置作为单元负荷的货物和制品的水平平台装置。托盘是使静态货物转变为动态货物的媒介物，是一种活动的载货平台。

托盘根据使用的不同可以分为多个类型，其主要分类如下。

a. 平托盘：平托盘（图 2-3）几乎是托盘的代名词，其使用范围最广，利用数量最大，通用性最好。平托盘又可细分为三种类型。

图 2-3 托盘

根据台面分为：单面形、单面使用型、双面使用型和翼型四种。

根据叉车叉入方式分为：单向叉入型、双向叉入型、四向叉入型三种。

根据材料分为：木质平托盘、金属托盘、塑料托盘、复合材料平托盘以及纸质平托盘五种（表 2-6）。

表 2-6　平托盘按材料的分类及特点

分类	特点
木质类	用木质或竹质材料制成。价格便宜,抗弯强度大,承载能力大,易修补,不易变形,在全世界用量最广泛。使用寿命较短
纸质类	多为蜂窝状结构。具有重量轻、韧性好、不易变形、抗压、抗冲击、防震、隔热、隔音、绿色环保等特点
金属类	一般质地为不锈钢,多用于地面、货架存储及货物联运、周转等。在托盘中承载能力最强,安全可靠;承载量大,经久耐用,使用寿命长,可回收再利用。与木托盘相比更为环保,与塑料托盘相比在强度、耐磨、耐温方面更具优势
塑料类	价格便宜,质地较轻,使用方便,具有防滑功能,耐腐蚀,平均使用寿命与钢托盘相仿。多应用于食品、医药、物流运输、仓库搬运、储存货架等行业
复合材质类	多为塑木复合材料制成。具有强度高、韧性好、不变形、不吸潮、不霉蛀、抗腐蚀、耐老化、易加工、低成本、可回收、无污染等优点。用途广泛,适用于药业、化工、饮料、烟草、建筑等行业的仓储和物流

b. 柱式托盘：柱式托盘分为固定式和可卸式两种，其基本结构是托盘的 4 个角有钢制立柱，形成框架型。柱式托盘的主要作用：一是利用立柱支撑重量物，往高叠放；二是可防止托盘上放置的货物在运输和装卸过程中发生塌垛现象。

c. 箱式托盘：箱式托盘是四面有侧板的托盘，有的箱体上有顶板，有的没有顶板。箱板有固定式、折叠式、可卸下式三种。箱式托盘防护能力强，可防止塌垛和货损；可装载异型不能稳定堆码的货物，应用范围广。

d. 轮式托盘：轮式托盘与柱式和箱式托盘相比，下部多了小型车轮。显示出能短距离移动、自行搬运或滚上滚下式的装卸等优势，用途广泛，适用性强。

e. 滑板托盘：滑板托盘是在一个或多个边上设有翼板的平板。用于搬运、存储或运输单元载荷形式的货物或产品的底板。

② 在国际标准化组织 ISO 6780 规定中，常用的托盘型号有四个系列。

a. 1200 系列：1200 毫米×800 毫米（使用最广，又称欧洲托盘）。

b. 1100 系列：1100 毫米×1100 毫米（亚洲使用得较多）。

c. 1140 系列：1140 毫米×1140 毫米（是对 1100 系列的改进，与集装箱配合使用）。

d. 1219 系列：1219 毫米×1016 毫米（以英寸为单位制定的系列）。

2. 保管设备

保管设备是用于保护仓储商品质量的设备。主要可归纳为以下几种。

（1）苫垫用品 起遮挡雨水和隔潮、通风等作用。包括：苫布（油布、塑料布等）、苫席等。多用在露天堆场。具有色泽鲜艳、质轻柔软、经久耐用、高强度、耐拉力、防晒、防水、防霉、抗冻、耐腐蚀等特点。

（2）存货用具 包括各种类型的货架（图 2-4）、货橱。

图 2-4 货架

① 货架 货架即存放货物的敞开式格架。是现代化仓库提高效率的重要工具，目前企业库房所用到的货架种类越来越趋向于自动化、智能化。货架在批发、零售量大的仓库，特别是立体仓库中具有很大的作用。

货架的基本功用如下。

a. 可充分利用仓库空间，提高仓库容量利用率，扩大仓库储存能力。

b. 货物存取方便，可做到先进先出，流畅的库存周转。

c. 仓库货架中的货物，一目了然，便于清点划分、计量等重要的管理工作。

d. 满足大批量货物、品种繁多的存储与集中管理需要，配合机械搬运工具，做到存储与搬运工作秩序井然。

e. 满足现代化企业低成本、低损耗、高效率的物流供应链管理需要。

货架根据不同的分类方式可分为不同的类型，其分类方式主要有以下几种。

a. 根据货架设备规格的不同分为：线棒式货架、横梁式货架、超市货架、平台式货架（表 2-7）。

表 2-7 货架按规格的分类及特点

类型	特点
线棒式货架	承重力大、不易变形、连接可靠、拆装容易，多样化，满足大批量货物、品种繁多的存储与集中管理需要，多配合机械搬运工具使用
横梁式货架	成本低，安全可靠，组装、拆卸简单方便，每层标准有效承载在 800 千克以上，适合于人工存取箱式货物，或者与零件盒、周转箱配套装载零散重型货物
超市货架	可按客户要求单独设计，层数可自由增减，重量较轻，安装快捷方便，单面承重为 600 千克左右
平台式货架	采用货架作为阁楼式设计，多层建设，适用于库房较高、存储量大的仓库

b. 根据仓库内的布置方式不同：货架可采用组合式或整体焊接式两种。整体式货架的制造成本较高，不便于货架的组合变化。因此较少采用。

组合式货架的承重可根据货物的不同加以调整，安装、拆卸方便，使用灵活，外形美观，因此在仓库中应用广泛。

c. 货架按发展可分为：传统货架和新型货架。

传统货架包括：层架、层格式货架、抽屉式货架、橱柜式货架、U形货架、悬臂货架、气罐钢筒架、轮胎专用货架等。

新型货架包括：旋转式货架、移动式货架、穿梭车货架、装配式货架、调节式货架、托盘货架、进车式货架、高层货架、阁楼式货架、重力式货架、屏挂式货架等。

其中仓储货架又分为：轻型仓储货架、中型仓储货架、重型仓储货架、阁楼式货架等。

d. 其按货架高度可以分成：低层货架（高度在 5 米以下）；中层货架（高度在 5～15 米）；高层货架（高度在 15 米以上）。

e. 按货架重量可分为：重型货架（每层货架载重量在 500 千克以上）；中型货架（每层货架载重量在 150～500 千克）；轻型货架（每层货架载重量在 150 千克以下）（表 2-8）。

表 2-8　货架按重量的分类及特点

类型	特点
轻型货架	属于仓储货架的一种，通常货架承载≤150 千克/层
中型货架	多用于存放箱子及稍大件的物品。人工存取货。货架结构简单，层板可以选用钢板或者木夹板放货，多用于大中小型仓库，以及生产车间和置物室
重型货架	多用于存放量大，托盘存入的产品，可节省高空空间，承重性能好。适用于多种存取方式（如：人工、机械、自动化）和存取设备

② 货橱　即存放货物的封闭式格架。主要用于存放比较贵重的或需要特别养护的商品。

3. 计量设备

计量设备是用于商品进出时的计量、点数，以及货存期间的盘点、检查中经常使用的度量衡设备（图 2-5）。

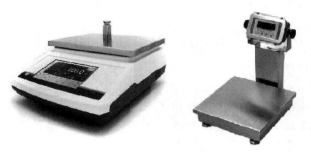

图 2-5　计量设备

（1）特点　仓库中应用的各种计量设备都必须具有以下特点。

① 稳定性　稳定性指计量设备的计量感应部分在受力后，会离开平衡位置，而在所受力撤销以后能够回到原来位置。

② 灵敏性　灵敏性即计量装置的灵敏度，指计量装置能感应出的最小荷重变化。

③ 正确性　正确性指计量装置每次对不同物品的计量结果应该在误差所允许的范围内。

④ 不变性　不变性指对同一物体连续称重，每次的计量结果应在误差所允许的范围内。

（2）分类　仓库中使用的计量装置种类很多，从计量方法角度可以分为以下几种。

① 质量计量设备：包括各种磅秤、地下衡及轨道衡、电子秤等。

② 流体容积计量设备：包括流量计、液面液位计等。

③ 长度计量设备：包括检尺器、自动长度计量仪等。

④ 个数计量设备：包括自动计数器及自动计数显示设备等。

在以上四种设备中，质量计量设备是仓库中最常用到的计量设备。流体容积计量装置多用在特殊专用场合，属于专用计量装置。长度计量装置广泛用于钢材、木材等尺寸计量，在有限场合使用。

（3）发展方向　随着科学技术的不断进步，在现代仓库中，应用电子技术、光电技术的电子秤、自动计数装置等成为计量装置的发展主要方向。

① 地中衡及轨道衡　是对地面车辆、铁道车辆载货计重的衡器。

地中衡广泛应用于原料进厂和成品出厂的称重计量，对称重精确度和稳定性有较高的要求。地中衡多安装于露天场合，坑道台面的设计和传感器选用必须考虑环境和气候条件。

电子式及机电结合式的静态轨道及地中衡，特点是带有数字自动显示，能自动打印重量数据，失误小、准确程度高，可满足较贵重量材料等计重的要求及进出口贸易的计重要求。

电子式动态衡可在车辆缓行中及火车车皮不摘挂情况下自动计量，计量效率较高，但准确程度较低，主要用于煤炭、矿石等量大低值的货物计量。

② 电子秤　电子秤是电子衡器之一，按用途不同有吊秤、配料秤、皮带秤、台秤等多种。在物流领域中，配合起重机具在起吊货物时同时计重的吊钩秤使用较多。在生产企业物流中，配料秤使用较多。

电子秤主要由秤重传感器和放大系统、显示仪表三部分部件构成。优点有计重准确、结构简单、安装调试使用方便、体积小、重量轻、计量速度快等，是物流领域计重装置的发展方向。

③ 出库数量显示装置　它是一种计数的计量装置。安装于多品种、少批量、多批次的拣选式货架上，每当取出一件货品，相应的显示装置上就显示出数量指示，可观察显示装置确认拣选数量、库存数量，和计算机联机，则可由计算机立即汇总、记录。

用在多品种、小批量、多批次、高速度的操作场合，可防止计数混乱、差错，有效辅助管理。广泛应用在药品、化妆品、食品的流通中心、配送中心。在旋转货架、移动货架、重力拣选货架上都可安装使用。

4. 养护检验设备

养护检验设备是指商品进入仓库验收和在库内保管测试、化验以及防止商品变质、失效的机具、仪器。如温度仪、测潮仪、吸潮器、烘干箱、风幕、空气调节器、商品质量化验仪器等。在规模较大的仓库这类设备使用较多。

5. 消防安全设备

消防安全设备是仓库必不可少的设备。包括报警器、消防车、手动抽水器、水枪、消防水源、砂土箱、消防云梯等。

6. 常见的仓库类型

（1）普通仓库：指用于存放无特殊保管要求的物品的仓库。

（2）保温、冷藏、恒湿恒温库：指用于存放要求保温、冷藏或恒湿恒温的物品的仓库。

（3）特种仓库：指用于存放易燃、易爆、有毒、具腐蚀性或辐射性物品的仓库。

（4）气调仓库：指用于存放要求控制库内氧气和二氧化碳浓度的物品的仓库。

（5）其他：自动化立体仓库、托盘单元式自动仓库、高架叉车仓库。

7. 仓储管理系统

仓储管理系统（warehouse management system，WMS）（图 2-6），是一个实时的计算机软件系统，它能够按照运作的业务规则和运算法则，对信息、资源、行为、存货和分销运作进行更完美的管理，使其达到最好效果。

WMS 仓储管理系统中包括了软件、硬件及管理经验。弥补了传统仓储管理系统概念中忽略的管理经验和自动识别的硬件部分。

仓储管理系统具有以下主要优点。

① 基础资料管理更完善，文档利用率高。提高了库存准确度和操作效率。

② 降低了库存水平，使物料和资产的使用率大幅提高。

③ 现有的操作规程执行难度小，易于制订合理的仓库维护计划。

④ 仓储数据更新及时，能提供历史的记录分析，有效降低库存成本。

⑤ 有效提高了规程文件变更后的及时传递和正确使用率，仓库与财务的对账工作效率高。

⑥ 能够严格控制预算、减少退库业务。

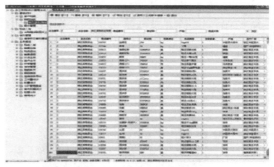

图 2-6　仓储管理系统

二、自动分拣设备

自动分拣设备是自动控制的分拣装置。由接受分拣指令的控制装置、把到达货物取出的搬送装置、分拣货物的装置和存放货物的暂存装置等组成。

（一）周转设备

自动分拣设备的广泛使用对现代分拣作业效率的提高及自动化具有重要作用。其中，分拣作业中常用的周转设备根据性能可分为以下几类。

1. 可堆式周转箱

可堆式周转箱也称为可堆式流箱，其箱体四面均有新型一体化无障碍把手，便于操作人员更有效、更安全地抓取箱体，使搬运更加舒适方便。

可堆式周转箱广泛用于物流中的运输、配送、储存、流通加工等环节，具有清洁方便、周转便捷、堆放整齐、便于管理、耐酸耐碱、耐油污、无毒无味、可盛放食品等特点。可堆式周转箱也可与多种物流容器和工位器具配合，用于各类仓库、生产现场等多种场合。

2. 可插式周转箱

可插式周转箱以物流容器的标准化、单元化、专业化为基础，以节省成本、提高效率为目标，在企业内部物流中起到举足轻重的作用。可插式周转箱所有尺寸规格是经过严格的数学计算所得，与标准物流器具配合使用，可整齐精确地堆垛，是完成物流容器标准化、专业化的基本单元。

可插式周转箱通常具有以下特点：

① 材质为共聚丙烯、聚乙烯合成，自重轻，使用寿命长；

② 其与各类物流器具在使用过程中尺寸配合完好；

③ 有效工作温度为−25～40℃；

④ 可堆叠存放，节省使用空间；

⑤ 不带盖可堆式周转箱统一规格箱体满载时可堆垛 6～7 层；带盖可插式周转箱统一规格箱体满载时可堆垛 4 层。

3. 折叠式周转箱

折叠式周转箱采用国际流行款式，根据折叠方式的不同，有对折式和内倒式两种折叠方法，折叠后的体积只有组立时体积的 1/4～1/3，具有重量轻、占地少、组合方便、有效利用空间等优点。

其承重最大可达 75 千克，在各大连锁超市、大型配送中心、百货商场等闭环配送系统中广泛使用。能够实现机械化搬运，提高流通合理化和效率化，降低用户储运成本，是一种符合现代企业环保要求及零库存计划的新型产品。

除以上三种常用的周转箱外，周转箱根据用途又可以分为防静电周转箱、导电周转箱、阻燃周转箱、仪器周转箱、药品包装箱等不同种类（图 2-7）。

图 2-7　周转箱

（二）自动分拣系统

自动分拣系统（automatic sorting system）是现代化配送中心所必需的设施条件之一。它是第二次世界大战后在美国、日本的物流中心中广泛采用的一种自动分拣系统，该系统目前已经成为发达国家大中型物流中心不可缺少的一部分。

自动分拣系统可以把分拣的前后作业连接起来，从而使分拣作业实现自动化。自动分拣系统一般由控制装置、分类装置、输送装置及分拣道口组成，具有很高的分拣效率，是提高物流配送效率的一项关键因素。但也具有一次性投资巨大，对物品外包装要求高，需要相应的大量业务支持的缺点。

按照不同的分拣模式，自动分拣系统主要有以下几种类型。

1. 堆块式分拣系统

堆块式分拣系统（pusher sorting system）是由堆块式分拣机、供件机、分流机、信息采集系统、控制系统、网络系统等组成。其主要是由链板式输送机和具有独特形状的滑块在链板间左右滑动来完成商品分拣的。

主要优点：

（1）可适应不同大小、重量、形状的各种不同商品；

（2）分拣时准确、冲击性小、不损伤货品；

（3）可向左、右两侧分拣，占地空间小；

（4）分拣时所需商品间隙小，分拣能力高达 18000 个/小时；

（5）机身长，最长达 110 米，出口多。

2. 轨道台车式分拣系统

轨道台车式分拣系统（pallet sorting system）工作时，被分拣的物品放置在沿轨道运行的小车托盘上，当到达分拣口时，台车托盘倾斜 30 度，物品被分拣到指定的目的地。

主要优点：

（1）三维立体布局，布局更为灵活，适应作业工程需要；

（2）可靠耐用，易维修保养，更为节能；

（3）高容量、模块化分拣，最大能力可达 12000 件/小时；

（4）多用于在机场行李分拣领域，在快递行业也有应用。

3. 滑块式分拣机

滑块式分拣机是一种特殊形式的条板输送机（见数字资源 2-1）。通过计算机控制，当被分拣的货物到达指定道口时，控制器使导向滑块有序地自动向输送机的对面一侧滑动，把货物推入分拣道口。

数字资源 2-1

这种方式不易损伤、不冲击商品，对分拣商品的形状和大小适用范围广，故障率非常低，是目前国外一种最新型的高速分拣机。滑块式分拣机可多台交叉重叠起来使用，以改善单一滑块式分拣机无法达到能力要求的缺点。

4. 交叉带式分拣系统

交叉带式分拣系统（carbel sorting）由主驱动带式输送机和载有小型带式输送机的台车（简称"小车"）连接在一起，当"小车"移动到规定的分拣位置时，转动皮带，完成商品分送任务（见数字资源 2-2）。

根据现场作业的具体情况可分水平循环式或直行循环式。大型交叉带式分拣系统一般应用于机场行李分拣和安检系统。

主要优点：

（1）适宜分拣各类小件商品，如食品、化妆品、衣物等；

（2）分拣出口多，可左右两侧分拣；

（3）分拣能力一般达 7200～12000 个/小时；

数字资源 2-2

5. 斜导轮式自动分拣系统

斜导轮式自动分拣系统（line shaft diverter）主要是由转动着的斜导轮，在平行排列的主窄幅皮带间隙中浮上、下降来达到商品分拣目的的系统。

主要优点：

（1）对商品冲击力小，分拣快速准确；

（2）适应各类商品，如硬纸箱、塑料箱等平底商品；

（3）分拣出口数量多。

6. 摇臂式自动分拣系统

摇臂式自动分拣系统（swing arm diverter）的主要工作原理是被分拣的物品放置在钢带式或链板式输送机上，当到达分拣口时，摇臂转动，物品沿摇臂杆斜面滑到指定的目的地。

其主要优点：

（1）能连续、大批量地分拣货物；

（2）分拣误差率极低；

（3）分拣作业基本实现无人化。

7. 挡板式分拣机

挡板式分拣机是利用一个挡板（挡杆）挡住在输送机上向前移动的商品，将商品引导到一侧的滑道排出。

挡板一般是安装在输送机的两侧，和输送机上平面不接触，在操作时只接触商品而不触及输送机的输送表面，对大多数形式的输送机都适用。挡板本身也有不同形式，如直线型、曲线型，也有的在挡板工作面上装有滚筒或光滑的塑料材料，以减少摩擦阻力。

（三）电子标签辅助拣货系统

电子标签辅助拣货系统（pick to light system）（图2-8）是采用先进电子技术和通信技术开发而成的物流辅助作业系统，安装在货架储位上，透过计算机与软件的控制，以灯号与数字显示为辅助工具，引导拣货工人正确、快速、轻松地完成拣货工作。

图 2-8　电子标签辅助拣货系统

电子标签辅助拣货系统通常使用在现代物流中心货物分拣环节，具有拣货速度快、效率高、差错率低、无纸化、标准化的作业特点。电子标签辅助拣货系统作为一种先进的作业手段，与仓储管理系统（WMS）或其他物流管理系统配合使用效率更高。

电子标签辅助拣货的主要优点：

① 提升作业速度与品质；

② 降低前置作业时间并大幅降低错误率；

③ 实现无纸化、标准化作业；

④ 缩短操作人员上线的培训过程。

（四）自动导引运输车

自动导引运输车（automated guided vehicle，AGV），其以轮式移动为特征，较之步行、爬行或其他非轮式的移动机器人，具有行动快捷、工作效率高、结构简单、可控性强、安全性好等优势（见数字资源2-3）。在自动化物流系统中，最能充分体现其自动性和柔性，实现高效、经济、灵活的无人化生产。

数字资源2-3

1. AGV 的主要优点

（1）自动化程度高　AGV 的活动由计算机、电控设备、激光反射板等控制。与其他设备相比，AGV 的活动区域无需铺设轨道、支座架等固定装置，不受场地、道路和空间的限制。

（2）充电自动化　当 AGV 的电量即将耗尽时，它会向系统发出请求指令，请求充电，在系统允许后自动到充电的地方"排队"充电。

（3）外形美观　提高观赏度，提高企业形象。

（4）使用方便，占地面积少　生产车间的 AGV 可在各个车间穿梭往复。

2. 分类

AGV 从发明至今已经有 50 年的历史，随着应用领域的扩展，其种类和形式变得多种多样。根据 AGV 自动行驶过程中导航方式的不同可分为以下几种类型。

（1）电磁感应引导式 AGV　电磁感应式引导一般是在地面上，沿预先设定的行驶路径埋设电线，当高频电流流经导线时，导线周围产生电磁场，AGV 上安装有左右对称的两个电磁感应器，它们所接收的电磁信号的强度差异可以反映 AGV 偏离路径的程度。AGV 的自动控制系统根据这种偏差来控制车辆转向，连续的动态闭环控制能够保证 AGV 对设定路径的稳定自动跟踪。这种电磁感应引导式导航方法目前在绝大多数商业化的 AGVS 上使用，尤其适用于大中型的 AGV。

（2）激光引导式 AGV　该种 AGV 上安装有可旋转的激光扫描器，在运行路径沿途的墙壁或支柱上安装有高反光性反射板的激光定位标志，AGV 依靠激光扫描器发射激光束，接受由四周定位标志反射回的激光束，车载计算机计算出车辆当前的位置以及运动的方向，通过和内置的数字地图进行对比来校正方位，从而实现自动搬运。

目前，该种 AGV 的应用越来越普遍。依据同样的引导原理，若将激光扫描器更换为红外发射器或超声波发射器，则激光引导式 AGV 可以变为红外引导式 AGV 和超声波引导式 AGV。

（3）视觉引导式 AGV　视觉引导式 AGV 是正在快速发展和成熟的 AGV，该种 AGV 上装有 CCD 摄像机和传感器，在车载计算机中设置有 AGV 欲行驶路径周围环境图像数据库。AGV 行驶过程中，摄像机动态获取车辆周围环境图像信息并与图像数据库进行比较，从而确定当前位置并对下一步行驶做出决策。

这种 AGV 不要求人为设置任何物理路径，在理论上具有最佳的引导柔性，随着计算机图像采集、储存和处理技术的飞速发展，该种 AGV 的实用性越来越强。

此外，还有铁磁陀螺惯性引导式 AGV、光学引导式 AGV 等多种形式的 AGV（图 2-9）。

三、养护设施设备

由于各种药品的功能是由药物本身性质所决定的，每种药物的内在成分与其他物质一样，时刻在不断运动和变化，这就构成了它在储藏期间引起变化的内在因素，加上自然条件

图 2-9 自动引导车

的影响，必然发生物理、化学以及生物学等变化。而这些相互影响又互为关联的变化，要求人们不仅要了解掌握药品内在质变的形式。同时还需要了解自然条件（如温度、湿度、空气等）变化的规律。

药品养护的各项工作内容都应围绕保证药品储存质量为目标。因此，企业根据自身的实际工作情况，可采用不同的养护检验设备。

在仓库中常用的养护检验设备如下。

1. 温度调节设备

（1）空调　空调即空气调节器（air conditioner）。是指用人工手段，对建筑物内环境空气的温度、湿度、洁净度、流速等参数进行调节和控制的设备。仓库中常用的空调有风冷柜式空调、风冷吊顶式空调、水冷柜式空调三种。

（2）药品冷藏柜　药品冷藏柜主要用于药品、生物制剂、疫苗、血液的冷藏、保存和运输。根据不同需求，分为高温冷藏型、常温冷藏型、低温冷藏型、冷冻冷藏型。

药品冷藏柜普遍具有的特点：

① 结构多为立式箱体；

② 箱体内部多采用高密度聚氨酯整体发泡，具有重量轻、保温性好等特点；

③ 多采用电脑控温，精准温感探头，自动显示箱体内部温度、控温精度高，具有高低温报警。

2. 湿度调节设备

温湿度自动监控系统：在生产、物品管理和仓库存储等环节，很多贵重物品，如药材、食品、精密仪器等对温湿度环境有严格的要求。为了仓储商品的质量，创造适宜于商品的储存环境。建立实时温湿度监控系统，保存完整的历史温度数据已成为行业规范。

温湿度自动监控系统（图 2-10）通常具有以下常规功能：

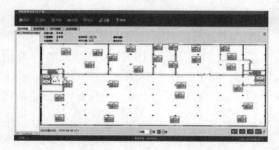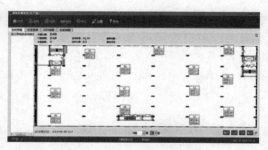

图 2-10 温湿度自动监控系统

① 可自动采集温度湿度信息，也可设置采集间隔，LED 指示灯支持；

② 支持无线网络传输，网络可支持互联网/办公/工业专网；

③ 温度测量范围为－20～80℃，湿度测量范围为 0%～100%。

3. 其他常用设备

风幕机是通过高速电机带动贯流或离心风轮产生的强大气流，以形成一面"无形的门帘"的空气净化设备。

风幕机安装在会议厅、冷藏库、手术室等门口上方，能把室内外的空气和灰尘隔开，既出入方便，又能防止室内外冷热空气交换。同时还具有防异味、防污染、防蚊蝇的功能。广泛地运用于电子、仪表、制药、食品、精密加工、化工等行业。

四、医药商品信息采集设备

信息技术（information technology，IT），是主要用于管理和处理信息所采用的各种技术的总称。

在物流领域，物流信息技术是物流现代化的重要标志，也是物流技术中发展最快的领域，从数据采集的条形码系统，到办公自动化系统中的计算机、互联网，各种终端设备等硬件以及计算机软件都在快速发展。

当前，各种物流信息技术已经广泛应用于物流活动的各个环节。如条码技术、电子数据交换（EDI）技术、销售时点信息系统（POS）、订单管理系统（OMS）、射频识别（RFID）技术、全球定位系统（GPS）、地理信息系统（GIS）、自动识别技术、运输管理系统（TMS）、仓储管理系统（WMS）等。

下面就重点介绍几种在医药商品信息采集领域广泛应用的信息技术及设备。

（一）条码技术

条码技术是在计算机的应用实践中产生和发展起来的一种自动识别技术。它为我们提供了一种对物流中的货物进行标识和描述的方法。条码还是实现 POS、EDI、电子商务、供应链管理的技术基础，是物流管理现代化、提高企业管理水平和竞争能力的重要技术手段。

1. 条形码的优点

条形码（图 2-11）是迄今为止最经济、实用的一种自动识别技术。在备件物流中得到了广泛应用，其具有以下几个方面的优点。

图 2-11　条形码

（1）输入速度快、可靠性高　条形码的输入速度是键盘的 5 倍，能实现"即时数据输入"，条形码技术误码率低于百万分之一。

（2）采集信息量大、灵活实用　传统的一维条形码一次可采集几十位字符的信息，二维条形码更可以携带数千个字符的信息，并有一定的自动纠错能力。

（3）条形码标签易于制作、成本非常低　条形码标签对设备和材料没有特殊要求，识别设备操作容易，在零售业领域，因为条码是印刷在商品包装上的，所以其成本几乎为"零"。

（4）条码技术与信息系统的强大接口技术 条码系统与仓储管理系统能够实现无缝链接。条码采集器外形轻便，操作简便，不需要安装配置软件系统，极大地提高了系统的使用性。

（5）条码技术对备件物流管理产生的独特作用 对于室外场合，通过使用条码采集器，可以现场采集条码信息，实现实时数据更新。管理者利用高速信息流的数据实时性，可及时改善库存结构，加速资金周转，实现备件物流的全面控制和管理。

2. 条码扫描器

条码信息读取设备被称为条码扫描器，它是用于读取条码所包含信息的阅读设备，利用光学原理，把条形码的内容解码后通过数据线或者无线的方式传输到电脑或者别的设备。

（1）条码扫描器的特点

① 扫描窗口透光镜采用特殊钢化材料，更加耐碎，透光率更高。

② 枪体塑料符合国家标准制作工艺，做到无异味，耐高温，耐腐蚀，易擦洗，枪线可取下，操作方便。

③ 蜂鸣声音更大（可小），合理减震，可抗多次 2 米铁路地面测试。

（2）常用商业条码扫描器

① CCD 扫描器 CCD 扫描器是利用电荷耦合器件（charge coupled device，CCD）图像传感器扫描条码印刷图案进行成像，然后再译码的一种仪器（图 2-12）。

图 2-12 条码扫描器

CCD 的主要优势在于：

a. 经它扫描的图像质量较高，具有一定的景深，能扫描凹凸不平的物体；

b. 温度系数较低，对于一般的工作，周围环境温度的变化可忽略；

c. 无转轴、马达，使用寿命长，价格便宜；

d. 优秀的 CCD 无须紧贴条码即可识读，体积适中，操作舒适。

CCD 的缺点有：

a. 组成 CCD 的数千个光电三极管距离很近（微米级），各三极管之间存在明显的漏电现象，各感光单元的信号产生的干扰降低了扫描仪的实际清晰度；

b. CCD 采用反射镜、透镜，会产生图像色彩偏差和像差，需要软件校正；

c. 由于 CCD 需要一套精密的光学系统，故扫描仪体积难以做得很小。普通的 CCD 通常体积过大，不便操作。

② 激光手持式扫描器 激光手持式扫描器是一种光学距离传感器，多用于危险区域的灵活防护，通过出入控制，实现访问保护等。其扫描方式有单线扫描、光栅式扫描和全角度扫描三种方式。

激光手持式扫描器是常用的商业条码扫描器之一。其是利用激光二极管作为光源的单线式扫描器，其景深较大，扫描首读率和精度较高，扫描宽度不受设备开口宽度限制；采用极为紧凑的设计，体积较小，低电流消耗。

③ 全角度激光扫描器　全角度激光扫描器是激光扫描器中的一类，当前市场上采用全角度激光扫描的商业条码扫描器主要是卧式激光扫描器。

卧式激光扫描器是通过光学系统使激光二极管发出的激光折射成多条扫描线的条码扫描器。其操作方便，操作者可双手对物品进行操作，只要条码符号面向扫描器，不管方向如何，均能实现自动扫描，主要目的是减轻收款人员录入条码数据时的劳动。

④ 便携式数据终端　便携式数据终端是一种集成掌上电脑和条码扫描功能的设备。具有条码扫描、数据存储、数据处理、数据通信等功能。便携式数据终端可在任何时间、任何地点，执行查询货品信息、库存情况、出入库核对、单据校验等工作，并实时将数据反馈给主机系统，使管理者的现场工作变得方便容易。

便携式数据终端广泛应用于快递物流、医疗管理、家电售后、销售管理、政府政务等各个行业，帮助企业提高移动办事效率，降低规模成本。

（二）电子数据交换技术

电子数据交换（EDI）是由国际标准化组织（ISO）推出使用的国际标准，其是一种为商业或行政事务处理，按照一个公认的标准，形成结构化的事务处理或消息报文格式，从计算机到计算机的电子传输方法，也是计算机可识别的商业语言。

EDI 主要用于商业数据交换和贸易过程，随着商务运作的全球化和全球标准的日益规范与统一，大型商业机构的 EDI 意识越来越强。某些行业已经形成了非常成熟的供应链网络，并通过实施 EDI 改善整个行业的效率。

EDI 所具有的特点：

（1）使用对象是不同的组织之间，是企业间信息交流的一种方式；

（2）EDI 所传送的资料是业务资料，如发票、订单等，而不是一般的通知；

（3）EDI 传输的报文是格式化的，符合国际标准，这是计算机能够自动处理报文的基本前提；

（4）EDI 使用的数据通信网络一般是增值网、专用网；

（5）数据传输由收送双方的计算机系统直接传送、交换资料，不需要人工介入操作。

（三）销售时点信息系统

销售时点信息系统即 POS 系统，是指通过自动读取设备在销售商品时直接读取商品销售信息（如商品名、单价、销售数量、销售时间、销售店铺、购买顾客等），并通过通讯网络和计算机系统传送至有关部门进行分析加工以提高经营效率的系统。

POS 系统主要有识别、销售、付款、票据、报表查询、前台盘点等功能，能很好地适用于多个行业。

（四）订单管理系统

订单管理（OMS）系统（图 2-13）是指接受客户订单信息，结合仓储管理系统发来的库存信息，然后按客户和紧要程度给订单归类，根据不同仓储地点的库存进行配置，并确定交付日期的订单信息处理系统。

OMS 系统是物流管理系统的一部分，通过对客户下达的订单进行管理及跟踪，动态掌握订单的进展和完成情况，提升物流过程中的作业效率，节省运作时间和作业成本，提高物流企业的市场竞争力。

图 2-13　订单管理系统

（五）射频识别技术

射频识别技术（radio frequency identification）是一种非接触式的自动识别技术，它是基于电磁感应、无线电波或微波进行非接触双向通信，从而达到识别和交换数据的目的。被认为是 21 世纪最具发展潜力的信息技术之一。

射频识别在工作时无须人工干预，可在各种恶劣环境下工作。短距离射频产品不怕油渍、灰尘污染等恶劣的环境，可以替代条码。长距离射频产品多用于交通运输行业，其识别距离可达几十米。

射频识别技术依据其标签的供电方式可分为三类，即无源 RFID、有源 RFID 与半有源 RFID。

当前，射频识别技术在多个领域得到广泛应用。物流仓储是 RFID 最有潜力的应用领域之一，UPS 等国际物流巨头都在积极实验 RFID 技术，以期在将来大规模应用以提升物流能力。

（六）地理信息系统

地理信息系统（geographical information system，GIS），是在计算机技术的支持下，对整个或部分地球表层（包括大气层）空间中的有关地理分布数据进行采集、储存、管理、运算、分析、显示和描述的技术系统。它是一种特定的，十分重要的空间信息系统。

地理信息系统所具有的特点：

① 公共的地理定位基础；

② 具有采集、管理、分析和输出多种地理空间信息的能力；

③ 系统以分析模型驱动，具有极强的空间综合分析和动态预测能力，并能产生高层次的地理信息；

④ 以地理研究和地理决策为目的，是一个人机交互式的空间决策支持系统。

当前，许多学科受益于地理信息系统技术。在政府、企业和产业等方面也更广泛地应用到地理信息系统，包括地理信息系统的分支定位服务（LBS）、城市信息、自然资源信息查询、土地管理、社区规划、运输和物流等。

（七）全球定位系统

全球定位系统（global positioning system，GPS），是利用定位卫星，在全球范围内实时进行定位、导航的系统。

GPS 能为全球用户提供低成本、高精度的三维位置、速度和精确定时等导航信息，是卫星通信技术在导航领域的应用典范，它有力地推动了数字经济的发展。在物流领域，GPS可以应用于车辆定位、跟踪、调度等。

GPS 系统具有全球全天候定位、定位精度高、观测时间短、测站间无需通视、仪器操作简便、可提供全球统一的三维地心坐标、应用广泛等特点。

全球四大导航系统如下。

1. 美国全球定位系统（GPS）

由 24 颗卫星组成，精度约为 10 米，军民两用，正在试验第二代卫星定位系统。

2. 俄罗斯"格洛纳斯"系统

由 24 颗卫星组成，精度在 10 米左右，军民两用，设计 2009 年底服务范围拓展到全球。

3. 欧洲"伽利略"系统

由 30 颗卫星组成，定位误差不超过 1 米，主要为民用。

4. 中国"北斗"系统

由 5 颗静止轨道卫星和 30 颗非静止轨道卫星组成。"北斗一号"精确度在 10 米之内，"北斗二号"可以精确到"厘米"之内。

（八）自动识别技术

自动识别技术（automatic identification and data capture）是应用一定的识别装置，通过被识别物品和识别装置之间的接近活动，自动地获取被识别物品的相关信息，提供给后台计算机处理系统来完成相关后续处理的一种技术。

自动识别技术是物联网中非常重要的技术之一，其融合了物理和信息技术，是物联网区别于其他网络（如互联网）最独特的部分。自动识别技术可以对每个物品进行标识和识别，并实时更新数据，是一种高度自动化的信息或数据采集技术。自动识别技术是构造全球物品信息实时共享的重要组成部分，是物联网的基石。

按照应用领域和具体特征的分类标准，自动识别技术可以分为如下八种。

1. 条码识别技术

条码识别技术是指利用光电转换设备对条形码进行识别的技术。常见的主要有一维条码和二维条码两类。

一维条码是由平行排列的宽窄不同的线条和间隔组成的二进制编码。

二维条码能够在横向和纵向两个方向同时表达信息，能在很小的面积内表达大量的信息。

2. 生物识别技术

生物识别技术指通过获取和分析人体的身体和行为特征来实现人的身份的自动鉴别。

生物特征分为物理特征和行为特点两类。

（1）物理特征　包括指纹、掌形、眼睛（视网膜和虹膜）、人体气味、脸型、皮肤毛孔、手腕、手的血管纹理和 DNA 等。

（2）行为特点　包括签名、语音、行走的步态、击打键盘的力度等。

① 声音识别技术　声音识别是一种通过识别声音转换成文字信息的技术，是一种非接触的识别技术。其最大特点是不用手工录入信息，对那些采集数据同时还要完成其他工作的工种尤为适用。声音识别的最大问题是识别率较低，要想连续、高效的应用有一定难度。更

适合语音句子量集中且反复应用的工作。

② 人脸识别技术　人脸识别，特指利用分析比较人脸视觉特征信息进行身份鉴别的计算机技术。人脸识别是一项热门的计算机技术研究领域，其中包括：人脸追踪侦测、自动调整影像放大、夜间红外侦测、自动调整曝光强度等技术。

相较于其他生物识别技术，人脸识别技术具有非接触性、非强制性、并发性的优点。但人脸识别对周围的光线环境敏感，会影响识别的准确性，人体面部的头发、饰物等遮挡物，人脸变老等因素会在一定程度上影响识别精度，需要进行人工智能补偿。

③ 指纹识别技术　指纹是指人的手指末端正面皮肤上凸凹不平产生的纹线。由于指纹的终身不变性、特定性和方便性，已经几乎成为生物特征识别的代名词。

指纹识别即指通过比较不同指纹的细节特征点来进行自动识别。

目前市场上使用的指纹图像采集设备，基本上基于三种技术基础：光学技术、半导体硅技术、超声波技术（表2-9）。

表 2-9　指纹识别技术的分类及特点

类型（指纹）		特点
光学技术	优点	已经过较长时间的应用考验，一定程度上适应温度的变异，较为廉价
	缺点	要求足够长的光程、足够大的尺寸，过分干燥和油腻的手指使光学指纹产品的效果变坏
半导体硅技术	优点	可以在较小的表面上获得比光学技术更好的图像质量
	缺点	易受干扰，可靠性相对差
超声波技术	优点	能够达到最好的精度，对手指和平面的清洁程度要求较低
	缺点	采集时间会明显地长于光学技术和半导体硅技术

3. 图像识别技术

图像识别技术是人工智能的一个重要领域。它是指对图像进行对象识别，以识别各种不同模式的目标和对象的技术。

图像识别技术是立体视觉、运动分析、数据融合等实用技术的基础，在导航、地图与地形配准、自然资源分析、天气预报、环境监测、生理病变研究等许多领域具有重要的应用价值。

4. 磁卡识别技术

磁卡是一种磁记录介质卡片，由高强度、高耐温的塑料或纸质涂覆塑料制成，能防潮、耐磨，且有一定的柔韧性，携带方便，使用较为稳定可靠。磁卡的价格便宜，但易磨损。磁卡技术能够在小范围内存储较大数量的信息，磁条上的信息可以被重写或更改。但磁卡的防盗、存储量等性能比起一些新技术如芯片卡技术还有差距。

5. IC 卡识别技术

IC 卡即集成电路卡，是继磁卡之后出现的又一种信息载体。IC 卡的价格稍高，数据存储量很大，数据安全性好，但 IC 卡的触点暴露在外，可能会因静电或人为的原因损坏。

6. 光学字符识别技术

光学字符识别技术（optical character recognition，OCR）。是指电子设备检查纸上打印的字符，通过检测暗、亮的模式确定其形状，然后用字符识别方法将形状翻译成计算机文字的过程。是属于图形识别的一项技术。

OCR 作为一类比较细分的技术，在智能交通，票据、证件及文件识别等领域广泛应用。

7. 射频识别技术

射频识别技术（RFID）无需人工干预，可工作于各种恶劣环境。与条码识别、磁卡识别技术和 IC 卡识别技术等相比，它以特有的无接触、抗干扰能力强、可同时识别多个物品等优点，逐渐成为自动识别中最优秀的和应用的领域最广泛的技术之一，是最重要的自动识别技术。

8. 智能技术

智能技术（intellectual technology）是利用计算机科学、脑科学、认知科学等方面的知识对物流信息进行分析处理的技术，物流中主要是人工智能、商业智能、专家系统和智能交通系统等。

在物流管理中有运输管理系统（TMS）、仓储管理系统（WMS）；在货运物流方面有货代管理系统（FMS）、供应链管理系统（SCM）等。

五、冷链设施设备

冷链（cold chain）是指某些食品原料、经过加工的食品或半成品、特殊的生物制品和药品在生产、流通过程中，其各个环节始终处于产品所必需的特定低温环境下，减少损耗，防止污染和变质，以保证产品食品安全、生物安全、药品安全的特殊供应链系统。

冷链设备是从供应链的角度来定义的，是指用于制造低温、低湿环境的设备。常用的冷链设备有：冷库、冰箱、冷藏车、冷藏箱、疫苗运输车、备用冰排等。

（一）冷库

冷库实际上是一种低温联合起来的冷气设备（图 2-14）。在食品、果蔬、花卉、药品、化工原料、电子仪表仪器等行业的低温存储方面应用广泛。

图 2-14 冷库

医药冷库主要用于冷藏储存在常温条件下无法保质的各类医药产品。低温冷藏条件下能降低药品的变质失效，延长药品保质期，达到医药监督局的技术要求。药品冷库通常具有制冷速度快、功能齐全、省电节能等多项优点。

冷库按存储温度的不同可分为冷藏库和冷冻库（表 2-10）。

表 2-10 冷库按存储温度的分类及特点

分类	特点
冷藏库	温度一般为 2～8℃，制冷速度快，通常采用全自动智能温度控制，多为组合式冷库
冷冻库	温度 −10～−25℃，库内温度相对稳定，保温性好

（二）冷藏车

冷藏车是指用来维持冷冻或保鲜的货物温度的封闭式厢式运输车（图 2-15）。冷藏车按车厢型式可分为面包式冷藏车、厢式冷藏车和半挂式冷藏车三类。

冷藏车应具备密封性、制冷性、轻便性、隔热性好等特点。

图 2-15 冷藏车

（三）冷藏箱

冷藏箱具有表面光滑，容易清洗，保温效果好，不怕摔碰的优点，针对不同的需要设计不同大小、配合冰袋使用。无论何种形式的冷藏箱，通常都具有耐热、耐冷、耐用、密封、保鲜、功能多样、环保等特点。

图 2-16 冷藏箱

商业冷藏箱常用的有蓄冷式冷藏箱、温显式电子冷藏箱两种。

（1）蓄冷式冷藏箱 此类冷藏箱属于不耗能的冷藏工具。使用时先将冰袋放入-20℃冰柜里冷冻 24 小时充分蓄冷后再放入冷藏箱。按照标准配置，冷藏箱内温度要保持在 8℃以下达到 80 小时以上，适用于各种中远距离低温药品运输。

（2）温显式电子冷藏箱 在冷藏要求更加严格的场合下，就需要使用具有温度控制能力的冷藏箱。这类冷藏箱属于耗能冷藏箱。比普通冷藏箱具有更精确的温度调节能力，同时还具备温度采集、加热、制冷等能力。

（四）其他冷链物流设备

冰排是一种新颖冷冻介质（图 2-17）。其解冻融化时没有水质污染，有效使用冷容量为同体积冰的 6 倍，可反复使用，代替干冰、冰块等。

广泛应用于医疗、各种生物冷冻试剂、药品、血浆、疫苗等的长距离冷藏运输。其种类分为重复使用冰袋和一次性冰袋。

图 2-17 冰排

冷链设施设备除以上介绍的外，还有和冷链设备配套使用的制冷系统、温度追踪记录系统、GPS 定位系统等。

六、包装技术设备

药品包装是指原用适当的材料或容器、利用包装技术对药物制剂的半成品或成品进行封、装、贴签等操作，为药品提供品质保证、鉴定商标与说明的一种加工过程的总称。

其功能主要包括三方面。

① 保护功能 保护药品免受日晒、雨淋、灰尘污染等自然因素的侵袭，防止挥发、渗漏、污染、碰撞、挤压、散失等造成的损失。

② 方便流通 减少流通过程中外力震动、挤压、冲击造成的药品破坏。

③ 商品宣传 对药品起标示作用，包括标签、说明书和包装标示。

药品包装技术设备有很多种类，常用的技术设备有以下几种。

（一）真空包装技术

真空包装也称减压包装，是将包装容器内的空气全部抽出密封，维持袋内处于高度减压状态，使微生物没有生存条件，以达到保证产品新鲜、无病腐发生的目的。

真空包装的特点如下。

① 排除了包装容器中的部分空气（氧气），能有效地防止腐败变质。

② 采用阻隔性（气密性）优良的包装材料及严格的密封技术，能有效防止包装内物质的交换，可防止二次污染。

③ 真空包装容器能加速热量的传导，提高热杀菌效率，避免包装容器破裂。

（二）气调包装技术

气调保鲜包装又称充气包装，是指将产品装入气密性包装容器，抽真空（或不抽真空），再充入保护性气体，然后将包装密封的一种包装方法。

充气包装的特点如下。

① 量身定做 根据客户实际需求将一定比例混合气体充入包装内，使保护更加完善。

② 提高包装速度 装箱时单向逆止气阀充气或放气操作更迅速。

③ 保证货物安全 充分填充货物之间的空隙，吸收震动，保证货物在运输中免于损害。

④ 环保节能 可重复使用，环保，节省运输存储成本。

（三）无菌冷灌装技术

无菌冷灌装是指在无菌条件下对产品进行冷（常温）灌装。

无菌冷灌装技术的优点：

① 采用超高温瞬时杀菌技术（UHT），使产品经过超高温瞬时杀菌达到无菌状态；

② 灌装操作均在无菌、常温环境下进行，包装材料、密封容器和灌装设备均在无菌状态，保证了产品的安全性；

③ 提高了生产能力，节约了原材料，降低了能源损耗和成本；

④ 技术先进，广泛适用于各种行业。

（四）防潮包装技术

防潮包装是指用具有一定隔绝水蒸气能力的防潮包装材料对产品进行包封，隔绝外界湿度对产品的影响，同时使包装内的相对湿度满足产品需求。

防潮包装的优点：

① 能延缓或阻止外界潮气透入，保证产品质量；

② 适用材料广泛，取材方便；

③ 广泛应用于多个行业，如医药、食品、化工、精密机械等。

七、运输设施设备

运输是指用特定的设备和工具，实现人和物空间位置变化的物流活动。其在不同地域范围内，以改变物品的空间位置为目的对物品进行空间位移。并通过这种位移实现商品的使用价值，满足不同的社会需要。运输是物流的主要职能之一，也是现代物流活动最重要的一个环节。

运输在现代物流中具有重要地位。

1. 运输是物流的主要职能要素之一

运输是改变物品空间状态的主要手段，和搬运、配送等活动结合起来，创造了商品的空间效益。

2. 运输是社会物质生产的必要条件之一

运输改变了物品在生产和消费上时间间隔和空间间隔。是在流通领域内继续生产过程。

3. 运输创造了"场所效用"

同种"物"所在的空间位置不同，其使用价值的实现程度不同，效益也不同。通过运输能实现资源的优化配置。间接上提高了物的使用价值。

4. 运输是"第三利润源"的主要源泉

合理运输能够节约自然资源、人力资源和能源，减少库存，降低企业成本。

现代运输有多种方式，不同的运输方式和运输工具都有各自的特点，不同类物品对运输的要求也不尽相同。如在仓库内部运输，自动化仓库中的送取货小车、AGV 等属于短距离运输。

目前，主要的运输形式有铁路运输、公路运输、航空运输、水路运输、管道运输五种方式。

（一）公路运输设备

公路运输（highway transportation）是在公路上运送旅客和货物的运输方式。

现代公路运输中所用的工具主要是各类汽车，主要承担短途客货运输。在地势崎岖、铁路和水运不发达的边远和经济落后地区，起着运输干线作用。

现在常见的专用运输车辆主要有：挂车或货车即厢式车、罐式挂车、冷藏车、集装箱牵引车和挂车等。

1. 厢式车

厢式车的主要特点是车厢全封闭，结构简单，运力利用率高，适应性强，是物流领域应用最广泛的货车。厢式车车门便于装卸作业，能够实现"门到门"运输。封闭式的车厢不仅可以使货物免受风吹日晒和雨淋，还可以防止货物的散失，减少货损，提高运输质量。

2. 罐式货车

载货汽车的一种，载货部位的结构为封闭罐体的载货汽车。这种车具有密封性强、装卸运输效率高、受外界影响小、运输安全、成本低的特点，适用于运输流体类物品（如液体化学品）及易挥发、易燃等危险品。

3. 冷藏车

冷藏车是指用来维持冷冻或保鲜的货物温度的封闭式厢式运输车。这种车主要用于运送需对温度进行控制的冷藏保鲜的易腐易变质品及药品、疫苗等。

4. 集装箱牵引车和挂车

集装箱牵引车专门用于拖带集装箱挂车或半挂车，两者结合组成车组，是长距离运输集装箱的专用机械，主要用于港口码头、铁路货场与集装箱堆场之间的运输。

（二）铁路运输设备

铁路运输（railway transportation）是使用铁路列车运送货物的一种运输方式。是构成陆上货物运输的两个基本运输方式之一。其特点是运送量大，速度快，成本较低，一般不受气候条件限制，适合于大宗、笨重货物的长途运输。

铁路车辆按照运送对象不同，可以分为客车和货车。其中货运车辆的种类很多，有棚车、敞车、平车、罐车、保温车等。

1. 棚车

棚车，俗称闷罐车，是一种封闭的火车车厢。棚车是用途最多的铁路货车车厢之一。运输怕湿、日晒、雨淋等的货物，包括各种粮谷、日用工业品及贵重仪器设备等。

2. 敞车

敞车是铁路货车的车种之一，其特色为无盖、四边侧板，其中两边侧板有可翻开之侧门，以方便卸除货物，可装载高低不等的货物。主要供运送煤炭、矿石、钢材等大宗货物，具有很大的通用性，在货车组成中数量最多。

3. 平车

平车主要用于运送钢材、木材、汽车、机械设备等体积或重量较大的货物，也可借助集装箱运送其他货物。其还能适应国防需要，装载各种军用装备。

4. 罐车

罐车是车体呈罐形的运输车辆，同货运汽车一样，罐车主要适用于装运液体、半液体和粉状物品等。其在运输中占有很重要的地位，约占货车总数的18%。

5. 保温车

保温车是指"专用货车"的一种。车体装有隔热材料，车内设有冷却装置、加温装置、测温装置和通风装置等，具有制冷、保温和加温三种性能。主要用于装运新鲜易腐货物及对温度有特殊要求的某些医药。

（三）水路运输设备

水路运输（waterway transportation）是以船舶为主要运输工具、以港口或港站为运输基地、以水域包括海洋、河流和湖泊为运输活动范围的一种运输方式。

水路运输运载能力大、能耗少、成本低、投资省，但灵活性小，受自然条件的限制与影响，航线无法在陆地上任意延伸，所以，水运通常与铁路、公路和管道运输配合，实行联运。较适于大宗、低值、笨重和各种散装货物的中长距离运输。

船舶是航行或停泊在水域进行运输或其他作业的工具。物流企业主要使用货船。常用的主要有以下几种。

1. 干散货船

干散货船即散装货船，用来装载无包装的大宗货物。因为所运载的物品无需成捆、成包、成箱包装，不怕挤压，便于装卸，多用于运输粮食、煤等一般干散货。

2. 冷藏船

冷藏船是指冷藏并运输肉、鱼、蛋、鲜奶、水果、蔬菜等物品的船舶。冷藏船最大的特点在于其货舱是一个大型冷藏库，可提供货物久藏所需的温度。因为不同种类的货物所要求的温度不同，冷藏船又可分为保温运输船和冷冻船。

3. 集装箱船

集装箱船是专门运载集装箱的船舶。其货仓的尺寸都按载箱的要求规格化。集装箱船装卸效率高，能有效缩短在港时间，航速较高。

4. 液化气运输船

液化气运输船是专门运输液化气体的船舶。主要包括液化天然气、液化石油气、氨水、乙烯和液氯等。

（四）航空运输设备

航空输运（air transportation），是使用飞机、直升机及其他航空器运送人员、货物、邮件的一种运输方式。具有速度快、机动灵活的特点，但其运费高、运输量小，容易受气候影响。货运多为国际贸易中的贵重物品、鲜活货物和精密仪器运输。

航空运输中的设备主要涉及航空港和航空器两个方面。

1. 航空港

航空港即航空站或机场，是航空运输的经停点，供飞机起飞、降落和停放等。设有塔台、停机坪、客运站、维修厂等设施，并提供机场管制、空中交通管制等其他服务。

2. 航空器

对物流企业来说，航空器主要是指民用飞机中的货机或货客两用机。

货运飞机运输量大，但运输成本高，使用范围受到了很大的限制，只有某些货源充足的航线使用。

航空货运中多使用的是客货两用机。可同时运送旅客和货物，极大地降低了运输成本，但其运输量不大，多用于高价值、小批量的货物运输。并且要根据运输需要适时调整运输安排，灵活性高。

（五）管道运输设备

管道运输（pipeline transport）是用管道作为运输工具的一种长距离输送液体和气体物资的运输方式，是统一运输网中干线运输的特殊组成部分。

　　管道运输因其自身的特殊性，相较于公路、铁路、航空运输来说具有独特的优势。管道运输的运量大；建设周期短、占地少、费用低；运输安全可靠、连续性强；耗能少、成本低、效益好。

　　同时，管道运输的缺点也十分明显。管道运输专用性强，承运货物单一；灵活性差，通常要与铁路、公路、水路运输配合才能完成全程输送；固定投资大，为了保证输送连续性，管道运输的各中间站还要建立储存库和加压站。

　　物流企业在进行管道运输时，主要是对不同输送管道进行选择。运输管道按输送物品的不同分为：原油管道（运送原油）、成品油管道（输送煤油、汽油、柴油、航空煤油、燃料油和液化石油气）、天然气管道（输送天然气和油田伴生气）和固体料浆管道（如输送煤炭料浆）。

（六）运输管理系统

　　运输管理系统（transportation management system，TMS），是一种"供应链"分组下的（基于网络的）操作软件。适用于运输公司、企业下属运输队等，该系统对车辆、驾驶员、线路等进行全面详细的统计考核，能提高运作效率，降低运输成本。

　　TMS系统具有以下特点。

1. 统一的调度管理平台

　　TMS系统设立了专门的调度中心，使调度管理更具针对性、人性化，全面提升车辆利用率；并整合GPS等数据，实时跟踪货物流向，及时调整、处理非正常业务运作。

2. 基于网络的一体化业务

　　TMS系统建立了快速、准确的订单处理机制，统一的订单受理平台，内外部网络、订单审核的无缝连接，保障了数据的准确性。

3. 集中化的财务管理

　　统一的合约管理，系统自动、准确地生成费用，完善费用处理流程，支持多种核销方式，统一财务处理流程。

课后练习

选择题

1. 属于物流技术的是（　　　）

A. 计算机网络　　　　　　　　　　　　B. 文字处理系统（Word）

C. 射频识别（RFID）　　　　　　　　　D. 计算机辅助设计系统（CAD）

2. 下列哪一项不是自动引导车的特点（　　　）

A. 以电池为动力　　　B. 无人驾驶　　　C. 承重量大　　　D. 运行需要轨道

3. 按照运输方式不同对运输分类，不包括（　　　）

A. 多式联运　　　B. 铁路运输　　　C. 公路运输　　　D. 水路运输

4. 世界上使用最广泛的托盘是（　　　）

A. 金属托盘　　　B. 塑料托盘　　　C. 纸质托盘　　　D. 木质托盘

5. 下列哪一项不是物流功能要素（　　　）

A. 运输　　　　B. 储存　　　　C. 配送　　　　D. 采购

6. 下列哪一项是中国的卫星导航系统（　　　）

A. GPS　　　　B. 北斗　　　　C. 格洛纳斯　　　D. 伽利略

7. 药品仓库温、湿度条件不正确的为（　　　）

A. 冷库温度为 2~10℃

B. 阴凉库温度不高于 25℃

C. 常温库温度为 0~30℃

D. 各库房相对湿度应保持在 45%~75%

8. 下列哪一项不是药品包装功能（　　　）

A. 防护功能　　　　B. 方便流通　　　　C. 促销功能　　　　D. 商品宣传

9. 下列哪一项不是铁路运输的特点（　　　）

A. 运送量大

B. 速度快

C. 易受气候条件限制

D. 成本较低

 参考答案

1. C　2. D　3. A　4. D　5. D　6. B　7. B　8. C　9. C

第三章
现代医药物流管理

学习目标

本章教学内容主要包括采购管理、仓储规划管理、医药物流作业现场管理、医药物流质量管理、医药新业态物流管理等理论知识。通过本章学习，达到以下基本要求：了解采购管理、仓储规划管理、医药新业态物流管理等理论知识，熟悉药品质量管理、物流成本核算；掌握药品物流质量管理、医药冷链物流管理。

随着我国医药行业的快速发展，我国的医药物流体系构建初具规模，在我国进行"两票制"、税制改革、一致性评价等对医药行业的创新性改革下，医药物流行业也悄悄发生了变化。为适应我国医药行业的不断变化，医药冷链物流的应用范围增加，医药物流信息化建设初见成效。

医药物流作为药品、医疗器械等在空间上的枢纽，贯穿于整个医药产业链中，从采购、储存、质量管理、仓储规划和成本核算等，都对我国医药行业的流通与发展起到了关键的作用。

第一节　采购管理

采购（purchasing）有狭义的和广义的之分。狭义的采购一般指企业基于生产、销售或者消费等目的，提出采购计划、审核计划、选择供应商、经过商务谈判确定价格和交货条件，最终签订合同并按要求收货付款的过程；广义的采购是指除了以购买的方式占有物品之外还可以通过租赁、借贷、征收和交换等途径取得物品的使用权，来达到满足需求目的的全过程。采购是关键的基础环节，它是企业物流活动的开始，是物流系统运行的基础和前提。

采购管理（purchasing management）是指为保障企业物资供应，对采购业务活动、人员、资金、评价等过程进行的计划、组织、协调和控制。

对于药品批发企业而言，药品采购是指其在一定的条件下从药品生产企业或上一级药品批发企业买入药品的全过程。

本节主要介绍药品的采购环节。包括采购价格分析、市场预测与需求分析、采购软件平台管理和采购数据调研。

药品和医疗器械是特殊的商品，它关乎人的健康甚至生命问题，所以其生产和流通经营都要遵循国家的相关法律法规，如《药品经营质量管理规范》《药品流通监督管理办法》等，这使得药品和医疗器械的采购与普通商品的采购要求有所差异。

一、采购价格分析

价格永远是企业最为关注的敏感点，如果采购的价格能够降低，企业就能更多的获利。但是采购价格并不是越低越好。

（一）采购价格定义

采购价格是指医药企业在进行药品或医疗器械采购作业时，通过某些方式与供应商之间确定的所需采购产品和服务的价格。

（二）采购价格的分类

不同的交易条件下，有不同的采购价格类型，一般来说，采购价格分为送达价、出厂价、现金价、期票价、净价、毛价、现货价、合约价和实价。

1. 送达价

送达价是指供应商的报价当中包含负责将药品或医疗器械送达时期间所发生的各项所有的费用，均由供应商承担。在国际贸易中，即到岸价加上运费（包括在出口厂商所在地至港口的运费）和货物抵达买方之前一切运输保险费，还包括进口关税、银行费用、利息以及报关费等。送达价通常由国内的代理商，以人民币报价的方式（形同国内采购），向外国原厂进口药品或医疗器械后，售与买方，一切进口手续均由代理商办理。

2. 出厂价

出厂价是指供应商的报价不包括运送责任。

出厂价通常出现在以下三种情况下：

① 销售商拥有运输工具；

② 供应商加计的运费偏高时；

③ 供应商不提供免费的运送服务。

3. 现金价

现金价是指以现金方式支付货款。按零售行业的习惯，"一手交钱，一手交货"的方式并不多见，通常月初送货，月中付款或月底送货，下月中付款，即视同现金交易，使用现金价，并不加计延迟付款的利息，现金价可使供应商免除交易的风险，企业也可以直接享受现金折扣。

4. 期票价

期票价是指企业以期票或延期付款的方式来采购药品或医疗器械的价格。通常企业会加计迟延付款期间的利息到售价当中。如果卖方希望取得现金周转，会将加计的利息超过银行现行的利率，使供应商不用期票价，转而使用现金价。此外，从现金价加利息变成期票价，可以用贴现的方式计算价格。

5. 净价

净价是指供应商实际收到的货款，不再支付任何交易过程中的费用，这点在供应商的报价单条款中，通常会写明。

6. 毛价

毛价指供应商的报价，可以加以折让。例如，供应商会因为企业采购金额较大，而给予企业某一百分率的折扣。

7. 现货价

在企业众多的采购项目中，采用现货交易的方式最频繁。现货价指每次交易时，由供需双方重新议定的价格。若供需双方签订买卖合约，买卖双方按交易当时的行情进行，不必承担预立约后价格可能发生的巨幅波动的风险或困扰，完成交易后该价格即告终止。

8. 合约价

合约价是指买卖双方按照事先议定的价格进行交易，合约期间价格依契约而定。由于价格议定在先，一旦合约价与实价或现货价的差异过多，就会使买卖时发生利害冲突。因此，合约价须有客观的计价方式或进行定期修订，才能维持公平、长久的买卖关系。

9. 实价

实价是指企业实际上所支付的价格。特别是供应商为了达到促销的目的，经常提供各种优惠的条件给买方，例如数量折扣、免息延期付款、免费运送等，这些优待都会使企业的采购价格降低。

（三）常见的现行药品招标采购模式

1. 药品集中招标采购模式

（1）药品集中招标采购的含义　药品集中招标采购是指多个医疗机构通过药品集中招标采购组织，以招投标的形式购进所需药品的一种采购方式。药品集中招标采购可以保证基本医疗保险制度的顺利实施，有效治理医药购销中的不正之风，规范医疗机构药品购销工作，减轻社会医药费用负担。药品集中招标采购范围一般为基本医疗服务的临床使用药品，常规使用及用量较大的药品必须实行药品集中招标采购。

（2）药品集中招标采购的原则　药品集中招标采购既要符合医药管理的法律法规，又要符合实际，达到规范药品购销行为，服务广大群众的目标。

① 安全第一原则。

② 质量优先原则。

③ 兼顾价格原则。

④ 理顺渠道原则。

⑤ 分步实施原则。

⑥ 逐步推开原则。

2. 阳光招标采购模式

"阳光招标采购"是指医疗机构按照"公开、公平、公正"和"质量优先，价格优先"的原则，从供应市场获取产品或服务作为自身资源的一种采购模式。

"阳光采购"是一种阳光下的采购行为，它立足于科学化、合理化的采购制度和监管制度，通过合理的竞价议价谈判，有效降低采购成本，提高采购效率，避免采购过程中的暗箱操作和吃回扣等贪污腐败现象。

3. 邀请招标采购模式

邀请招标也称选择性招标，是由采购人根据供应商或承包商的资信和业绩，选择不能少于 3 家的法人或其他组织，向其发出招标邀请书，邀请其参加投标竞争，从中选定中标供应商的一种采购模式。

（四）采购流程

采购工作的流程如图 3-1 所示。

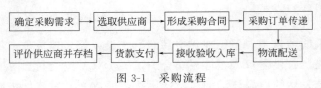

图 3-1 采购流程

（五）采购价格制定的流程

采购价格的制定受到药品或医疗器械的规格品质、采购数量、采购地区、供需关系、生产季节与采购时机等因素的影响。一个合适的采购价格通常需要经过以下步骤。

1. 报价

通过多渠道询价，并对采购物品进行一定的市场分析调查，大致了解市场的报价和基准价。

2. 比价

将各个供应商的报价进行总结分析，不同的供应商对供应的产品价格、数量、质量等都不完全相同，采购人员需要清楚了解每一家供应商的实际情况，对不同供应商的报价进行比较，综合分析后锁定供应商。

3. 议价

经过比价环节后，筛选出价格最适当的两至三个报价环节。随着进一步地深入沟通，不仅可以将详细的采购要求传达给供应商，而且可进一步"杀价"，供应商的第一次报价往往含有"水分"。但是，如果采购物品为卖方市场，即使是面对面地与供应商议价，最后所取得的实际效果可能要比预期的要低。

4. 定价

经过上述三个环节后，买卖双方均可接受的价格便作为日后的正式采购价，一般需保持两至三个供应商的报价，这两三个供应商的价格可能相同，也可能不同。

（六）采购价格的定价方法

采购定价方法包括成本导向定价法、需求导向定价法、市场导向定价法、生命周期成本定价法、目标成本定价法等。

1. 成本导向定价法

成本导向定价法是指依据药品或医疗器械的成本决定其销售价格的一种定价方法。

（1）成本导向定价法的主要优点体现在四个方面。

① 它涵盖到所有成本。

② 它依据目标利润而制定。

③ 它是广泛使用的理性定价方法。

④ 它易于理解和使用。

（2）成本导向定价法的缺点

① 成本导向定价是基于提前预估成本所制定的，如果实际生产发生改变，那么将会直接导致成本发生改变；

② 如果企业成本高于竞争者，那么使用成本导向定价法会造成企业的竞争力不足；

③ 它忽略需求价格具有弹性；

④ 它对于某些企业目标，如对抗竞争和市场渗透等行为帮助有限；

⑤ 成本导向定价法可能会使定价策略丧失灵活性。

2. 需求导向定价法

需求导向定价法是指根据国内外市场需求强度和消费者对产品价值的理解来制定产品的销售价格的一种定价方法。

需求导向定价法主要考虑顾客可以接受的价格以及在这一价格水平上的需求数量，而不是考虑产品的成本。如果按照这种方法定价，同一产品只要需求大小不一样，就可以制定出不同的价格。

（1）需求导向定价法的优点

① 灵活；

② 依据市场情况制定价格。

（2）需求导向定价法的缺点

① 如果产品预计寿命较短或者如果一个市场的流通量低于另一个市场的，有可能导致灰色市场的形成；

② 实际上，很难准确预估出产品在市场中的流通量。

3. 市场导向定价法

市场导向定价法是一种根据消费者对药品或医疗器械的价值的认知和需求强度，即消费者的价值观来决定价格的一种定价方法。

通常来说，消费者对药品或医疗器械的价值越认同，或者市场对于产品的需求强度越高，那么其定价越高。市场导向定价法包括价值认同定价法和需求差别定价法。

4. 生命周期成本定价法

生命周期成本定价法就是借助产品生命周期而帮助企业制定定价策略的一种定价方法。

特许管理会计师公会（The Chartered Institute of Management Accountants，CIMA）将生命周期成本定价法定义为：以最低的成本，在生命周期内使具体的物理资产获得最佳利用，即所谓"物尽其用技术"。

市场总是逐渐演变的，一个产品从产生开始，逐渐被顾客接受，然后被所有顾客接受，最后被更能满足顾客的新产品代替而步入衰退直至死亡。在产品市场生命周期的不同阶段，成本、购买者的价格、敏感性和竞争者的行为是不断变化着的，因此，定价策略必须要有所调整。

（1）在市场开发期，创新产品的价格应该制定得能向市场传达产品的价值。顾客参照价格来估计产品的价值，确定价格折扣以及进一步减价的价值。如果采取适中定价策略，零售价应与对价格不敏感的顾客心目中的产品价值相近。如果采用适中定价策略，零售价应接近于产品对大部分潜在顾客的价值。对创新产品不宜采用渗透定价策略，因为顾客的价格敏感性低，会使该策略无效，甚至可能由于价格-质量效应而损害产品的声誉。在产品的市场引入期，通常采用两种基本定价策略：撇油性定价策略（skimming）、渗透性定价策略（penetration）。

① 让利试用来推销新产品　培养顾客的最便宜且最有效的方法是让他们试用产品。

② 直销　对于购买支出费用较大的创新产品，往往通过直销人员来培养顾客。

③ 通过分销渠道促销新产品　通过分销渠道行销时，一般通过分销渠道间接销售。市场开发的一个基本环节是对批发商和零售商采取较低的引导性价格。

（2）在市场成长期，一旦一个产品在市场上有了立足点，定价问题就开始发生变化。购买者可以根据以前的经验来判断产品价值或参考革新者的意见。其注意力不再单纯停留在产品效用上，开始精打细算的比较不同品牌的成本和特性。不考虑产品战略，成长期的价格最好比市场开发阶段的价格低。

（3）随着竞争的出现，原来的创新者以及后进入者都设定自己的竞争地位，并设法保护它。为此，企业必须在从纯差异化战略到纯成本领先战略的连续统一体中找到合适的一点制定企业的营销战略。

生命周期成本涉及购置、使用、保养和报废物理资产的成本，包括可行性研究、调查、开发、生产、维护、更新和报废等成本，以及在资产拥有期间相关的支持、培训和运作等成本。

5. 目标成本定价法

目标成本定价法是指以期望达到的成本目标为依据，确定企业产品出厂价的一种特殊定价方法。采购方首先依据市场供需情况预测产品的市场价格，然后扣除自己计划得到的利润，即确定了产品的目标成本。

（1）目标成本定价法的优点

① 以预期成本为定价依据能增强商品价格的竞争能力；

② 目标成本的制定有充分的弹性，有利于企业挖掘潜力。

（2）目标成本定价法的缺点

① 若目标成本制定不准确，那么将会引起价格风险；

② 需要经受一定时期的亏本经营，对企业财务压力较大；

③ 该方法不适宜劳动密集型产品。

（3）目标成本定价法适用的情况

① 客户对于供应链有一定影响；

② 在采供双方之间，存在着类似联盟的忠诚关系；

③ 供应商也能从成本降低中有所受益。

二、市场预测与需求分析

市场预测与需求分析是市场研究中最重要的一部分，也是最复杂的一部分。市场预测与需求分析是指通过对消费者的购买心理和消费习惯的分析，以及对国民收入水平和收入分配政策的研究，推断出社会的市场总消费水平。市场需求预测是建立在调研的基础上进行的，而后运用科学的理论和方法，对未来一定时期的市场需求量及影响需求诸多因素进行分析研究，寻找出市场需求发展变化的规律，为管理人员提供未来的市场需求预测信息。

（一）市场预测与需求分析内容

除了全部和大部分仅供出口的产品以外，对产品的潜在需求主要以国内市场为基础进行预测。

具体来说市场预测与需求分析包括以下四个方面：

① 对某一种或几种药品或医疗器械潜在需求的预测；

② 对潜在供应商的估计；

③ 对拟设中的药品或医疗器械市场渗透程度的估计；

④ 某段时间内潜在需求的定量和定性特征。

（二）市场预测与需求分析的流程

市场预测与需求分析的流程如图 3-2 所示。

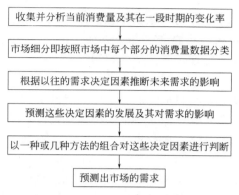

图 3-2　市场预测与需求分析的流程

（三）市场预测与需求分析的方法

市场预测与需求分析的方法通常包括以下 6 种方法。

1. 购买者意向调查法

购买者意向调查法，也称"买主意向调查法"，是指通过一定的调查方式（如抽样调查、典型调查等）选择一部分或全部的潜在购买者，直接向他们了解未来某一时期（即预测期）内购买商品的意向，并在此基础上对商品需求或销售作出预测的方法。在缺乏历史统计数据的情况下，运用这种方法，可以取得数据资料，作出市场预测。多用于工业用品和耐用消费品，适宜作短期预测。

2. 综合销售人员意见法

综合销售人员意见法是指分别收集销售人员对预测指标估计的最大值、最可能值及最低值及其发生的概率，集中所有参与预测者的意见，整理出最终预测值的一种方法。

（1）销售人员意见法的优点

① 该方法比较简单明了，容易进行；

② 所作预测值可靠性较大，风险性较小。由于销售人员经常接近客户，对客户意向有较全面深刻的了解，对市场比其他人有更敏锐的洞察力；

③ 该方法的适应范围广；

④ 对商品销售量、销售额和花色、品种、规格都可以进行预测，能比较实际地反映出实际的需求；

⑤ 销售人员直接参与公司预测，从而对公司下达的销售配额有较大信心去完成；

⑥ 运用这种方法，也可以按产品、区域、顾客或销售人员来划分各种销售预测值。

（2）销售人员意见法的缺点

① 销售人员可能对宏观经济形势及企业的总体规划缺乏了解，而做出的预测不是从全局出发，具有片面性；

② 由于销售人员的知识、能力或兴趣各不相同，其判断总会有某种偏差，有时还会受到情绪的影响，也可能估计过于乐观或过于悲观；

③ 有些销售人员为了能超额完成下年度的销售配额指标，获得奖励或升迁机会，存在故意压低预测数值的可能。

3. 专家意见法

专家意见法是指借助专业人士的意见获得预测结果的一种方法。专家一般来自经销商、分销商、供应商、营销顾问和贸易协会等各个方面。由于专家有更多数据和更好的预测方法，因此，专家意见法的预测往往优于公司的预测。

4. 市场试验法

市场试验法是指市场实验者有目的、有意识地通过改变或控制一个或几个市场影响因素的实践活动，来观察市场现象在这些因素影响下的变动情况，认识市场现象的本质和发展变化规律的一种方法。市场试验法多用于投资大、风险高和有新奇特色产品的预测。

5. 时间序列分析法

将某种经济统计指标的数值，按时间先后顺序排列形成序列，再将此序列数值的变化加以延伸，进行推算，预测未来发展趋势的一种预测方法。时间序列分析法的主要特点，是以时间的推移研究来预测市场需求趋势，不受其他外在因素的影响。在遇到外界发生较大变化，如国家政策发生变化时，根据过去已发生的数据进行预测，往往会有较大的偏差。

6. 统计需求分析法

统计需求分析法是在找出影响销售的最重要的实际因素的基础上，研究这些实际因素与产品销售之间关系的一套统计方法。它将产品销售量看作一系列独立的需求变量的函数。运用多元回归分析的方法可以建立反映这些需求变量与销售量之间的相关关系的销售预测模型。统计需求分析是运用一整套统计学方法，发现影响企业销售的最重要的实际因素及其影响力大小的一种预测方法。

（四）现代医药物流采购市场预测

1. "两票制"下的采购

2016 年 4 月 26 日，国务院办公厅印发《深化医药卫生体制改革 2016 年重点工作任务》（国办发〔2016〕26 号），压缩药品流通环节，在综合医改试点省份内推行"两票制"。"两票制"是指药品从医药企业卖到医药配送商开一次发票，医药配送商送到医院再开一次发票，直接取消了多级销售代理制度。

2018 年初，国务院机构改革，组建卫健委、药监局、医保局三大全新机构。新组建的国家医疗保障局承担了管理医保、制定药耗品收费和集中采购政策等工作，理顺了药品招标采购、价格管理和医保基金支付等管理体制。由原卫计委操盘多年的药品集中采购正式由新组建的医保局接手，医保局集支付、监督、定价大权于一身，药品集中采购进入医保局时代。

2. "4＋7"城市药品集中采购

2018 年 12 月，国家组织"4＋7"城市药品集中采购，试点地区范围包括 4 个直辖市北京、天津、上海、重庆和 7 个省会城市沈阳、大连、厦门、广州、深圳、成都、西安，简称"4＋7"。带量采购是指本次招标目录（31 个）品种在 11 个地市 60％～70％的用药量作为采购量，从通过质量和疗效一致性评价的仿制药中选择报价最低的企业独家供货。

带量采购的本质是探索药价形成机制。一是让过期专利药在仿制药出来后不能以高价继续占据主要市场份额；二是仿制药通过以价博量模式探清其相对价格；三是从制度设计上挤压给医生、医院、销售代表的费用，逐步规避"带金"销售现象。

"4＋7"药品集采还需要注意以下问题。首先是质量问题，低价格可能导致企业降低成本。其次是价格问题。现在药品价格"全国一盘棋"，虽然医保局建议没有参加集采的城市不要进行价格联动，但怎么联动，用不完的"量"谁来买单，医生与患者的用药选择权如何保障等问题仍未清晰。

3. 医药招采机制逐步完善的时间沿革

（1）国家在2018年颁布多项医药新举措，完善药品集中招标采购机制和以市场为主导的价格形成机制。

（2）2018年3月20日，国家发布《关于巩固破除以药补医成果持续深化公立医院综合改革的通知》，明确2018年继续控制医疗费用不合理增长，不搞"一刀切"。另外，要求全面推行以按病种付费为重点的多元复合式医保支付方式，扩大公立医院薪酬制度改革试点等多项要求。

（3）2018年4月3日，《关于改革完善仿制药供应保障及使用政策的意见》提出，加快推进仿制药质量和疗效一致性评价工作，细化落实鼓励企业开展一致性评价的政策措施；药品集中采购机构要按照药品通用名编制采购目录，促进与原研药质量和疗效一致的仿制药和原研药平等竞争。将与原研药质量和疗效一致的仿制药纳入与原研药可相互替代药品目录，在说明书、标签予以标注，并及时向社会公布相关信息，便于医务人员和患者选择使用等措施。

（4）2018年11月23日，国家食品药品监督管理总局药品审评中心发布文件，将《推进仿制药一致性评价工作沟通交流讨论会》的会议视频与PPT资料向行业内公开。

（5）2018年10月10日，国家医保局印发《关于将17种抗癌药纳入国家基本医疗保险、工伤保险和生育保险药品目录乙类范围的通知》（医保发〔2018〕17号）。11月23日，国家医保局、人社部、国家卫健委颁布《关于做好17种国家医保谈判抗癌药执行落实工作的通知》。抗癌药降税降价，"天价药"成为药品集采的新靶点。

（6）2018年10月25日，2018年版国家基本药物目录公布。明确坚持集中采购方向，落实分类采购。国务院发文，突出顶层设计；不允许地方增补；要求在市县层面进行带量采购，推动降低药价；鼓励一致性评价药品。

4. 行业治理进一步加强

伴随着"两票制"政策的推进，再加上医改的大背景，给现代医药物流带来新的机遇和挑战，同时也带来了新的行业规范要求。要按照国家组织、联盟采购、平台操作的总体思路，坚持依法合规，坚持市场机制和政府作用相结合，确保药品质量和供应稳定。

（1）医药供应链扁平化对医药物流提出更高的要求　"两票制"实施后，上游药品生产企业在选择医药流通企业合作商时，肯定会选择区域配送能力强、终端覆盖率高的企业，拥有规模优势和网络优势的大型流通企业更有可能在市场竞争中胜出，中小企业将面临更大的生存压力。随着现代物流技术的不断发展和大型医药物流中心的增加，三级经销商不断消亡。同时一级经销商的业绩下滑，更多的需要终端客户来弥补。因此，医药物流的终端覆盖能力将是生产企业选择批发商的重要砝码，也是药品经营企业掌握终端市场的主要利器。

（2）医药物流市场对医药物流提出更高的要求　国家大力支持一些区域型医药流通企业做强做大，培育一批强有力的品牌企业，提升我国医药行业整体竞争力；随着科技的进步，大型医药流通企业加强了对互联网、物联网、云计算、大数据等软件技术的推广使用，挤压不规范企业的生存空间，逼迫其退出市场，从而提高了行业的集中度。随着一体化运营程度、医药运营的不断专业化，以客户为中心的服务意识将增强，行业整体服务水平也会提高。

（3）第三方医药对医药物流提出更高的要求　长期以来，我国许多医药企业都建有自己的物流系统。然而，医药企业成立的物流公司，由于其上游企业生产的产品有限，因而除了销售自己的产品外，必然会代理其他企业的产品。每个企业都有自己的核心竞争力，只有专业化分工才更有利于提高效率，所以医药物流公司有必要向第三方物流转变。第三方物流作为连接厂家和批发商、零售商的桥梁，通过专业化分工，专注于自己的业务，更有可能降低成本，提高服务质量。使用第三方物流是国际上的惯例，而我国的有关政策也预示着第三方物流在医药行业将会有大的发展，形成社会物流与医药物流的共同竞争。

（4）医药行业监督和标准，对医药物流提出更高的要求　2016年，国务院发文取消"从事第三方药品物流业务批准"等7项审批，2017年《中华人民共和国药品管理法》草案征求意见稿中删除GSP认证条款，发出医药物流监管放开信号。行业监督政策进一步明朗，将来涉药物流行业标准会逐渐完善，市场秩序逐渐规范，药品"两票制"和疫苗"一票制"的出台拉动了第三方物流市场需求。2018年12月28日，国家药品监督管理局发布《关于加强药品集中采购和使用试点期间药品监管工作的通知》，切实保证药品集中采购和使用试点期间中标药品的质量。

（5）物流技术应用将拉大竞争差距，对医药物流提出更高的要求　最近几年，物流技术逐渐信息化、智能化、自动化，一批具有医药物流专业优势的企业有望实现供应链需求、库存和物流信息实时共享可视，建立起智慧医药物流系统，赢得竞争优势，以后会出现一批供应链创新与应用示范企业。

三、采购软件平台管理

近几年来，我国医院药品网上集中采购率逐年升高，药品采购渠道以省级医疗机构网上药物集中采购平台为主，网上集中采购品规数和网上采购率明显升高。

2009年1月17日，卫生部、国务院纠风办、发展改革委、工商总局、食品药品监管局、中医药局六部委联合发布了《关于进一步规范医疗机构药品集中采购工作的意见》，《意见》中有一条是实行网上采购，充分利用网络优势，使医疗机构与医药企业通过互联网开展采购和销售，为政府监督和决策提供有力的支持。各医疗机构与医药企业的购销活动必须在采购平台上"阳光操作"，使药品采购切实做到招标公开、价格公开、采购公开和使用公开。

下面以民康诊所云的药品进销存采购平台为例，介绍药品采购平台管理部分。民康诊所云的药品进销存采购平台包括了6大主要模块，每个模块内由两个子模块组成。

1. 药品信息维护和供应商信息维护模块

这一模块中主要是信息维护部分，包括药品和供应商部分。药品信息包括药品名称、药品分类、处方类型、发票项目、包装单位、换算量、小单位、剂量单位、生产厂家、药品来源（国内还是国外）和创建日期等信息。供应商信息维护主要包括供应商名称、供应商联系电话、联系人及其手机号、银行账号、地址和创建日期等信息。

2. 采购入库和入库审核模块

采购入库有两种药品信息录入方式，一种是手动添加，另一种是表格模板导入方式。新增采购入库药品后，可根据处方类型和药品类型查询到需要选择药品或者直接在药品检索栏检索相应需要增加的药品，选择对应需要增加的药品后，确认后需要手动输入采购数量、批发价格、处方价格和售药价格。而后提交审核，入库审核模块就是对采购入库药品进行审核，如果没有问题，审核完成，在审核标记处显示已审核，就完成药品的采购入库和入库审核环节了。入库审核时，会看到自动生成的采购单编码、采购人、采购总金额、采购日期、审核标记、审核人和审核的日期。

3. 药品预警和库存盘点模块

在药品预警模块里可以查询到失效日期在一定期限内药品的采购编码、药品名称、药品分类、药品规格、生产厂家、库存和有效期等信息。库存盘点模块内主要包括盘点单号、总类目、已盘点、未盘点、盈亏批发额合计、盈亏销售额合计、开始盘点时间、完成盘点时间和操作等内容组成。

4. 药品调价和库存查询模块

根据不同情况，若药品需要调整价格，那么可以到药品调价模块进行操作，可以直接调整药品的处方价格和售药价格或调整价格比例，调整价格后，可以根据登记人和调价日期在调价查询处查询调整药价的信息。库存查询模块中可以看到药品的总库存和批次库存及价格，药品总库存中除了可以看到药品的基本信息外，还可以看到药品处方总金额、售药总金额和批发总金额。在批次库存及价格中可以看到相同批次（批号）药品的基本信息、其供应商和过期时间。

5. 药品报损和报损复核模块

在药品报损模块内，可以通过药品名称或者类别检索到需要报损的药品，点击报损后输入需要报损的药品数量和报损原因，注意报损数量不能大于现有库存量。在报损复核模块可以看到需要报损的药品信息，复核后根据复核结果选择相应药品复核或者删除。

6. 采购退货和退货审核模块

在采购退货模块可以通过采购人姓名、药品名称、采购单编号、供应商信息或者采购日期来查询出需要采购退货的药品。在退货审核模块中包括退货审核和退货历史两个部分，退货审核部分中可以看到在采购退货中提交的采购退货信息，包括生成的退货单编号、采购单编号、采购人、采购日期、退货日期、审核人、审核状态等信息。审核后根据结果选择相应药品审核成功或者删除不需要采购退货的部分。

四、采购数据调研

医疗机构药品采购是医疗机构开展卫生服务的必要组成部分。随着社会的进步和科学技术的不断发展，药品采购已成为医疗机构一项具有重大战略意义的活动。在我国的许多医疗机构中，药品收入在其经营总收入中的比重较大。因此，药品采购模式对于提高医疗机构工作效率、确保药品质量、降低患者的用药负担等方面都具有十分重要的意义。

（一）我国的药品采购模式现状

代表着我国先进生产力的北京、上海、广东都先后表示，将对现行药品采购模式进行变革。招标采购具有公开、公正、公平的特点，被普遍认为应当是优先采用的采购模式。但是，因招标的组织不同，招标采购的公开性、公平性和公正性也有明显差别，形成了各有特色的招标采购方式。"双信封"成基本药物集中采购主流模式，部分地区采用"双信封"模式对本地区的基本药物进行了集中招标采购。基本药物"双信封"招标采购模式是指在编制标书时分别编制经济技术标书和商务标书，企业同时投两份标书。经济技术标书主要对企业生产规模、配送能力、销售额、行业排名、市场信誉以及药品生产质量规范（GMP）、药品经营质量规范（GSP）、资质认证等指标进行评审，经济技术标书评审合格的企业进入商务标书评审，商务标书评审由价格最低者中标。从各省公布的基本药物招标方案看，部分省份在经典"双信封"基础上，按照本地实际情况进行了一定改良。

北京发布 2012 年基本药物集中采购公告后，除西藏外，我国其他省份均已开展了基本药物的集中采购工作，自 2009 年基本药物制度推行以来全国范围内基本药物的集中采购工作可视为基本完成。

1. 北京药品采购模式

北京药品采购是"左右联动"和"上下衔接"，"左右联动"是指其他省份药品招标价格适用于北京，且选择相对低价，"上下衔接"则是指基本药物的招标价格适用于非基本药物，社区用药适用于二、三级医院。同时，北京在评标环节对投标产品的质量、品牌等加大了权重。

2. 上海药品采购模式

上海基本药物招标延续非基本药物的招标规则，将质量摆在相对优先的位置，上海在对基本药物进行招标时，按不同的质量层次进行分类评审，不保证最低报价的投标产品中标，同时上海模式还引入了"量价挂钩"，以促进药品价格的有效降低。

3. 重庆药品采购模式

重庆基本药物采购的方式与其他省市完全不同，其典型特点是该市的基本药物采购没有采用公开招标的方式，而是通过重庆药品交易所进行网上公开采购，强化了市场本身在基本药物采购中的作用。

4. 浙江省药品采购模式

浙江省基本药物招标最主要的特点是在商务标评审环节，对国家基本药物和浙江省增补的基本药物进行了区别对待。在评标时，基本沿用安徽模式，《国家基本药物目录》中的药品选择报价最低的产品确定为拟中标产品；而省增补药品则是在商务标评审价格最低中标的基础上，再选符合降价要求且综合得分高的前两家企业中标，并要求每种药品的一个品规中标生产企业不超过 3 家，在沿用安徽模式的基础上，对后两个拟中标企业引入了综合得分排序，加大了对质量的重视。

5. 中国香港药品采购模式

香港医管局按照药品使用量的大小，采用了 3 种药品采购方式。第一，用量小的药品医院直接采购，一般为每年支出少于 5 万元港币的药品；第二，用量具有一定规模的药品竞争性谈判采购，一般为每年支出在 5 万～100 万元港币的药品；第三，用量大的药品组织集中招标采购，一般为每年支出大于 100 万元港币的药品。

（二）国外药品采购模式

1. 印度药品采购模式

印度药品采购采用的"德里模式"是印度德里在基本药物与合理用药政策实施过程中的基本经验。为落实基本药物制度，德里州政府在其下属的健康服务理事会中成立了集中采购局，并设立了特别的采购委员会来负责药品的集中采购和配送。在集中招标采购的过程中，集中采购局负责发布招标通知及邀请函，并对中标企业提供的药品进行质量认证和保障，同时负责与符合标准的中标企业签订合同。为采购到优质优价、供应有保障的药物，印度德里对其基本药物目录内的药品实施了"双信封招标"制度，即技术标和价格标分别装在两个信封中，只有达到专门采购委员会制定的 9 个技术标准后，价格标才被公开。这 9 个标准包括制造商的合法性、生产设备、职工资质水平和每年资金周转率等。

2. 美国药品采购行业发展经验

美国药品集中采购组织在美国，医疗机构采购的药品和设备中超过 70％的是委托药品集中采购组织（group purchasing organization，GPO）进行采购的，GPO 是药品、医疗器械和供应商之间的中间媒介，旨在通过持续购买大量的产品，为医疗机构、诊所等提高在市场中的议价能力，以获得较低的产品价格或更好的服务水平。美国 GPO 采购模式分工明确，可使医院集中精力完成医疗服务，而不必陷入具体的物品。

美国设置了医疗行业集团采购协会，来帮助指导 GPO 采购，包括商业准则、采购流程、仅对特定产品使用"单一货源合同"等，并要求每年必须报告其政策信息和商业实践。

3. 日本药品采购行业发展经验

日本以前也是采用规定医疗机构药品加成率（最早也为 15％左右）的方法管理，出现了医疗机构高价采购药品、药费攀升等问题，故近年来逐渐转向根据实际的市场价格实行动态政府定价的政策，促使药价逐年走低。由于政府经常进行药品价格的市场调查，药品的政府定价和市场销售价格基本持平，一旦发现两者之间存在比较大的差别，会在下次政府定价时加以调整。

日本自从 1991 年开始施行医药分离，实行医药分业 20 多年来，日本目前的药品分销渠道仍以医疗机构为主，处方药的 60％左右在医院药房销售，而日本处方药占药品市场总销量的 90％以上。日本医疗机构的药品采购没有统一的模式，比较多样，医疗机构为取得更好的折扣，有的采用医院联合体的集团化采购模式，医疗机构单独采购的模式也很普遍。医疗机构根据自身需要定期向批发商采购药品，没有采购目录的限制，结算一般为现款现货。日本的药品物流配送体系比较发达，可以及时满足医疗机构的用药需要。

4. 德国药品采购行业发展经验

德国医院药品实行自主采购，德国药品采购主要有三个特点。第一，医院药房直接采购。医院可单独或联合起来与医药企业针对药品折扣进行谈判。第二，医疗保险与药品生产厂家进行折扣谈判，签订合同，并鼓励医师、药剂师和患者使用该合同药品，进而影响社会药房药品采购种类。第三，对专利药品进行效益评估，真正拥有附加效益的药品，根据其附加价值程度进行价格折扣谈判，签订折扣合同。

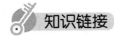 **知识链接** -

"央视力挺深圳药品采购模式：删除'伪创新'品种，一年节省 15 亿元"

2019 年 7 月 28 日，新闻联播的一则消息让深圳药采模式获得官方认可。据新闻联播报道，深圳市探索药品集团采购改革推进三年来，在降低药价、保障供应和优化服务等方面效果显著。截至目前，广东省已有 14 个城市参加了深圳市药品集团采购。而深圳市则充分利用大数据，掌握了采购目录品种的全国销售价格，结合深圳市药品使用量，和药厂直接谈判，部分重大、慢性疾病常用药降幅超过 50％，肿瘤用药降幅达到 70％，综合降幅 21.99％。在降低药品费用的同时，深圳市还将药品采购目录进行"瘦身"，大量剔除奇异剂型、奇异规格等"伪创新"品种，将原在省平台上采购的 40 个剂型分组压缩为 21 个，2165

个通用名压缩为 825 个，4387 个品规压缩为 1256 个，进一步集中招采标的量，加大降价筹码。采购目录瘦身，一年节省 15 亿采购资金。

药品集团采购组织，简称 GPO。起源于美国 20 世纪初期，通过市场竞争将医院的需求通过采购中介进行集中采购。GPO 的出现为医疗机构节约成本，降低美国医疗费用上涨的压力起到了一定的作用。2017 年 11 月，广东省人民政府印发《广东省进一步深化基本医疗保险支付方式改革实施方案的通知》，明确允许医疗机构自行选择在省第三方药品电子交易平台和广州、深圳药品采购平台上采购，鼓励三个平台形成有序良性竞争的态势。

在 GPO 模式下，深圳把公立医院的药品采购需求量集中起来，统一交给 GPO，由 GPO 去和药企谈判，做到了"带量采购"。谈判过程中，GPO 通过大数据分析，灵活制订精准的谈判策略，针对厂家"一厂一策"，针对关联品种"一品一策"，通过谈判议价达到降价目标。同时，深圳首先对采购目录进行了"大瘦身"，剔除"伪创新"的奇异剂型、奇异规格，制定两批《深圳市公立医院药品集团采购目录》。第一批采购目录主要是市场上长期短缺购买不到的低价药、急救抢救用药、妇儿专科用药，需要通过 GPO 保障供应。第二批采购目录以化学药品、生物制品、中成药以及基础输液为主，覆盖了全市公立医院采购金额排名前 80％的药品，用药金额大、生产厂家多，需要重点降价。

有分析人士指出，深圳探索的集团采购模式，减轻了医院药品采购环节的谈判议价工作，切断了医生与药企的利益关联，大大压缩了权力寻租空间，从而筑起了一道医药领域遏止腐败的"防火墙"。在短短两年多时间内，深圳 GPO 采购模式已扩展到广东、广西、新疆、黑龙江等多地。根据第三方专业机构测算，2018 年深圳 GPO 共节省药品采购费用 15.16 亿元。

2018 年 12 月，广东省召开"广东医改工作成果媒体沟通会"，广东省卫计委主任、党组书记段宇飞表示，深圳市在全国率先尝试"政府引导、市场主导"药品集团采购模式，国务院医改办对深圳市 GPO 采购给予了充分肯定，要加快推广深圳 GPO。尽管，深圳公立医院药品采购金额并不算大，且仅在部分城市小范围推行。但作为成功的医改试点经验，深圳 GPO 模式一旦在全国推广，将迅速影响整个医药市场，所有药企都不能掉以轻心。

事实上 GPO 模式正在全国多地陆续推行，已呈现出多点开花之势。2019 年 7 月，汕头市医保局发布文件《关于汕头市公立医疗机构药品集团采购实施意见（征求意见稿）的公示》，明确全市所有公立医疗机构均须参与药品集团采购改革，鼓励非公立医疗机构参与，鼓励汕头市药品生产企业、配送企业积极参与改革，为其公立医疗机构供应药品。同月，在广西壮族自治区药品集团采购工作小组公布《关于在全区实施药品集团采购的通知》，明确自 7 月 10 日起将执行 GPO 联合采购。7 月 5 日，广西药采中心发布《关于公示部分药品省际联动基准价的通知（征求意见稿）》，明确相关企业对总 1829 个药品的联动价进行确认。如不确认低价药品，可以申请退出，相关药品将不能在本采购周期内进入挂网或备案销售。

2019 年 4 月，新疆八师石河子市深化医药卫生体制改革领导小组办公室发布《八师石河子市公立医疗机构整体加入深圳市公立医院药品集团采购改革试点推广方案》的通知，明确各医疗机构在师市认可的网上药品采购平台采购的药品，采购金额不能低于本机构药品总采购金额的 80％。

2019 年 4 月，吉林省医保局发布通知，将开展药品跨区域联盟采购试点工作，要借鉴广东省特别是深圳市药品集团采购的新模式和新做法，结合吉林省实际，推行公立医疗机构开展药品跨区域联盟采购试点。

据健识局不完全统计，目前已有广东、新疆、吉林、广西的部分城市开展 GPO 跨区域联盟采购的模式，未来或将有全国性的文件出台。值得注意的是，在本轮国家组织药品集中招标采购中，深圳、广州也在"4＋7"试点城市之中，其 GPO 组织，也是推动带量采购政策落地执行的载体。业界分析，GPO 采购模式是集中多家医院的采购份额实行采购，以量大价低的市场经济基本原则，让企业和医疗机构都可最大限度地获得政策红利。据药物经济学专家介绍，在药品招标采购平台，药价一般会降低 20％～30％。GPO 在此基础上再砍20％～30％。一般来说，GPO 可以使药品降价 24％～40％。在医保基金压力不断加大的今天，药品降价还是市场的刚需。GPO 作为以量换价的采购模式，与"4＋7"采购共同在全国各地试点实施，无疑将在降药价方面起到了重要的作用。

未来，将有更多的药企面临着降价，医药产业的格局即将颠覆。

（文章来源：快资讯文/AI 财经社健识局王小楠，编/AI 财经社健识局严冬雪）

第二节　仓储规划管理

仓储规划是指根据仓库的场地条件、仓库的业务、性质、规模和储存药品的要求，以及技术设施设备的性质和使用要求特点等因素，对仓库内的库房、货场、辅助建筑物、仓库内道路、固定设备等组成部分，在仓库规定的范围内进行合理布置和安排的过程。

本节主要介绍药品库的布局与储位规划、吞吐量管理和仓库内成本的核算。通过仓库布局调研，要求了解仓库布局规划和储位编码的知识。

一、仓储布局与储位规划

（一）仓储布局

现代药品仓库规划一般分为三个区域，分别是生产作业区、辅助作业区和行政生活区。

1. 生产作业区

生产作业区是现代仓库的主体部分，是商品仓储的主要活动场所。主要包括储存区、道路、铁路专用线、码头、装卸平台等。

（1）储存区　储存区是储存保管、收发药品的场地，是生产作业区最主要的区域。储存区由保管区和非保管区域组成：保管区，顾名思义就是储存药品的区域，非保管区主要包括各种装卸设备的通道、待检查区域、收发货作业区和集结区等。

根据 ISO 9000 国际质量体系认证的要求，库房储存区域可以划分为待检区、待处理区、不合格品隔离区、合格品储存区等。

① 待检区一般用黄色标识，用于储存正在准备或进行检验中的药品。

② 待处理区一般用白色标识，用于储存不具备验收条件或质量暂时不能确认的样品。

③ 不合格品区一般用红色标识，用于储存质量不合格的药品。

④ 合格品区一般用绿色标识，用于储存合格的药品。

除了以上区域外，现代的医药物流仓库还一般配有流通加工区、进货作业区和出货作业区。

（2）道路　道路是根据药品的流向要求，结合仓库地形、面积、库房建筑物和货场的位置，来确定道路的走向和形式。一般情况下，汽车道除了要保证仓库和行政生活区之间的通畅，还主要用于起重搬运机械调动及防火安全。

仓库道路通常包括了主干道、次干道、人行道和消防道。

2. 辅助作业区

辅助作业区是为仓储业务提供各项服务的设备维修车间、车库、工具设备库、油库、变电室等。需要注意，油库应该远离维修车间、宿舍等易出现明火的地方，而且油库周围必须设置消防设备。

3. 行政生活区

行政生活区是行政管理机构办公和职工生活的区域，具体包括办公楼、警卫室、化验室、宿舍和食堂等。行政管理机构一般都设置在主要出入库，并且要求与生产作业区隔离。宿舍应与生产作业区保持适当的距离，保证仓库安全和生活区的安静环境。

（二）储位规划

储位规划是指药品进入仓库之后，应该如何科学合理的摆放、规划和管理。

1. 储位规划管理的范围

仓库的全部作业都在保管区内进行，因此保管区都是储位规划管理的区域范围。按照药品仓储性质，保管区可以分为预备储区、保管储区、动管储区和移动储区四个部分，其对应的物流作业如图 3-3 所示。

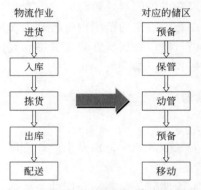

图 3-3 储区对应的物流作业区域图

2. 储位规划的原则

（1）准确性原则　在储位规划中，一定要将储存区域详细划分，并准确编码，根据药品储存量的多少，准确地确定药品所需的储位数量。

（2）合适性原则　根据不同的储区货位和药品的周转情况，选择合适的储存药品、储存单位、储存策略和指派法则，将药品合理地放在预备的储存位置上。

（3）唯一性原则　性质相同或要求保管条件相近的药品需要集中储存，并安排在条件适宜的库房或货场，但是每一储位对应的药品编码是唯一的，不能有混淆，每一药品有明确的准确的位置。

3. 储位编码

规划好储区储位后，为方便记忆和记录，需要对储位进行编码。

（1）储位编码的作用

① 可以确定储位资料的正确性；

② 可以提供电脑相对的记录位置以供识别；

③ 可以提供进出货、拣货、补货等人员存取货品的位置依据，以方便货品进出上架及查询，节省重复找寻货品的时间且能提高工作效率；

④ 可以提高调仓、移仓之工作效率；

⑤ 可以利用电脑处理分析；

⑥ 可以迅速依序储存或拣货，一目了然，减少弊端；

⑦ 可以方便盘点；

⑧ 可以让仓储及采购管理人员了解掌握储存空间，以控制货品存量；

⑨ 可以避免货品乱放堆置致使过期而报废，并可有效掌握存货而降低库存量。

（2）储位编码的方法

常见的储位编码有 7 种方法。

① 数字顺序法　数字顺序法是指从 1 开始一直往下的编码方法，属于延展式的编码方法。若使用数字顺序法进行编码，那么为了了解编码意义，需要配备编号索引。

② 数字分段法　数字分段法是数字顺序法的一种变形，更加易于查询药品位置。需要先把数字分段，每一段代表一类药品的共同特征。为了了解编码意义，需要配备交叉索引。

③ 分组编号法　分组编号法是把药品的特征分成四个数字组，根据实际需要规定每个数字的位数。见表 3-1。

表 3-1　分组编号法

	药品的类型	药品的来源	药品的成分	药品的规格	具体含义
药品编码	06				感冒药
		02			国外
			01		中药非处方
				02	200 毫升×1 瓶

④ 实际意义编号法　实际意义编号法是用药品的实际意义进行编号的，可以使用药品的处方类型、规格、来源、生产厂家等进行储位编码。见表 3-2。

表 3-2　实际意义编号法

编号	意义
ZCY KL 1015	ZCY 代表中成药
	KL 代表颗粒
	1015 代表 10 袋×15 克的规格

⑤ 后位数编号法　后位数编号法是指用编号标识最后的数字，对同类货物作进一步的细分。见表 3-3。

表 3-3　后位数编号法

编号	药品类别	编号	药品
01	西药	0201	西药处方
02	中药	0202	西药非处方

⑥ 暗示编号法　暗示编号法是指用数字和文字的组合来进行储位编号的一种方法，编

号本身就暗示了药品的信息。这种方法的优点是容易记忆。

⑦ 混合编号法 混合编号法是使用英文字母和阿拉伯数字组合作为药品储位编码的方式。一般英文字母代表药品的类别和名称。

比如 BKBYN 代表采购自国内云南白药生产的板蓝根袋装颗粒。

B　　　K　　　B　　　Y　　　　　　N

板蓝根　颗粒　Bag　生产商是云南白药　来源是国内

二、吞吐量管理

药品吞吐量是指一定时间内药品的进出库量多少，它是反映这期间药品仓储规模、工作量、周转率和劳动生产率的重要指标。在药品储运企业的经营活动中，若生产技术条件不变，则药品吞吐量越多，经济效益越好，反之，则差。运用这一指标，可以促使企业充分利用现有的储运设施和人力，改善生产技术条件，以实现药品的快进、多储和快出。

药品吞吐量计算方法如下。

药品吞吐量是指一定时期内药品出库、进库、直拨的总量。一般药品的吞吐量计算公式为：

药品吞吐量＝药品进库量＋药品出库量＋药品直拨量

（1）药品进库量是指药品经过验收、登账后进库的数量，包括生产企业自行提货和送货到库的药品数量。注意未经验收的待验药品，不能计入进库量。

（2）药品出库量是指按调拨单发出的药品和用户自行提取出库的药品数量之和。注意未办完装车承运手续的应视为待运药品，不能算入出库量。

（3）药品直拨量是指企业从港口、车站或药品生产企业进货，不经入库直接拨给用户的药品数量，也包括虽已进入储运企业的铁路专线，但不经卸车又直接转发用户的药品的数量。

三、仓储成本的核算

医药仓储成本是指一段时期内储存或持有医药商品而发生的成本。医药仓储成本伴随着药品的储存、管理、保养、维护等活动而发生。通过对医药仓储成本核算分析，可以最合理使用人、物、财来实现最优的库存控制、仓库设备使用和仓库过程管理。

1. 医药仓储成本的构成

医药仓储成本主要包括十项要素。

（1）保管管理费 医药仓储组织和管理仓储生产经营所发生的费用，包括行政办公费、公司经费、工会经费、咨询审计费、绿化排污费、职工教育费、劳动保护安全费、土地使用费等。

（2）工资福利费 医药仓储企业内所有工作人员的工资福利费，包括工资、奖金和各类补贴，也包括医疗保险、公积金、企业年金和退休金等。

（3）固定资产折旧费 固定资产既包括了库房、堆场和道路等基础设施建设的费用，也包括购买仓库机械设备的费用，这些固定资产逐年贬值折旧的费用就是固定资产折旧费，当然每种固定资产的折旧除了本身的价值外，还跟可以使用的年限相关。

（4）维修费 维修费是用于修理设备工具等支出的费用，大型设备修理通常每年通过大型设备修理基金提取，提取额度通常为设备投资额度的 $3\%\sim5\%$。

（5）能源、水和材料耗损费　这部分费用包括电力、用水、燃料、生产设施设备原料、装卸搬运设备、衬垫或苫盖材料的损耗费用。

（6）保险费　保险费是指医药仓储企业对于意外事故或者自然灾害等造成仓储内损失而承担赔偿责任进行的保险费用的支出。若没有合约规定，储存药品和器材的财产险是由存货人承担的，医药仓储保管人投保的是责任险。

（7）营业费用　营业费用包括了医药企业的宣传、促销和交易费用支出等。

（8）税费　医药仓储企业需要按要求缴纳的税费。

（9）外部协作费用　医药仓储企业提供仓储服务时需要支付外部服务的费用，包括业务外包费。

（10）利息　医药仓储企业使用投资资金产生的利息，又叫做资本成本。资金为借款时，需要直接支付利息。

2. 医药仓储成本的计算

（1）医药仓储的资本费用通常计算公式

$$仓储费用＝资本费用＋保管费＋搬运费＋耗损费＋保险费＋税费$$

（2）医药仓储成本核算指标

① 库存费用＝库存管理费÷库存金额

② 单位资金库存费率＝库存管理费÷库存金额×100%

③ 仓储成本＝人工费＋搬运费＋保管费＋材料消耗费＋仓储管理费＋仓储占用资金利息＋税收

④ 医药仓储人数比率＝医药仓储工作人员数÷全公司人数×100%

⑤ 医药仓储面积比率＝医药仓储设施面积÷全公司面积数×100%

⑥ 医药仓储费用比率＝医药仓储费之和÷医药仓储管理费之和×100%

⑦ 仓容利用率＝库存商品实际数量或容积÷仓库实际可存商品数量或容积×100%

⑧ 单位面积保管量＝平均库存量÷可保管面积×100%

⑨ 地产利用率＝仓库建筑面积÷地产面积×100%

⑩ 仓库面积利用率＝仓库可利用面积÷仓库建筑面积×100%

3. 医药仓储成本控制

（1）ABC库存管理法　用ABC库存管理法对仓库内的药品和医疗器械进行分类，可以有效控制存货成本。ABC库存管理就是将库存物品按品种和占用资金的多少分为特别重要的库存（A类），一般重要的库存（B类）和不重要的库存（C类）三个等级，然后针对不同等级分别进行相应的管理与控制。见表3-4。

表 3-4　ABC 库存管理法参考比例

类别	种类百分比/%	资金百分比/%
A	5～15	0～60
B	20～30	20～30
C	60～80	5～15

对于品种少但占用资金额高的 A 类货物，应作为重点控制对象，对其管理必须严格逐项控制，而 B 类货物则作为一般控制对象，可根据不同情况采取不同的措施，而对于 C 类货物，则不作为控制的主要对象，一般只需要采取一些简单有效的控制方法即可。见表3-5。

表 3-5 ABC 库存管理比较

控制项目	A 类药品	B 类药品	C 类药品
控制程度	严控精管	一般控制	简单控制
库存量计算	详细计算	一般计算	简单或不计
进出库记录	详细记录	一般记录	简单记录
检查频率	密集	一般	很低
安全库存量	低	较大	大量

ABC 分类法的应用步骤一般分为 5 步。

① 收集数据、整理数据。

② 绘制 ABC 分类管理表。

③ 分类原则。

④ 绘制 ABC 分类管理图。

⑤ 确定重点管理的要求。

（2）定量订货法 定量订货法是指当库存量降低到预订的最低库存量（订货点）时，按照规定数量（经济批量）进行订货补充的一种库存控制方法。如图 3-4 所示。

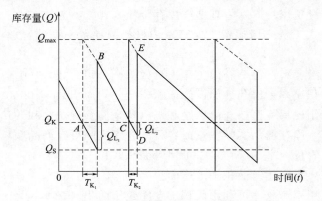

图 3-4 定量订货法示意图

Q_K—订货点；Q_S—安全库存；Q_{max}—库存总量；Q_{L_1}，Q_{L_2}—订货批量；T_{K_1}，T_{K_2}—提前期

在定量订货法中，发出订货时仓库里该品种保有的实际库存量叫做订货点。它是直接控制库存水平的关键。

① 在需求和订货提前期都确定的情况下，不需要设置安全库存，可以直接使用计算公式：

$$订货点＝订货提前期的平均需求量$$
$$＝每个订货提前期的需求量$$
$$＝每天需求量×订货提前提（天）$$
$$＝（今年需求量÷360）×订货提前期（天）$$

② 在需求和订货提前期都不确定的情况下，安全库存的设置是非常必要的。需要使用计算公式：

$$订货点＝订货提前期的平均需求量＋安全库存$$
$$＝（单位时间的平均需求量×最大订货提前期）＋安全库存$$

注：单位时间可以是每天、每月。

③安全库存需要使用概率统计方法得出：

$$安全库存＝安全系数\times\sqrt{最大订货提前期}\times需求变动值$$

其中安全系数需要根据缺货概率查安全系数表，见表 3-6。

表 3-6　安全系数表

缺货概率/%	30.0	27.4	25.0	20.0	16.0	15.0	13.6
安全系数值	0.54	0.60	0.68	0.84	1.00	1.04	1.10
缺货概率/%	11.5	10.0	8.1	6.7	5.5	5.0	4.0
安全系数值	1.20	1.28	1.40	1.50	1.60	1.65	1.75
缺货概率/%	3.6	2.9	2.3	2.0	1.4	1.0	
安全系数值	1.80	1.90	2.00	2.05	2.20	2.33	

④ 经济订购批量

经济订货批量计算公式如下：

$$Q^{*}=\sqrt{\frac{2DR}{H}}$$

式中　Q^{*}——经济订货批量；

　　　D——商品年需求量；

　　　R——每次订货成本；

　　　H——单位商品年保管费（或保管成本）。

（3）**定期订货法**　定期订货法是指按照规定的时间间隔进行订货补充的一种库存控制方法。定期订货法需要预先确定一个订货周期和一个最高库存量。

订货周期一般根据经验确定，主要考虑制订生产计划的周期时间，常取月或季度作为库存检查周期，但也可以借用经济订货批量的计算公式确定使库存成本最有利的订货周期。

$$订货周期=\frac{365}{年订货次数}=\frac{365Q^{*}}{D}$$

式中　Q^{*}——经济订货批量；

　　　D——商品年需求量。

（4）**其他医药仓储控制方法**　除了以上三种常见的库存控制方法，还可以合理规划医药仓库，提高储存密度和仓容利用率，如通过使用高层货架、自动分拣设备和集装箱等合理规划药品在仓库内的分拣与流通，提高仓库与仓储机器设备的利用率和单位仓容利用率，加速药品周转，掌握好仓库储存额的增减变化，充分发挥仓库使用效能，尽量向"零库存"靠近。

此外，还可以在严格遵守 GSP 标准的前提下，降低日常开支。在销售淡季，仓库使用率下降的时候，可适当开展外包业务，出租部分仓库，收取相应费用，以平衡部分开支。

建立大规模的物流中心，把原先零散的库存集中起来进行统一管理，在一定地域范围内，进行用户直接配送，这是实现优化仓储布局的一种有效途径。但同时需要注意的是，当仓库的定点及布局不合理时，很有可能会增加运输成本，因此利弊必须综合考虑，事前进行详细的规划和计算，制定出优化的方案，使物流总成本达到最低。

第三节　医药物流作业现场管理

　　医药物流就是依托现代的物流设备、技术和物流管理信息系统，充分利用现代信息和科技，有效整合营销渠道上下游资源，通过优化药品供销配运环节中的验收、运输、装卸、配送等作业过程，提高订单处理能力，降低货物分拣差错，缩短库存及配送时间，减少物流成本，提高资金使用效益，提高服务水平。在保证药品质量及安全的同时，又能够用最低的成本和时间完成工作，提高企业的竞争力。

一、质量管理

　　现代医药物流快速发展，医药物流企业为了生存在不断扩大规模，抢占市场份额的同时，必须通过健全和完善的质量管理体系才能提高竞争力。对药品质量监管涉及的药品生产、流通和使用的全过程，是一项综合性工作，对医药行业有着较高的安全性要求，医药企业必须做好药品物流质量管理工作。

　　（一）当前医药物流质量管理现状

1. 医药物流企业存在"一小二多三低"现象

　　大部分企业规模较小；企业数量比较多，医药产品的流通环节、交易层次多；企业集约度低、利润率低、管理效能低。从而导致医药流通企业经营成本高，企业的整体经济效益就会减少，医药物流行业的发展也就受到制约。

2. 医药物流运作手段较为基本和原始

　　我国目前医药物流企业采用的是仓库、车辆和人员的堆积方式，实现以人工为主的药品储运，管理效率不高，流通方式落后。医药产品复杂的交易环节和流通环节造成流动无序，流动速度慢，这使得医药产品在流通过程中效率较低和损失效益。

3. 管理方式较为简单和粗放

　　仍沿用传统的运营模式，管理环节较为薄弱，管理人才较为缺乏，管理制度不甚健全，信息化共享程度较低。大多数物流企业使用的物流信息系统兼容性差，使信息无法实现比较好的相互连接和共享，大大影响物流作业的速度和质量。

4. 医药物流人才短缺

　　医药物流业的竞争，不仅是基础设施、物流技术的竞争，更是物流人才的竞争。医药物流人才尤其是高级医药物流管理人才的严重缺乏，从根本上制约着我国现代医药物流的发展。

　　我国医药流通企业的这些特点与我国医药市场发育不完善、市场流通秩序混乱、市场体系不健全有着密切的联系，目前在我国的医药流通领域中，流通企业规模小、数量多、市场分散、效益较低的局面正在逐步改善。

　　（二）构建医药物流质量管理体系

1. 完善流程规范、质量管理制度，实行科学管理

　　医药流通企业质量管理流程包括入库验收、在库药品养护、退货、报损、销毁流程，财务管理流程、绩效考核流程等是完善流程规范；应制定质量管理制度，并加强执行力度，在这些质量管理制度完善的前提下，制定标准操作规程规范各个岗位的人员的日常操作，对各

个环节进行质量控制；实行科学管理，推进企业全面质量管理，优化业务流程管理的内容，从而能够提高药品质量管理水平及企业运营质量。

2. 医药物流企业管理体系从粗放型向集约型发展

随着我国医药市场的不断整合和规范，在淘汰了一批效益低下、管理落后，运作原始的医药企业后，通过 GSP 认证达标系统的改造，医药企业的管理体制将日趋完善，管理能力逐步提高，特别是一些大型医药公司通过体制改革，不再是从前简单地租借或自建仓库，追求短平快的投机操作，越来越多的物流建设项目规模巨大，逐步朝着企业集团化、管理现代化的方向发展。对于目前我国医疗行业来说，物流中心不需要保证每一个企业都有，可以发展第三方医药物流，实现第三方配送，提高配送质量，保证患者用药安全有效。

3. 加快信息化进程，实现信息共享

物流技术从简单手工到电子信息业务系统发展，通过现代化的自动存储、自动拣选和功能齐全的计算机仓储管理系统，大大降低了差错率、提高了劳动效率，实现由传统的人工仓储向自动化物流转型；现代医药物流通过信息的共享可以通过电脑查询药品管理状态，对药品的进销、调存状态进行跟踪调查，提高企业运作效率，降低行业供应链成本，从而可以提高企业竞争力，适应市场需求。

4. 培养现代医药物流人才，提高质量管理水平

医药物流不同于一般物流，现代医药物流要求的是既具有交叉跨越医药业、物流业两个领域的经验，又具有医药专业的相关知识，并且精通物流领域管理的复合型人才。高校应肩负起培养医药物流专业复合型人才的重任，加大医药物流人才的培养力度，为医药物流发展提供动力；医药流通领域企业与院校合作培养医药物流专业人才，将是人才培养的又一有效模式。

（三）医药物流作业现场 6S 管理

6S 管理是一种管理模式，是有效的现场管理工具，为整理（SEIRI）、整顿（SEITON）、清扫（SEISO）、清洁（SEIKETSU）、素养（SHITSUKE）、安全（SECURITY）六方面的内容。

1. 整理

将工作场所的所有物品区分为有必要和没有必要的，除了有必要的留下来，其他的都消除掉或放置在合适的位置。其目的为腾出空间，防止物品混用、误用，塑造清爽的工作场所。整理时应注意现场检查要全面、制定"要"和"弃"物品的标准、必要物品的适量、每日检查和整理现场。

2. 整顿

把留下来的物品按规定位置摆放，并放置整齐加以标识，杜绝乱摆、乱放，使摆放物品一目了然。其目的为避免寻找物品，消除过多的积压物品。整顿时应注意落实工作任务、规划作业流程，规定摆放位置并做好标识。

3. 清扫

将工作场所内所有的地方以及用到的设备设施、材料等清扫干净，使工作场所保持干净整洁。其目的是维护生产安全，保证产品质量。清扫时应注意全员参与，责任到人，清扫与保养相结合，并使其制度化和常规化。

4. 清洁

将整理、整顿、清扫三项活动经常性进行，并且制度化，保持环境处在整洁、美观的状

态。其目的是使工作环境一直保持干净整洁。清洁时应注意制定标准化规程，并组织监督检查。

5. 素养

每位成员养成良好的习惯，并遵守规则，培养积极主动的精神，如遵守上下班制度、按标准化操作做好 6S 工作。其目的是培养员工良好的习惯、营造团队精神。培养员工良好习惯应注重引导，企业应创造良好的环境提升员工素养。

6. 安全

重视成员安全教育，包括企业财产安全、工作环境安全、员工人身安全等，每时每刻都有安全第一观念。其目的是建立起安全生产的环境，所有的工作应建立在安全的前提下进行，安全操作、以人为本。

为提升医药物流作业现场管理质量，营造整洁、高效、安全有序的工作环境，应用"6S 管理"理论，首先应对全体员工进行"6S 管理"培训，让员工理解好"6S 管理"是什么，开展有什么好处，如何开展。其次是要制定工作标准，落实工作任务，做好检查、评比、考核等工作。最后是坚持和完善"6S 管理"制度，不断发现问题和解决问题，提高医药物流工作现场的管理水平。从而提高工作效率，保证药品的质量。

二、安全操作管理

（一）治安保卫安全知识

（1）企业仓储区域和要害部门均应设置大门保安员，负责开关大门，审核、登记进出人员和车辆，防止危害、破坏和失窃等不良事件发生。

（2）治安检查和应急，治安保卫部门应按规章制度对负责区域进行检查，及时发现安全漏洞和隐患，并采取有效措施将其消除；对突发事件的处理，应制订应急方案，明确职责，采取紧急措施，妥善处理。

（3）防盗设施设备的使用，对区域内的监控设备、自动报警设备等应专人操作和管理，保证有效运行。对特殊药品的管理还应遵照相关规定。

（二）用火用电安全知识

1. 灭火方法和灭火器具使用方法

（1）灭火方法

① 隔离灭火法　将正在燃烧的物质与其周围可燃物隔离或移开，中断可燃物质的供给，使燃烧因缺少可燃物而停止。

② 窒息灭火法　防止空气流入燃烧区域，或用不燃烧的惰性气体冲淡空气，使燃烧物得不到足够的氧气而熄灭。

③ 冷却灭火法　将灭火器直接喷射到燃烧物上把燃烧物的温度降低到可燃点以下，使燃烧停止。

④ 抑制灭火法　将有抑制作用的灭火器喷射到燃烧区，并参加到燃烧反应过程中去，使燃烧反应过程中产生的游离基消失，形成稳定分子或低活性游离基，使燃烧反应终止。目前使用的有干粉剂、1211 等。

（2）灭火器具使用方法，如图 3-5 所示。

① 干粉灭火器　可用于扑灭带电物体（电压低于 5000 伏）火灾、液体火灾、气体火灾、固体火灾。使用时要注意以下几点。

a. 喷射前最好将灭火器颠倒几次，使筒内干粉松动，但喷射时不能倒置，应站在上风一侧使用。

b. 在保证人身安全情况下尽可能地靠近火场。

c. 按动压把或拉起提环前一定去掉保险装置。

d. 使用带喷射软管的灭火器时，一只手一定要握紧软管前部喷嘴后再按动压把或者拉起提环。

e. 灭液体火（汽油、酒精等）时不能直接喷射液面，要由近向远，在液面上 10 厘米左右快速摆动，覆盖燃烧面切割火焰。

f. 灭火器存放时不能靠近热源或日晒，防止作为喷射干粉剂动力的二氧化碳受热自喷，并注意防潮，防止干粉剂结块。

② 二氧化碳灭火器　适用于扑灭精密仪器，带电物体及液体、气体类火灾。

a. 露天灭火在有风时灭火效果不佳。

b. 喷射前应先拔掉保险装置再按下压把。

c. 灭火时离火不能过远（2 米左右较好）。

d. 喷射时手不要接触喷管的金属部分，以免冻伤。

e. 在较小的封闭空间喷射后，人员要立即撤离以免窒息。

f. 灭火器存放时不能靠近热源或日晒。

③ 1211 灭火器　适用于扑灭精密仪器、电气设备、计算机房等火灾。使用注意事项与二氧化碳灭火器相同。

④ 消火栓　是消防灭火时主要的水源，分室内和室外两种。室内消火栓一般设在楼层或房间内的墙壁上，用玻璃门或铁门封挡，内备有水枪、水龙带。使用水龙带时应防止扭曲或折弯，否则会阻止水流通过。使用消火栓救火，应先将水龙带一头接在消火栓上，同时将水带打开，另一头接水枪，一个人紧握水枪对准着火部位，另一个人打开消火栓阀门。对于灭火来讲，用水救火是最经济的，但应注意扑救带电火灾前，必须先断电，再用水灭火；还应注意防止用水灭火会给精密仪器等造成水渍侵害；有的金属类火灾禁止用水扑救。消火栓的使用方法如图 3-6 所示。

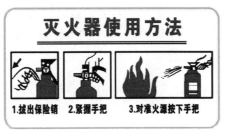

图 3-5　灭火器的使用方法示意图

图 3-6　消火栓的使用方法示意图

2. 防火措施

① 药品仓库应该划分防火分区储存。

② 严禁乱接、乱拉电线和设备，电源、开关、插座应做到统一管理。

③ 设置完备的消防设备。

④ 对员工进行消防宣传，定期开展防火检查，消除火灾隐患。

3. 安全用电知识

① 用电线路绝缘必须良好，灯头、插座、开关等的带电部分绝对不能外露，以防触电。

② 不要乱拉乱接电线。

（三）医药商品安全知识

（1）要根据药品成分确定合适的储存条件，比如维生素 K_1 遇光会分解变质，所以应注意避光储存；维生素 C 遇热、光和金属电离子发生反应会变黄，应注意避光、控温储存。

（2）储存药品应当按照要求采取避光、遮光、通风、防潮、防虫、防鼠等措施。

① 有避光要求的，应将药品储存于阳光不能直射的地方。

② 有遮光要求的，应采用窗帘、遮光膜或黑纸包裹等措施。

③ 应有促进空气流通的通风设备，如空调、换气扇等。

④ 应有防潮设施设备，如除湿机、地垫、货架、门帘、风帘、干燥剂等；应有防止昆虫、鸟类、鼠类进入库房的设备，如纱窗、风帘、灭蝇灯、电子猫、挡鼠板、捕鼠笼、粘鼠胶等。

（四）储存作业安全知识

1. 搬运设备

要对搬运设备进行定期检查、维修、保养，如果发现有任何异常情况或损坏，应立即停止使用，送去维修；作业人员也应重视作业任务，严格遵守操作规范。

2. 搬运操作

搬运药品一定要严格按照药品外包装标示要求规范操作，堆码高度符合药品外包装图示的要求，避免损坏药品包装；库管员要严格按照药品外包装图示标志要求合理堆码；轻拿轻放，控制垛高，货垛堆码必须按要求牢固、整齐堆放；堆码无倒置、侧置、混堆混放、损坏药品包装现象；易于数量清点、易于识别标识，整件药品按数量合理堆放在底垫或货架上；拆除外包装的药品应集中存放，且药品与非药品、外用药与其他药品分开存放。

3. 危险品搬运

危险品搬运时，应该轻拿轻放，并注意不得相互碰撞、滚动、摩擦、重压和倾倒，以免发生意外危险。

4. 冷藏品储运安全

需要冷藏的药品对温度是有要求的，搬运、储存时都应做好温湿度的监控工作。

三、物流成本核算

（一）物流成本的构成

物流成本是以物流活动的整体为对象，一般包括运输成本、流通加工成本、配送成本、包装成本、装卸搬运成本、仓储成本等。

（1）运输成本　人工费用、营运费用、差旅费和相关税金。

（2）流通加工成本 流通加工中的设备费、劳务费、消耗的电费、邮费等。

（3）配送成本 配送运输费、分拣费、配装费。

（4）包装成本 包装的材料、机械、技术、人工费等。

（5）装卸搬运成本 装卸与搬运的人工、材料成本。

（6）仓储成本 仓储的持有成本、缺货成本、在途库存持有成本。

（二）物流成本影响因素

（1）距离因素 运输和库房租用的成本付出，库房与市场和企业的远近有很大关系，所以距离的远近与库房的租金需要找到一个平衡点。

（2）设备因素 引入高科技的系统软件和现代化设备，可以提高物流的整体效率，同时合理的物流布局和运输线路设计也是减少成本的关键。

（3）流通因素 物流流通的速度与资金流动速度成正比。要保持整体的供应链顺畅，应先从压缩采购订货时间开始，然后选择合适的线路和运输工具；资金流的运转要求尽量少压货，把资金流动起来而不是压在库房里。充裕的资金流动等于增加了企业竞争力，使得企业可以拿出更多的时间和精力来提高服务质量。

（4）运营因素 库存保有量和出入库的次数如果可以达到一个理想的平衡点，那么库房租用的固定支出和装卸搬运费用的人力成本会降低很多。

管理的效果直接影响物流成本的高低，所有的影响因素都不是单独存在的，他们之间相互制约，甚至是此消彼长，可以称之为效益背反现象。物流成本的控制是一个复杂的平衡、协调的过程，而不仅是各个因素简单地相加得来的。

（三）物流成本核算方法

物流成本核算方法有按支付形态计算物流成本、按功能计算物流成本、按适用对象计算物流成本等，而以活动（作业）为基础的成本分析（ABC）法是公认的控制物流费用的有效方法。

ABC成本法又叫作业成本法，作业成本法把直接成本和间接成本（包括期间费用）作为产品（服务）消耗作业的成本同等对待，拓宽了成本的计算范围，使计算出来的产品（服务）成本更准确真实。其指导思想是："成本对象消耗作业，作业消耗资源"。ABC成本法帮助企业获得标准作业成本和其他标准，这些标准可用于改进预算、成本控制、业绩考核、定价和其他管理决策。作业成本法的计算过程一般包含直接费用成本的确定，对整个作业流程的每个作业点进行确定。在确定了作业后以作业为对象根据作业消耗资源的情况，总结出各作业发生的各种费用。然后确定成本的动因，并对成本的动因费率进行计算。

成本动因费率的计算：

$$R = \frac{C}{D}$$

式中，R 为成本库的成本动因费率；C 为成本库的费用；D 为成本库的成本动因总量。

计算出成本动因费率后，根据各产品消耗成本库的成本动因数量进行成本库费用的分配，每种产品从各成本库中分配所得的费用之和，即为每种产品的费用分配额。

作业成本法主要针对的对象就是有很多成本隐藏在表象下的企业。医药企业的物流成本通常是以企业间接费用的形式存在的，这个特点与作业成本法适用的条件不谋而合。作业成本法能辅助企业准确掌握提供物流服务的成本，发现具体问题，并对问题产生的原因进行深入分析，去除无效成本进而辅助物流流程改进。

第四节　医药物流质量管理

一、质量风险管控

近年来发生的一系列不良药品事件，引起了人们对药品流通环节中的药品质量风险管理工作的重视。药品是一种特殊商品，用于预防、治疗和诊断人的疾病，直接关系到人的身体健康甚至是生命存亡的问题，它的质量问题不容丝毫的马虎。质量风险管理是对产品在整个生命周期过程中，对风险的识别、衡量、控制以及评价的过程。

为保证药品流通质量安全，应做好药品流通环节质量风险管理工作。

（1）收货环节　对收货人员加强培训，严格执行药品收货管理制度。在收货时，一定要仔细检查，避免接收到假药或劣质药品。

（2）储存环节　仓库的温湿度检测、调控设备、设备定期进行检验，药品要严格按照储存条件存放，避免不必要的损失；工作人员在进入储存作业区时要佩戴胸牌，无关人员不得擅自入内；加强药品养护管理，发现问题要及时上报，及时处理；存储作业区不能放与储存作业无关的物品。

（3）出库环节　药品出库时，应严格执行"先产先出，近期先出，按批号发货"的原则；搬运和堆码药品时要严格遵守药品包装标识的要求；保管员要贯彻落实药品拆零拼装、药品出库复核管理制度；出库复核员一定要坚持"四不发"原则；低温运输药品要遵守《低温运输药品管理制度》；药品电子监管码系统要严格执行；避免发出问题药品、劣质药品、错误批号的药品、错误数量的药品。

（4）人员与培训环节　药品经营和质量管理人员一定要符合任职资格，并要加强人员的培训，对他们进行定期考核并要建立档案，定期进行人员健康检查，也要建立档案；质量管理人员、验收人员必须在岗并符合在岗要求。

二、验收管理

（一）药品验收要求

（1）药品验收是为了防止不合格药品和不符合药品包装规定要求的药品入库，保证药品质量。药品验收质量的基本要求为质量完好、数量准确、说明书符合规定、包装完好、记录完整；药品入库时首先应进入待验区，由验收人员根据入库凭证内容核对后，再按照批号逐批进行质量抽检，并填写记录，合格后再交给计算机入库人员办理入库手续。

（2）药品验收一定要符合规定。国产药品（包括中外合资药厂生产的药品）均应依据现行版《中华人民共和国药典》及相关药品标准验收；直接从国外进口的药品必须依据《药品进口管理办法》规定的质量标准，经国家食品药品监督管理局确定的药品检验机构（口岸药品检验所）检验合格，凭上述单位出具的《进口药品检验报告书》验收；购进国产药品、进口药品除按上述规定严格验收外，在签订合同时，如另有质量要求和条款，也应按合同规定验收。

（3）药品入库验收的内容包括药品的数量、质量和包装三个方面。检查来货与入库通知单上所列的供货单位、药品名称、规格、生产厂家及数量等是否相符，若有不符或破损应做好原始记录，并与有关部门联系，及时查明原因，以便按有关规定进行处理。查看药品外观有无变形、开裂、熔（溶）化、变色、结块、沉淀、混浊、霉变、污染、挥发等异常情况，嗅药品有无异味、串味，听药品包装内有无异常撞击声，用手触摸、感觉药品的干软、黏结、滑腻程度，经过看、嗅、听、触等外观检查手段，发现异常情况则应拒收该批药品。药品外包装必须印有药品名称、规格、"易碎"等储运图示标志及特殊管理药品和外用药品的包装标志。内包装上应贴有标签，标签应符合《药品生产质量管理规范》的有关要求。

（二）药品验收注意事项

（1）在我国生产并销售的药品包装、标签及说明书必须使用的是简体中文字；在我国市场销售的进口药品，必须附有中文使用说明书。

（2）进口药品要验收需备有《进口药品检验报告书》复印件，并盖有销售单位红色印章。

（3）验收员必须对入库通知单上的所列项目逐一核对品名、规格、数量、生产批号、注册商标、有效期或使用期限、药品合格证等各项内容，全面进行验收，符合规定标准才能签字入库。验收中应按照规定的方法进行开箱抽样验收，发现可疑批号，必要时应全部拆箱验收或者按照批号抽验。验收人员对入库药品按照所列验收项目进行验收后，应做好详细的记录，并签名负责，记录要保存 5 年。

（4）质量验收不合格，不准入库。不合格品要有明显红色标记。

（5）麻醉药品、一类精神药品、毒性药品的验收按照规定执行。

三、在库养护管理

为确保药品储存质量，防止药品变质失效，应做好在库养护管理工作。

（1）以防为主，防治结合。仓库应建立健全的养护组织，配备必要的养护仪器设备，建立药品养护档案和仪器设备的档案，积极配合质量管理部门做好质量信息的反馈。

（2）做好库房的温、湿度管理工作，注意季节的不同，气候的变化。每日按温湿度监控系统，如图 3-7 所示，自动记录库内温、湿度变化，认真填写《仓库温湿度表》，如果库房温湿度超过规定范围，要及时采取调控措施，并且要有记录，保证药品储存安全。

（3）养护员每月要根据电脑输出的药品养护检查记录，对在库药品实行"三三四"循环养护质量检查。检查合格后，在电脑中进行确认，并做好记录。发现质量问题挂黄牌暂停发货，在电脑中冻结药品暂停销售，及时输出《药品质量复查通知单》，并交给质量管理部门核查处理。确认为不合格药品的，应将不合格药品移至不合格品库（区）存放，通知保管员下账，在电脑中做好不合格药品记录；当其确认为合格药品时，解除冻结。

（4）在检查中发现质量有变异征兆时，要及时采取养护措施，做好养护记录，并书面报告质量管理部门抽样检查。

（5）在检查中，对首次经营品种、近效期药品、性质不稳定易变质的品种、长时间储存的药品、已发现不合格品种相邻批号的品种等，应进行重点养护。

（6）中药材、中药饮片的养护执行《中药材、中药饮片管理制度》及《中药材、中药饮片养护程序》。

（7）建立健全的重点药品养护档案工作，并定期分析，经常总结经验，为药品储存养护提供科学依据。

（8）检查记录应字迹工整、内容明晰，并且检查记录不得涂改。

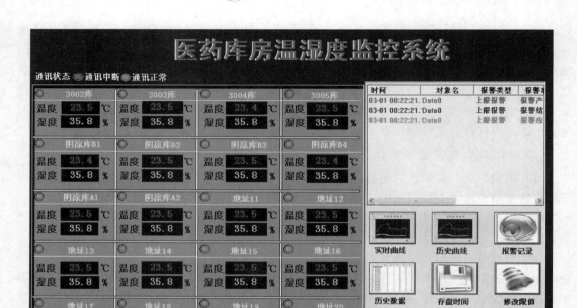

图 3-7 库房温湿度监控系统界面图

（9）如果因为职责不清，工作不实造成药品的损失，将在质量考核中进行处罚。

（10）加强养护用仪器设备、温湿度检测仪、监控仪器、仓库在用计量仪器及器具的管理。

第五节 医药新业态物流管理

随着经济的发展和医药商业的变革，原有的医药流通模式已经不能完全适应当前日新月异的行业变化。随着新业态和商业模式的不断涌现，药品流通监管也有了新的要求和挑战。例如，随着上市许可持有制度（MAH）的试点和各省的逐步推广，持有人的权利义务和法律责任，尤其是在药品流通环节的药品追溯和质量安全监管责任尚待明确。院内物流模式（SPD）、医生对患者模式（DTP）、医药销售外包（CSO）等新业态、新模式的发展，以及医院药房托管范围的不断扩大，迫切需要解决流通企业与医疗机构在 GSP 应用上的监管协同问题。围绕着供应链一体化管理而产生的新商业模式期待明确的监管责任。同时，为了规范互联网零售服务，整合利用线上、线下资源，推进线上、线下融合发展的"网订店送""网订店取"等新型配送方式，迫切需要建立完善的互联网药品交易管理制度。

一、第三方物流管理

（一）第三方医药物流

第三方物流，指一个具实质性资产的企业公司对其他公司提供物流相关之服务，如运输、仓储、存货管理、订单管理、资讯整合及附加价值等服务，或与相关物流服务的行业者合作，提供更加完整服务的专业物流公司。它不属于第一方也不属于第二方，而是通过与第一方和第二方的合作来提供其专业化的物流服务，它不拥有产品，也不参与买卖产品。第三方医药物流，同样不属于非药品供应方也不属于药品寻求方，通过契约为客户提供药品流通的全过程服务。对于传统的药品经营企业来说就是把原有的物流业务、资产人员剥离或托管给第三方物流公司，物流业务和主营业务相分离；对于第三方物流企业来说只通过向委托方提供专业化物流服务，收取委托方的物流服务费用来获取利益，不参与药品的经营，不谋求药品的所有权，不同于一般的药品销售。

（二）传统医药流通的缺点

1. 经营成本高

我国的医药流通企业多数是中小型企业，市场集中度较低，并且企业的市场占有率也低，造成企业的运营成本较高。

2. 运行效率低

由于药品具有特殊性，市场主体是药品物流企业，我国的制药企业、医药批发企业以及医药零售企业各自为政，造成医药物资浪费严重，医药物流市场化程度低，物流手段落后，质量管理、仓储、配送技术一直得不到很好的创新，信息化水平低下，严重制约了我国医药物流的发展。

3. 药品流通环节多

药品从厂家到消费者手中，在国外成熟市场一般只要 2～3 个环节，而在我国就要高出很多，大概要 6～7 个环节。药品流通环节越多，加价也就越多，药品的价格就越高。

（三）第三方医药物流的发展

我国第三方医药物流发展较晚，刚开始也主要是在北京、上海等原本就从事药品批发经营业务的大型医药流通企业，而且也只是提供仓储分拣服务，医药产品的跨省运输，基本还需委托给社会运输企业（铁路、公路、航空等）完成。

由于传统医药物流存在诸多缺点，国家各项药品流通管理政策开始陆续调整和出台，医院改革步伐加快等，第三方医药物流企业就开始在我国逐渐发展起来。特别是 2016 年新修订的《国家食品药品监督管理总局关于修改〈药品经营质量管理规范〉的决定》中对药品的销售购买渠道、仓储温湿度的控制、票据的管理、冷链管理和药品运输等方面都提出了更高的要求；很多医药流通企业都达不到要求，需要很大的改造，那么就要付出巨大的代价，为了降低成本，一些中小型企业不得不把部分物流工作外包给第三方。新修订的 GSP 让第三方医药物流企业得到进一步发展。

第三方医药物流可以在医药流通领域的基本环节发挥作用。其服务范围包括：以信息交换为基础，为医药企业的部分或者全部产品提供运输、仓储等服务；进行区域配送、代收货款、代签协议等增值服务，物流过程管理，供应链系统设计、优化，帮助医药企业规划、实施、管理其自建的区域配送中心等综合性服务。

我国目前的医药流通市场具有规模比较小、数量多、运营成本较高等特点，处于"小、多、散"的局面，与发达国家相比有比较大的差距。

（四）第三方医药物流发展的要求

（1）不采购不销售，实现"只送药，不卖药"，实现商流与物流有效分离，提供专业化的现代医药物流服务。

（2）符合 GSP 要求，达到现代医药物流标准，这是底线，药品的质量问题关乎患者的生命，一定要做好储存和配送。

（3）流程高效，结算准确。

（4）打通医药流通完整供应链，建设强大的信息系统。

二、医药冷链物流管理

（一）冷链药品的概述

1. 冷链药品的概念

是指对药品储藏、运输有冷藏、冷冻等温度要求的药品。

2. 冷链药品的特点

多为生物制剂，性质不稳定，其生物活性非常容易受外界影响；冷链药品对制造、包装、流通运输过程的要求非常严格；冷链药品检测周期相对较长，大都是 3～6 个月的检测周期，而这个检测周期涵盖在有效期内；对日常仓储以及运输过程的温度要求很高，经销商必须要按照 GSP 要求配备相关的冷链设施和设备，以及有一套完整的冷链供应系统才能承担冷链药品运输。

3. 冷链药品运输或储存的温度要求

根据药品温控条件的不同，冷链药品一般分为冷藏药品（2～8℃）如疫苗、胰岛素类药品，冷冻药品（−10～−25℃）如地诺前列酮栓等两大类。

（二）冷链物流的概述

冷链物流（cold chain logistics）是指冷藏冷冻食品在生产、储藏、运输、销售，到消费前的各个环节中始终处于规定的低温环境下，以保证产品的质量安全，减少损耗，防止污染的特殊供应链系统。与常温物流相比，冷链物流要求更高，也更复杂；其具有高成本性、时效性、高协调性、复杂性等特点。

（三）我国冷链物流存在的主要问题

（1）医药冷链的投资一般比较高，导致冷链物流成本高。由于药品保存条件要求十分高，对存储仓库与冷链运输车等的要求也特别高，所以运行成本居高不下，使得医药冷链物流从建设到运营中的成本都要比传统物流成本高很多。许多小型医药物流公司面对高成本，为在同行业竞争中得以胜出，多数存在降低成本的现象，造成药品安全难以得到保证。而对于处于落后地区的需求地，无法支付冷链物流高昂的设施成本，储存、转运等环节更是达不到标准，药品安全存在很大的隐患，是药品安全事件不断发酵的重要因素之一。

（2）我国冷链物流刚刚起步，医药冷链体系还不完善。与体系健全的发达国家相比，冷链物流行业发展规模小且分布杂乱；医药冷链物流流通效率低下，法律法规不完善，监管执法能力弱；医药冷链物流人才缺乏，目前的专业教育体系中，把医药知识与物流管理相结合的专业非常少，只精通其中一方面的人才对于医药冷链物流无法完全胜任，人才成为完善医药冷链物流体系的重要制约因素。

（3）我国医药冷链物流的技术、设施落后。目前我国冷链物流中各节点仍无法实现信息共享，阻碍着冷链物流的前进步伐。大多数企业利用人工来检测并记录药品运输周转中的温度，使得温控数据不连续，缺乏药品全程温度监控反馈的技术，药品在转移过程中存在的温度流失无法准确维持。国内没有像国外发达国家那样健全的冷链物流标准，许多储存药品的仓库不达标。小型企业的生产、储存及运输等环节因技术的缺乏和设施的落后，使得药品质量无法保证。

（四）我国冷链物流的规范化建设

冷藏、冷冻药品在质量控制中专业化程度高、操作标准严格、设备设施专业、高风险等特点，为规范和指导冷链药品的管理，国家出台了一系列规章制度和操作规范。2009 年中共中央、国务院发布了《关于深化医药卫生体制改革的意见》，对药物的生产、采购、配送、流通等各环节都提出了不同的要求；2009 年 11 月，我国成立冷链物流分技术委员会，标志着中国冷链物流相关标准的管理机构成立；2012 年 11 月，国家质检总局、国家标准委发布《药品冷链物流运作规范》；2013 年由国家食品药品监督管理总局颁布了新修订的《药品经营质量管理规范》，以作为我国规范药品经营质量管理的基本准则。修订前的 GSP 标准是2000 年颁布实施的，经过十多年的实践，有些规范已不能适应新兴药品及环境的发展情况，市场需要一个新的管理准则来引领医药行业的发展。2013 版 GSP 标准提高了对医药物流企业各方面的要求，尤其对冷链药品的储存与运输、药品收货与验收、药品的温湿度监测等都作了具体的说明。2015 年 7 月又再一次发布新版《药品经营质量管理规范》；2016 年 7 月发布《国家食品药品监督管理总局关于修改〈药品经营质量管理规范〉的决定》，提高了冷链设备的硬件标准，强化了对冷链药品储运的管理要求，对药品冷链过程以及之间的交接程序都做了规定，使药品冷链管理真正成为一个闭合的整体控制过程。

（五）冷链储存设施设备的验证管理

冷链药品是特殊的商品，对温度有很高的要求，那么冷链的设施和设备就显得尤为重要，它们是实现冷链药品低温控制的基础。GSP 附录五中明确了冷链设备和系统验证的基本要求。

（1）对冷库、冷藏车、保温箱、冷藏箱以及温湿度自动监测系统等进行验证，确认相关设施、设备及监测系统能够符合规定的设计标准和要求，并能安全、有效地正常运行和使用，确保冷藏、冷冻药品在储存、运输过程中的质量安全。

（2）企业质量负责人负责验证工作的监督、指导、协调与审批，质量管理部门负责组织仓储、运输等部门共同实施验证工作。

（3）企业应当按照质量管理体系文件的规定，按年度制订验证计划，根据计划确定的范围、日程、项目实施验证工作。

（4）企业应当在验证实施过程中，建立并形成验证控制文件，文件内容包括验证方案、标准、报告、评价、偏差处理和预防措施等，验证控制文件应当归入药品质量管理档案，并按规定保存。

（5）企业应当根据验证方案实施验证。

（6）企业应当根据验证的内容和目的，确定相应的验证项目。

① 冷库验证的项目至少包括以下八个方面。

a. 温度分布特性的测试与分析，确定适宜药品存放的安全位置及区域。

b. 温控设备运行参数及使用状况测试。

c. 监测系统配置的测点终端参数及安装位置确认。

d. 开门作业对库房温度分布及药品储存的影响。

e. 确定设备故障或外部供电中断的状况下，库房保温性能及变化趋势分析。

f. 对本地区的高温或低温等极端外部环境条件，分别进行保温效果评估。

g. 在新建库房初次使用前或改造后重新使用前，进行空载及满载验证。

h. 年度定期验证时，进行满载验证。

② 冷藏车验证的项目至少包括以下八个方面。

a. 车厢内温度分布特性的测试与分析，确定适宜药品存放的安全位置及区域。

b. 温控设施运行参数及使用状况测试。

c. 监测系统配置的测点终端参数及安装位置确认。

d. 开门作业对车厢温度分布及变化的影响。

e. 确定设备故障或外部供电中断的状况下，车厢保温性能及变化趋势分析。

f. 对本地区高温或低温等极端外部环境条件，分别进行保温效果评估。

g. 在冷藏车初次使用前或改造后重新使用前，进行空载及满载验证。

h. 年度定期验证时，进行满载验证。

③ 冷藏箱或保温箱验证的项目至少包括以下六个方面。

a. 箱内温度分布特性的测试与分析，分析箱体内温度变化及趋势。

b. 蓄冷剂配备使用的条件测试。

c. 温度自动监测设备放置位置确认。

d. 开箱作业对箱内温度分布及变化的影响。

e. 高温或低温等极端外部环境条件下的保温效果评估。

f. 运输最长时限验证。

④ 监测系统验证的项目至少包括以下六个方面。

a. 采集、传送、记录数据以及报警功能的确认。

b. 监测设备的测量范围和准确度确认。

c. 测点终端安装数量及位置确认。

d. 监测系统与温度调控设施无联动状态的独立安全运行性能确认。

e. 系统在断电、计算机关机状态下的应急性能确认。

f. 防止用户修改、删除、反向导入数据等功能确认。

（7）应当根据验证对象及项目，合理设置验证测点。

① 在被验证设施设备内一次性同步布点，确保各测点采集数据的同步、有效。

② 在被验证设施设备内，进行均匀性布点、特殊项目及特殊位置专门布点。

③ 每个库房中均匀性布点数量不得少于9个，仓间各角及中心位置均需布置测点，每两个测点的水平间距不得大于5米，垂直间距不得超过2米。

④ 库房每个作业出入口及风机出风口至少布置5个测点，库房中每组货架或建筑结构的风向死角位置至少布置3个测点。

⑤ 每个冷藏车箱体内测点数量不得少于9个，每增加20立方米增加9个测点，不足20立方米的按20立方米计算。

⑥ 每个冷藏箱或保温箱的测点数量不得少于5个。

（8）应当确定适宜的持续验证时间，以保证验证数据的充分、有效及连续。

① 在库房各项参数及使用条件符合规定的要求并达到运行稳定后，数据有效持续采集时间不得少于48小时。

② 在冷藏车达到规定的温度并运行稳定后，数据有效持续采集时间不得少于5小时。

③ 冷藏箱或保温箱经过预热或预冷至规定温度并满载装箱后，按照最长的配送时间连

续采集数据。

④ 验证数据采集的间隔时间不得大于 5 分钟。

（9）应当确保所有验证数据的真实、完整、有效、可追溯，并按规定保存。

（10）验证使用的温度传感器应当经法定计量机构校准，校准证书复印件应当作为验证报告的必要附件。验证使用的温度传感器应当适用被验证设备的测量范围，其温度测量的最大允许误差为±0.5℃。

（11）企业应当根据验证确定的参数及条件，正确、合理使用相关设施设备及监测系统，未经验证的设施、设备及监测系统，不得用于药品冷藏、冷冻储运管理。

三、院内物流

（一）院内物流的概述

1. 院内物流的概念

SPD 是一种针对医院内部流通的药品、医疗耗材等物资的采购、存储、包装、配送直至患者给药等物流过程一体化的供应链管理体系。

2. 院内物流的特点

即医院物流延伸，药品流通企业通过信息化手段将物流服务延伸到医院库房、药房直至病区，使得医院的药品、医疗耗材等物资管理实现信息流、物流、资金流的整合。医药物流延伸项目需要对整个医院的院内物流体系进行规划设计，借助于专业的第三方医药物流公司，将院内物流工作进行外包，通过信息化手段实现医院药品、物料的配送及服务直达病区的门诊。

（二）院内物流的发展

我国医院药学工作模式正从简单调配供应型逐步向知识技术服务型转型。随着医疗卫生事业的发展，医院以中心库房管理为主的物资管理系统已经无法满足医院的业务要求、精细化管理要求。有时会发生物资计划不准确，采购供应速度慢，导致库存高、人员紧张、物资及时供应压力大等。2011 年商务部印发的《全国药品流通行业发展规划纲要（2011—2015年）》中明确指出，"鼓励药品流通企业物流功能社会化，实施医药物流服务延伸示范工程，引导有实力的企业向医疗机构和生产企业延伸现代医药物流服务。"当前，药品流通行业发展面临"健康中国"战略实施和医药卫生体制改革的新形式，2016 年商务部印发的《全国药品流通行业发展规划（2016—2020 年）》中提出，"提升行业集中度，发展现代绿色医药物流，推进'互联网＋药品流通'，提升行业开放水平，完善行业标准体系等。"随着医疗体制的改革、医疗卫生投入的增加，医疗保障水平的提高，大大拓展了医药物流的发展空间。

（三）院内物流外包的优势

借鉴社会物流发展的经验，利用第三方物流优化成本，提高效率，从专业的医药流通企业中选出一个第三方医药物流服务商为医院服务。

（1）优化管理医院内部物流周转效率，实现医院药品的"零库存"模式管理，能降低综合成本，缓解"看病难，看病贵"的问题；提升医院服务质量，提高医院经营效益。

（2）解放医院护士、药师等医院内繁重的物流操作体力劳动，能更专注于药物咨询、处方审核、药品复核等临床药事服务；提升医院服务水平，实现院内物流现代化、精细化管理。

（3）第三方服务商为医院提供整体的软硬件方案，提高医院物流信息化水平，配合医院优化品规品种，可有效避免以前医院药品管理中的诸多问题，保证药品流通中的质量。

课后练习

选择题

1. 采购价格中，供应商的报价当中包含负责将药品或医疗器械送达时，期间所发生的各项所有的费用均由供应商承担，这种价格是（　　）。

A. 送达价　　　　　　　B. 出厂价　　　　　　　C. 现金价　　　　　　　D. 期票价

2. 在企业众多的采购项目中，采用（　　）交易的方式最频繁。

A. 现货　　　　　　　　B. 合约　　　　　　　　C. 期票　　　　　　　　D. 实际

3. （　　）是多个医疗机构通过药品集中招标采购组织，以招投标的形式购进所需药品的一种采购方式。

A. 药品集中招标采购　　　　　　　　　　B. 阳光招标采购

C. 邀请招标采购　　　　　　　　　　　　D. 合约价采购

4. 以下哪项不是药品集中招标采购的原则（　　）。

A. 安全第一　　　　　　B. 质量优先　　　　　　C. 不顾价格　　　　　　D. 分步实施

5. 采购价格制定的流程是（　　）。

A. 报价、比价、议价、定价　　　　　　B. 议价、比价、报价、定价

C. 报价、比价、定价、议价　　　　　　D. 报价、定价、比价、议价

6. 以下不是市场预测需求的方法的是（　　）。

A. 购买者意向调查法　　　　　　　　　B. 综合销售人员意见法

C. 专家意见法　　　　　　　　　　　　D. 实验室试验法

7. "4＋7"药品集采还需要注意（　　）问题。

A. 质量　　　　　　　　B. 价格　　　　　　　　C. 质量和成本　　　　　D. 医院采购

8. 在药品预警模块里可以查询到（　　）失效日期在一定期限内药品的采购编码、药品名称、药品分类、药品规格、生产厂家、库存和有效期等信息。

A. 生产日期　　　　　　B. 有效日期　　　　　　C. 厂家日期　　　　　　D. 失效日期

9. 下列不是招标采购具有的特点的是（　　）。

A. 公开　　　　　　　　B. 公正　　　　　　　　C. 公平　　　　　　　　D. 普遍

10. （　　）是医疗机构开展卫生服务的必要组成部分。

A. 药品采购　　　　　　B. 生产　　　　　　　　C. 分销　　　　　　　　D. 配送

11. 下列哪个不是仓库规划的区域（　　）。

A. 生产作业区　　　　　B. 辅助作业区　　　　　C. 行政生活区　　　　　D. 阴凉区

12. 待处理区一般用（　　）标识。

A. 白色　　　　　　　　B. 黄色　　　　　　　　C. 红色　　　　　　　　D. 绿色

13. 不合格品区一般用（　　）标识。

A. 白色　　　　　　　　B. 黄色　　　　　　　　C. 红色　　　　　　　　D. 绿色

14. 仓库道路通常包括了（　　）。

A. 主干道　　　　　　　B. 次干道　　　　　　　C. 人行道和消防道　　　D. 以上都是

15. 油库和变电室属于（　　）区。

A. 生产作业区 　　　　B. 辅助作业区 　　　　C. 行政生活区 　　　　D. 阴凉区

16. 宿舍和食堂属于（ 　 ）区。

A. 生产作业区 　　　　B. 辅助作业区 　　　　C. 行政生活区 　　　　D. 阴凉区

17. 进货作业和出库作业对应的储区是（ 　 ）。

A. 保管储区 　　　　B. 动管储区 　　　　C. 预备储区 　　　　D. 移动储区

18. （ 　 ）是指从1开始一直往下的编码方法，属于延展式的编码方法。

A. 数字顺序法 　　　　　　　　　B. 数字分段法

C. 分组编号法 　　　　　　　　　D. 实际意义编号法

19. （ 　 ）是把药品的特征分成四个数字组，根据实际需要规定每个数字的位数。

A. 数字顺序法 　　　　　　　　　B. 数字分段法

C. 分组编号法 　　　　　　　　　D. 实际意义编号法

20. （ 　 ）是指用编号标识最后的数字，对同类货物作进一步的细分。

A. 数字顺序法 　　　　　　　　　B. 数字分段法

C. 分组编号法 　　　　　　　　　D. 后位数编号法

参考答案

1. A　2. A　3. A　4. C　5. A　6. D　7. C　8. D　9. D　10. A　11. D　12. A　13. C
14. D　15. B　16. C　17. C　18. A　19. C　20. D

实训任务

1. 某医药物流有限公司通过盘点，发现来自广州白云山光华制药有限股份公司的规格为10克/包的小柴胡颗粒现有10盒，破损1盒，现接到某医药连锁药店的需求，需要采购30盒，同时接到供应商信息，该药品整体向上调价3元，请利用民康诊所云的药品采购平台，完成药品的采购和调价。

医药仓储规划评分细则

评价要素	配分等级		评分标准	得分
采购软件进销存平台的使用	40	10	熟练登录到药品信息维护页面和供应商信息维护模块，根据药品分类查询到药品	
		10	在药品报损模块内对药品完成报损	
		10	在药品调价模块内对药品完成调价	
		10	手动添加需要采购的药品信息	
合计配分	40		合计得分	

2. 先参观某医药物流公司的仓库，通过参观记录，对调研的医药单位的仓库布局规划内容进行描述和分析。评分细则如下。

医药仓储规划评分细则

评价要素		配分	等级	评分标准	得分
1	仓库平面图	15	5	区域划分明确	
			5	设施设备名称准确	
			5	储位编码信息准确	
2	调研报告	10	5	调研报告文字	
			5	调研报告陈诉	
3	建议	10	10	提出可改进的可行性建议	
合计配分		35		合计得分	

▶▶ 参考文献

[1] 陈永法，张萍萍，邵蓉. 国内外药品招标采购模式比较分析 [J]. 中国执业药师. 2013，(5)：37-42.

[2] 王朝. 医药物流配送中心系统规划研究 [D]. 北京邮电大学，2011.

[3] 王德宝. 医药物流配送中心的布局优化研究——以 A 医药企业为例 [D]. 大连海事大学，2015.

[4] 张琳. 基于 TQM 的第三方医药物流企业药品质量风险管理 [J]. 科技促进发展，2011，(4)：18-20.

[5] 陈沾. 医药经营企业在第三方物流下的质量管理探讨 [J]. 上海医药，2011，(6)：25-26.

[6] 张庆英. 医药冷链物流质量环管理探析 [J]. 物流技术，2010，(20)：29-31.

[7] 李茜. 关于医药现代物流体系中质量管理的探讨 [J]. 上海医药，2010，(1)：22- 23.

[8] 缪兴锋. 基于模糊方法的医药物流服务质量评价研究 [J]. 湖南工程学院学报（社会科学版）. 2009，(4)：33-34.

[9] 陆国平. 医药现代物流的质量管理实践与探索 [J]. 上海医药，2009，(8)：16-17.

[10] 何剑波. 医药物流质量管理体系研究 [R]. 陕西：医学美学美容，2012.

[11] 王雅璨，等. 我国第三方医药物流的发展环境和运作模式研究 [J]. 物流技术，2007，26（6）：23-26.

[12] 刘佳霓，等. 冷链物流系统化管理研究 [M]. 武汉：湖北教育出版社，2011.

下篇
医药物流管理
工作技能

第四章
收货入库

学习目标

本章教学内容主要包括药品收货及验收入库环节涉及的理论知识及操作技能。通过本章学习，达到以下基本要求：了解医药商品购销业务和医药商品质量管理的基本知识，熟悉药品的收货验收操作和收货验收记录的规范填写录入；掌握冷链药品运输条件检查、特殊管理药品的收货验收操作和收货验收过程中异常情况的判断并做出相应的处理。

药品生产企业、药品经营企业都涉及医药商品的物流管理流程。本书主要以药品批发企业的物流管理流程为核心，对收货、验收入库、储存养护、拣选、复核、配装运输、单据处理等作业流程进行讲述。

药品入库是医药商品物流管理流程的重要环节。企业应当按照规定的程序和要求对到货药品逐批进行收货、验收，防止不合格药品入库。入库工作流程可以细分为收货和验收入库两个方面，必须遵守《中华人民共和国药品管理法》和《药品经营质量管理规范》（以下简称 GSP）的相关规定，保证入库药品质量，防止不符合检查标准或怀疑为假劣药的药品入库或流入市场。药品入库环节是确保患者用药安全的重要环节之一。

第一节 医药商品收货

收货是指对货源和到货药品实物的查验过程；是指药品经营企业对到货药品，通过票据的查验，对货源和实物进行检查和核对，并将符合要求的药品按照其特性放入相应待验区的过程（见数字资源 4-1）。包括票据之间核对、票据与实物核对、运输方式和运输条件的检查及放入待验区等。收货作业是医药物流配送中心运作周期的开始，是医药商品入库前的质量检查，是保障医药商品质量的重要环节。

数字资源 4-1

本节主要介绍药品的收货环节。其中，普通药品收货在阴凉区域内完成；冷藏、冷冻药品收货在冷库收货区内完成，且应当按照经过验证的标准在规定时间内完成；特殊管理药品在特殊药品规定的区域内双人完成收货工作。

一、检查运输工具和运输状况

药品到货时，收货人员应当核实运输方式，指根据 GSP 对运输工具是否是封闭式货车、温度控制状况以及有其他运输管理要求的工具是否符合规定进行检查。

（一）检查车厢状况

药品到货时，收货员应检查运输工具是否为封闭式，如发现运输工具内有雨淋、腐蚀、污染等可能影响药品质量的现象，及时通知委托企业采购部门并报质量管理部处理。

（二）检查运输时限

收货员提取订单后，应仔细核对运输单据上载明的启运时间，检查是否符合采购订单约定的在途时限，不符的应及时报质量管理部门进行处理。

（三）检查委托运输信息

到货药品为供货方委托运输的，企业采购部门应提前告知收货人员供货单位委托的运输方式、承运方式、承运单位、起运时间等信息。收货员提取订单后，仔细核对运输单据上载明的启运时间是否符合采购订单约定的在途时限，同时核对采购订单上约定的承运方式、承运单位等信息，如内容不一致，应通知采购部门并报质量管理部门处理。

（四）冷藏、冷冻药品的运输检查

冷链药品是指对药品储藏、运输有冷藏、冷冻等温度要求的药品，绝大多数冷链药品对储存和运输的过程都需要在严格限制的指标和保证药品有效期和药效不受损失的情况下进行，不间断地保持低温、恒温状态，使冷链药品在出厂、转运、交接期间的物流过程以及在使用单位符合规定的冷藏要求下而不"断链"。

冷藏药品是指对储藏、运输有冷处等温度要求的药品，冷处是指 2～10℃。常见的冷藏药品包括疫苗类、生物制品类、其他需冷藏的化学药，如甲乙型肝炎联合疫苗、胰岛素、人胎盘组织液、注射用水溶性维生素等。冷冻药品是指对储藏、运输有冷冻等温度要求的药品，温度要求为 -10～-25℃，主要有洛莫司汀胶囊、司莫司汀胶囊、珂立苏等。

冷藏、冷冻药品到货时，企业应当按照 GSP 要求检查是否使用了符合规定的冷藏车或冷藏箱、保温箱运输药品，对未按对应使用冷藏设施设备运输的药品不得收货。企业应当按照 GSP 要求对其运输方式及运输过程的温度记录、运输时间等质量控制状况进行重点检查并记录。不符合温度要求的应当拒收，其中"拒收"是指不得将不符合温度要求的药品收货验收入库，不得擅自退回供货方或由承运方自行处理。

1. 冷藏车配送的

冷藏车应装配性能可靠的温度自动控制设备、温度自动记录与自动报警系统，具有良好的控温性能，在正常工作情况下能实现对运输途中温度的控制及实时监测。此外，冷藏车还需具备良好的保温性能，在控温设备出现故障时能使车厢内温度在一定时间内保持在设定范围内。当车厢内温度超出设定的温度范围时，温度报警系统应该能发出报警，报警时应进行相应的应急处理措施，由专人进行处理。当药品经冷藏车运至时，收货员用红外测温仪在车厢内对角线不同位置测量箱体温度，并按抽样原则抽查到货药品温度，测量时红外测温仪距离药品 5～30 厘米，并取温度最差值做好记录；同时向对方索取运输过程温度记录。

2. 冷藏箱或保温箱配送的

采用冷藏箱或保温箱运输冷链药品时，应在冷藏箱上注明储藏条件、运输警告及特殊注意事项等文字标识。此外，采用冷藏箱或保温箱运输时，应根据冷藏箱或保温箱的性能验证结果，在符合药品储藏条件的保温时间内送达。当药品经冷藏箱或保温箱运至时，收货员应查看冷藏箱或保温箱温度记录仪，并逐箱测量到货温度，并做好温度记录及到达时间记录；收货员将温度记录仪数据导出备查，同时将记录仪交委托企业采购寄回供应商或原车带回，并在收货凭证上记录。

3. 对未采用规定的冷藏设施运输的或者不符合温度要求的

收货人员应当予以记录，将药品放置于符合温度要求的场所，并明显标识，报质量管理部门进一步核查处理。

药品到货时，收货人员完成运输方式核实，确认运载车辆符合标准后，需登记车牌号码，并录入系统。

二、核查随货资料

药品到货时，收货人员完成运输方式核实后，收货人员应当查验随货同行单（票）以及相关的药品采购记录，做到票、账、货相符。随货同行单是指随着货物一起的销售单据及相关的证明性文件（如注册证、通关单、检验报告、出库单、销售票据等）。无随货同行单（票）、随货同行单据不完整（如缺少检验报告、注册证等）或无采购记录的应当拒收。

（一）随货同行单（票）

收货时核对的随货同行单并不是发票，而是各供货单位的发货单据即出库单。随货同行单样式可不一致，但必须在购货单位处对其样式进行备案，且单据上必须有"随货同行"字样。随货同行单应当包括供货单位、生产厂商、药品的通用名称、剂型、规格、批号、数量、收货单位、收货地址、发货日期等内容，并加盖供货单位药品出库专用章原印章（表4-1）。原印章是指企业在购销活动中，为证明企业身份在相关文件或者凭证上加盖的企业公章、发票专用章、质量管理专用章、药品出库专用章的原始印记，不能是印刷、影印、复印等复制后的印记。随货同行单上盖有的供货单位出库红章必须在本公司备案。

表 4-1 ××××医药股份有限公司随货同行单

收货单位：上海市××医药股份有限公司　　　　　　　　　　　　　　编号 20190505

收货地址：上海市××××　　　　　　　　　　　　　　发货日期：××××.××.××

药品名称	生产厂商	批准文号	规格	数量	单价	金额	生产日期	件数	产品批号	有效期至

制单：××　　　　　　　　　　发货：×××　　　　　　　　　　签收：

（二）采购记录

药品到货时，系统应当支持收货人员查询采购记录（表4-2），收货人员应当按采购记录，对照供货单位的随货同行单（票），确认货品发送正确。单据无误后再将随货同行联与实物对照，确认相关信息，做到票、账、货相符后方可收货。采购记录应当包括供货单位、生产厂商、药品的通用名称、剂型、规格、批准文号、数量、收货单位、购货日期等内容，采购中药材、中药饮片的还应当标明产地（或来源）及重量，并加盖供货单位合同专用章或公章原印章。药品采购记录应当至少保存 5 年。

表 4-2　采购通知单

采购员：×× 采购日期：××××.××.××

供货单位：××××医药股份有限公司

序号	药品名称	剂型	规格	生产厂商	批准文号	件数	数量	单价	金额

（三）冷链运输交接单

对冷藏、冷冻药品进行收货检查时，需查验冷藏车、车载冷藏箱或保温箱到货时的温度数据，导出、保存并核查运输过程和到货时的温度记录，完成冷链运输交接单的填写（表 4-3）。符合规定的，将药品放置在符合温度要求的收货待验区域待收货；不符合规定的应当拒收，将药品隔离存放于符合温度要求的环境中，并报质量管理部门处理。

表 4-3　冷链药品运输交接单

日期：××××.××.××

供货单位（接收单位）					
购货单位（接收单位）					
药品简要信息 （应与随货同行联相对应）	药品名称	规格	生产企业	批号	数量
温度控制要求		温度控制设备			
运输方式		运输工具			
启运时间		启运温度			
保温期限		随货同行联编号			
发货人签字		运货员签字			
备注		送货人			
以上信息发运时填写					
以下信息收货时填写					
到达时间		在途温度			
到达时温度		接收人签字			
备注					

（四）其他随货资料

1. 生物制品批签发合格证

对实施批签发管理的生物制品进行收货时，需检查是否有加盖供货单位药品检验专用章或质量管理专用章原印章的《生物制品批签发合格证》复印件。

2. 进口药品相关资料

对进口药品进行收货时，需检查是否有加盖供货单位质量管理专用章原印章的相关证明文件。

①《进口药品注册证》或《医药产品注册证》。

② 进口麻醉药品、精神药品以及蛋白同化制剂、肽类激素需有《进口准许证》。

③ 进口药材需有《进口药材批件》。

④《进口药品检验报告书》或注明"已抽样"字样的《进口药品通关单》。

⑤ 进口国家规定的实行批签发管理的生物制品，有批签发证明文件和《进口药品检验报告书》。

三、检查外包装与核对实物

对运输方式无误且出库单与采购记录吻合的药品，药品有运输防护包装的，装卸员将药品运输防护包装拆除。收货员检查药品外包装是否完好，检查运输储存包装封条是否有损坏。外包装出现破损、污染、标识不清、挤压、受潮等情况，应拒收，并通知采购部门进行处理。检查包装上是否清晰注明品名、规格、批号、生产厂家、批准文号、生产日期、有效期、储藏条件、包装规格及储运图示标识等，并与随货同行单对照，确认是否吻合。随货同行单（票）中记载的药品的通用名称、剂型、规格、批号、数量、生产厂商等内容，与药品实物不符的，应当拒收，并通知采购部门进行处理。

四、执行处理意见

收货人员应当将核对无误、符合收货要求的药品按品种特性要求放置于相应的待验区域内，或设置状态标志，通知验收员验收。收货员在随货同行单（票）上签字后，将药品移交验收人员。

待验是指对到货、销后退回的药品采用有效的方式进行隔离或者区分，在入库前等待质量验收的状态。"品种特性要求"是指药品温度特性、储存分区管理、特殊管理药品等要求。明确的待验场所，可以是专用的库区或相对稳定的库区，或规定动态待验区域。待验场所应符合药品储藏条件，阴凉储藏药品待验应在具有阴凉储存条件的区域，冷藏、冷冻药品待验应在冷库或具有冷藏储存条件的区域；动态待验区域也需要设置明显标志，防止未经验收的药品被当作合格品库存管理或销售。待验期间药品质量管理由收货员负责。

药品待验区域及验收药品的设施设备，应当符合以下要求。

① 待验区域有明显标识，并与其他区域有效隔离。

② 待验区域符合待验药品的储存温度要求。

③ 设置特殊管理的药品专用待验区域，并符合安全控制要求。

④ 保持验收设施设备清洁，不得污染药品。

⑤ 按规定配备药品电子监管码的扫码与数据上传设备。

五、收货记录填写

收货须做好记录，内容包括药品名称、数量、生产企业、发货单位、运输单位、发运地点、启运时间、运输工具、到货时间、到货温度、收货人员等（表4-4）。

表 4-4　收货验收记录表

医药物流有限公司收货验收记录

编号：

到货类型：　　　　入库通知单编号：
供货单位：　　　　货主：
到货日期：　　　　收货地址：

商品上架区域	货品编码	品名/规格	单位	箱装	计划数量	整件	零数	批号	生产企业

验收人员与实物核对无误后打钩确认：□

批准文号	□		检验报告	□		剂型	□

批号	有效期至	收货数量		抽验数量	验收结论			备注
		整件	零件		验收合格数量	验收隔离数量	验收不合格数量	

第　页，共　页

收货人：		收货日期：		第　页，共　页
验收人：		验收日期：		
保管人：				

当到货药品出现信息与实物不符、包装异常、监管码信息不符合规定等情况时，应第一时间上报领导并联系采购部门，等待处理。如果处理结果为拒收，应及时填写拒收记录（表 4-5）。

表 4-5　商品拒收通知单

单据编号：　　　打印时间：

通用名称		商品名称		检查验收人	
剂型		单位		数量	
规格		批号		有效期至	
生产企业		供货企业		验收时间	
质量问题				验收员：　年　月　日	
业务部意见				负责人：　年　月　日	
质量组意见				负责人：　年　月　日	

六、异常情况处理

（一）常见异常情况及处理

1. 单据缺失

（1）无随货同行联或无采购记录 药品到货时，收货人员应当查验随货同行单（票）以及相关的药品采购记录。无随货同行单（票）或无采购记录的应当拒收。

（2）无药检单 药品到货时，收货人员应当查验随货同行的单据中有无药检单。无药检单的应当向供货单位索要药检单后再进行相应处理。

2. 随货同行联不符合要求

收货员进行药品的收货环节核查随货同行的单据时，如发生以下情况，可认定为随货同行单不符合要求。

（1）手写版随货同行单 GSP第五十七条规定，企业应当建立能够符合经营全过程管理及质量控制要求的计算机系统，实现药品可追溯。药品采购订单中的质量管理基础数据应当依据药品经营企业数据库生成。采购订单确认后，系统自动生成采购记录及随货同行单。因此，如果随货同行单（票）是手写的，需要格外警惕，需报采购部门进行追查。

（2）普通白纸打印 一般情况下，药品生产经营企业提供的都是正规多联票据打印的随货同行单。若发现随货同行单是用普通白纸打印的，应引起警惕，有可能是供货人员伪造随货同行单，自行销售药品，是不合法行为，需报采购部门追查。

（3）随货同行单所盖公章不符合规定 GSP第七十三条规定，随货同行单（票）应当加盖供货单位药品出库专用章原印章。如果随货同行单上加盖的是企业公章、合同专用章、财务专用章、发票专用章、药检专用章、品质保证章等，应格外重视，并报采购部门进行深入调查。此外，随货同行单与采购记录、发票上加盖的印章都应该属于同一供货单位，且印章与表头应一致。如不一致，应报采购部门进行深入调查。

（4）随货同行单样式多样 GSP第六十二条规定，对首营企业的审核，应当查验加盖其出库专用章原印章的随货同行单（票）样式及相关印章，并进行保存，确认其真实、有效。因此，一个单位一般仅有一种固定格式的随货同行单和出库专用章样式，专章专用，纸质固定。如果发现一个单位出现两种纸质或式样的随货同行单，或单据上出现多种样式的出库专用章，或单据样式及印章样式多样，企业应认真核查，确认哪些是企业的，哪些不是企业而是不法人员伪造的。

（5）发票或随货同行单样式过期或经鉴别为假的 供货单位的发票和随货同行单样式可能随着时间的推移而发生变更，企业应及时更新变更后的发票和随货同行单样式。如在收货过程中发现供货者使用的是企业过期的资料或发票，应引起重视，极有可能是不法人员在私自组织药品。

（6）随货同行单格式不规范或内容不全 随货同行单（票）除包括供货单位、生产厂商、药品的通用名称、剂型、规格、批号、数量、收货单位、收货地址、发货日期等内容，并加盖供货单位药品出库专用章原印章外，还包括表头、制单员、开票人等内容，合法企业的合规操作不应该出现漏项现象。

（7）随货同行单内容有误 如供货单位名称有误、药品金额计算错误、药品金额大小写不一致，这有可能是因为企业工作人员的态度不认真造成，也有可能是因为伪造者对单据不熟悉而出错。企业是使用计算机系统进行单据打印，是固定格式，正常情况下不应出现错误。

3. 随货同行单（票）或到货药品与采购记录的有关内容不相符

收货过程中，随货同行单（票）记载的供货单位、生产厂商、药品的通用名称、剂型、规格、批号、数量、收货单位、收货地址、发货日期等内容，或到货药品与采购记录的有关内容以及本企业实际情况不符的，应当拒收，并通知采购部门处理。

① 对于随货同行单（票）内容中，除数量以外的其他内容与采购记录、药品实物不符的，经供货单位确认并提供正确的随货同行单（票）后，方可收货。

② 对于随货同行单（票）与采购记录、药品实物数量不符的，经供货单位确认后，应当由采购部门确定并调整采购数量后，方可收货。

③ 供货单位对随货同行单（票）与采购记录、药品实物不相符的内容，不予确认的，应当拒收，存在异常情况的，报质量管理部门处理。

4. 随货同行单（票）与实物不符

随货同行单（票）与实物产地不符、数量不符、批号不符、生产日期或有效期不符、收货地址不符、购货单位全称不符、红章和抬头不符、计量单位不符、批准文号或注册地址不够，应当拒收，并通知采购部门进行处理。

5. 其他

药品有运输防护包装的，装卸员将药品运输防护包装拆除，收货员应检查药品外包装是否完好，对外包装出现破损、污染、标识不清、挤压等情况，应拒收处理。

（二）到货异常记录表格

到货异常记录见表4-6。

表 4-6 到货异常记录

到货时间		来货单位	
品名规格		生产企业	
储存要求		到货温度	
运输方式		温控方式	

异常情况：1. 无采购记录（　　　）

　　　　　2. 无随货同行联（　　　）

　　　　　3. 无药检单（　　　）

　　　　　4. 随货同行联不符合要求（　　　）

　　　　　5. 随货同行联与实物不符（　　　）

　　　　　6. 随货同行联与物流凭证不一致或异常（　　　）

　　　　　7. 其他（　　　）

批号	装箱规格	单位数量	生产日期	有效期

收货员：

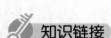 知识链接 -

以 WMS 系统的操作为例，讲述医药物流企业中录入信息、制作收货记录的流程。

一、核对采购订单，提取收货订单明细

① 药品到货时，收货员应在卸货时用收货小车上的计算机输入工号和密码登录"WMS 管理系统"，打开【购进入库】，双击【入库收货】界面，点击【提取单据［F1］】（图 4-1）。

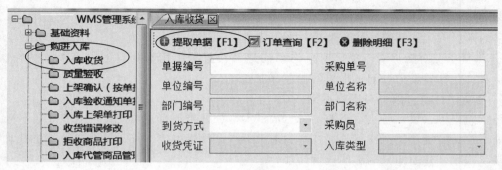

图 4-1　入库收货

② 系统弹出到货订单提取窗口，点击商品助记码或单位助记码（图 4-2）。

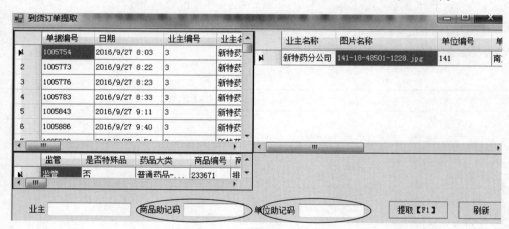

图 4-2　到货订单提取

③ 输入信息拼音的第一大写字母查找订单，收货员仔细查验随货同行单（票）与收货订单（收货指令）上的信息，内容包括：供货单位、药品的通用名称、规格、生产厂商、数量、收货单位、批准文号，核对随货同行单（票）与随货同行单（票）备案样章等，核对无误后点蓝商品信息，点击【提取［F1］】（图 4-3）。

二、填写收货信息

（一）核对单据，录入信息

到货药品为供货方委托运输的，收货员提取订单后，仔细核对运输单据上载明的启运时间是否符合采购订单约定的在途时限，同时核对采购订单上约定的承运方式、承运单位等信息，如内容不一致，收货员在"入库单据记录"（图 4-4）中录入来货信息和不符的内容，通过系统告知采购进行确认，药品放于代管区相应货位上保管。系统对收货员录入的到货时间进行校对，晚于运输截止时间的，系统提醒有药品需复检，订单自动生成质量复检通知，执行"二—（三）"质量复检流程。

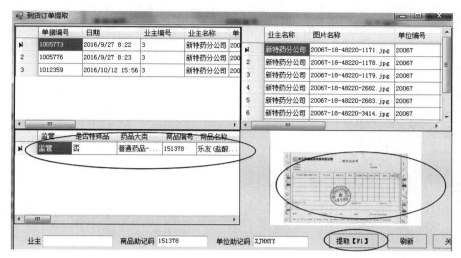

图 4-3　核对信息

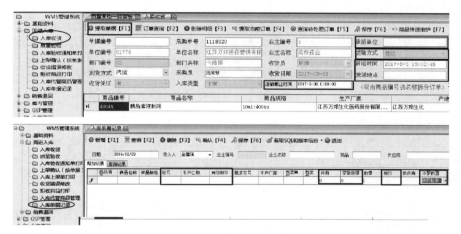

图 4-4　核对单据，录入信息

（二）收货评定

收货员输入批号、生产日期、有效期、发货地点、选择收货评定，并用扫描枪扫描容器编码，冷链药品到货需选择温控方式、到货温度、温控状态，点击【保存［F6］】（图 4-5）完成收货任务，并做好待验标识。

图 4-5　收货评定

(三) 复检药品

到货药品有污染或破损等质量问题需拒收时,收货员完成订单提取后,双击商品名称或数量,系统自动弹出拆分界面,点击【新增】,在新增栏中输入拒收数量,收货结论选填"待处理",并选填处理原因【质量】和不足原因,并用扫描枪扫描"容器编码",点击【保存［F6］】(图 4-6),系统提醒有药品需复检,订单自动生成质量复检通知,验收员用 RF扫描货位,将"待处理"商品完成代管上架。

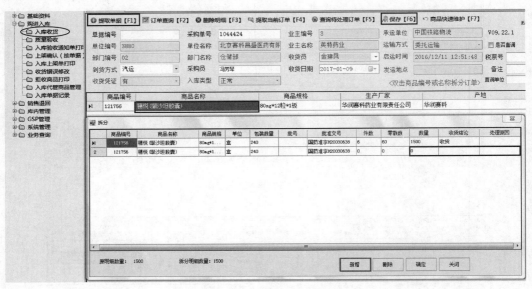

图 4-6 复检药品

1. 质量复检

① 收货员双击【GSP 管理】,双击【质量审核】,双击【质量复检通知单】进入【质量复检通知单】界面,选择待复检订单,填写处理意见,并点击【执行［F1］】(图 4-7),订单自动推送【质量复检一级审核】。

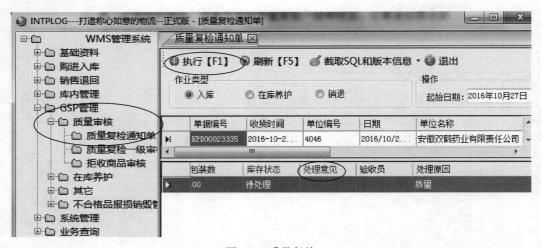

图 4-7 质量复检

② 质管员双击【GSP 管理】，双击【质量审核】，双击【质量复检一级审核】进入【质量复检一级审核】界面，选择复检审核订单，填写【复检情况】，选择【复查结论】，填写【审核意见】，并点击【审核［F1］】（图 4-8），系统提示审核成功。

图 4-8 质量复检一级审核

③ 需二级审核的商品，质管员完成质量复检一级审核后，订单自动推送委托企业进行【质量复检二级审核】。

④ 委托企业完成质量复检二级审核后，系统自动接收二级审核完成指令，自动反馈到【质量复检一级审核】，质管员点击【审核［F1］】，点确认。

2. 代管库出库

收货员双击【入库代管商品管理】进入界面，选择细目（一级审核为黄色，二级审核为红色），选择处理方式，点击【出库确认［F6］】（图 4-9），完成代管出库。审核结论为"合格"，进入入库验收流程，进行正常验收入库。审核结论"拒收"，进入【拒收商品审核】。

图 4-9 代管库出库

3. 拒收商品审核

收货员双击【GSP】管理，双击【质量审核】，双击【拒收商品审核】，系统弹出拒收商品审核界面，选择单据，在细目审核意见中输入提货人，点中整条细目变蓝，点【审核［F1］】（图 4-10），确定审核成功。拒收药品，药品随车退回。

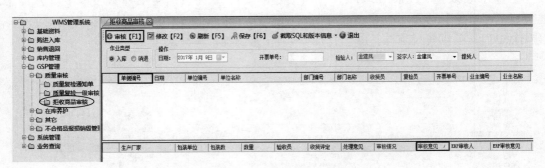

图 4-10 拒收商品审核

三、收货代管处理

代管区：药品收货过程中，由于资料不符合要求，需要暂时存放药品的区域。代管药品原则上在代管区存储时间为≤10天，超过时限按公司与药品事业部签订的协议进行处理。

（一）代管上架

收货员在 WMS 管理系统界面双击【购进入库】，双击【入库单据记录】进入操作界面→双击【业主编号】选择业主→双击【商品编码】弹出商品信息框，在"商品助记码"栏，输入商品拼音第一字母，选择商品，核对商品信息，确认［F4］（图 4-11）。

① 缺系统合同、无备案样章的，收货员输入件数，用扫描枪扫描货位，输入供应商，选择不足原因，点击【保存［F6］】，系统自动推送委托企业采购部进行确认。

② 其他不符合要求的，收货员输入批号、生产日期、有效期、件数，用扫描枪扫描货位，输入供应商，选择不足原因，点击【保存［F6］】，系统自动推送委托企业采购部进行确认。

图 4-11 代管上架

（二）资料补全

委托企业资料补全符合要求的，收货内勤将代管药品在 WMS 系统中代管出库。

（三）代管出库

收货内勤在 WMS 管理系统界面双击【购进入库】，双击【入库单据记录】进入操作界面，点击【查询［F2］】，查看 ERP 处理意见，根据处理意见在 WMS 处理结果中选择相应结论，点击【确认［F4］】（图 4-12），单据交收货员，收货员按"——二—三"进行处理，完成收货。

图 4-12　代管出库

第二节 **医药商品验收入库**

验收是验收员依据国家药品标准、药品质量条款及相关法律法规，在相关待验区内对来货药品质量状况进行查验的过程（见数字资源 4-2）。验收目的是保证入库药品的质量符合规定，杜绝不合格药品、假药、劣药进入仓房。医药商品的验收包括随货凭证资料之间关联检查、核对供货票据与药品、核对药品 数字资源 4-2

的外观质量及抽样检查，确定实物合格与否状态，根据药品不同类别和特性在规定的时限内完成上架入库或做拒收处理。验收员接到任务通知后，一般普通药品在一个工作日内验收完毕；冷藏、冷冻药品半个工作日内验收完毕。验收员按药品品种特性要求，在相应待验区验收，待验区应当有明显标识或标志，并与其他区域有效隔离；特殊管理的药品待验区域设在特殊管理专库内，在专库的待验区内由双人完成验收；冷藏、冷冻药品在冷库相应待验区内完成验收工作。验收设施设备应及时清洁，不得污染药品。待验药品应符合储存温度要求。

一、检查药品检验报告书

验收员严格按照国家法定标准和供货企业质量协议规定的质量条款，对供货药品的随货同行资料逐批进行质量验收。查验药品合格证明文件，对于相关证明文件不全或内容与药品实物不符的，不得入库。

验收员对供货药品的相关凭证资料、证明文件，药品外观性状的检查和药品内外包装、标签、说明书的检查。

1. **随货同行单（票）**

核查随货同行单样式与备案的一致性，内容包括：供货单位全称、发货地址、发货（出库）日期、单据编号、收货单位、收货地址、收货联系人及电话、收货单位签收等，供货单位药品出库专用章原印章应与备案样章一致。

2. **药品检验报告书**

供货单位为生产企业的，药品检验报告书上应加盖供货单位检验专用章或质量管理专用章的原件；供货单位为批发企业的，药品检验报告书上应加盖供货单位质量管理专用章原印章的原件或复印件；药品检验报告书的传递和保存可以采用电子数据形式，但应当保证其合法性和有效性。验收员在验收生物制品和进口药品时，按照相关药品检验报告书的规定操作。

3. 首营品种资料

首营品种是指药品经营企业向某一生产企业首次购进的药品，包括新产品、新规格、新剂型、新包装等。

验收员在做首营品种第一次入库验收时，应将药品的小包装、标签和说明书与该药品备案资料的包装、标签、说明书批件进行核对。

药品的标签和说明书应符合《药品说明书和标签管理规定（局令第24号）》的要求。有药品的通用名称、成分、规格、生产企业、批准文号、产品批号、生产日期、有效期、适应证或功能主治、用法用量、禁忌、不良反应、注意事项以及储藏条件等。内标签至少应标明通用名称、规格、产品批号、有效期。

二、抽样

验收药品抽样（简称抽样）是指根据既定目的，从同一批次到货药品中按照抽样要求抽取部分样品所指定的操作过程。验收员对每次到货的药品进行逐批抽样验收，抽取的样品应具有代表性。抽样程序应符合抽样目的，抽样设备或工具应适宜，小心仔细抽取避免影响药品外观质量。验收员对到货的同一批号的整件药品按照堆码情况随机抽样检查；对零散药品应当逐箱检查。

同一批号的药品应当至少检查一个最小包装，但生产企业有特殊质量控制要求或打开最小包装可能影响药品质量的，可不打开最小包装；外包装及封签完整的原料药、实施批签发管理的生物制品，可不开箱检查。

（一）抽样要求

到货为同一批号的整件药品，验收员按照堆码情况随机抽样检查。整件数量在2件及以下的应当全部抽样检查；整件数量在2件以上至50件以下的至少抽样检查3件；整件数量在50件以上的每增加50件，至少增加抽样检查1件，不足50件的按50件计。

对抽取的整件药品应当进行开箱抽样检查，从每整件的上、中、下不同位置随机抽取3个最小包装进行检查，对发现被抽取样品存在封口不牢、标签污损、有明显重量差异或外观异常等情况的，加倍抽样进行再检查。整件药品存在破损、污染、渗液、封条损坏等包装异常的，开箱检查至最小包装。抽样检查结束后，应当将检查后的完好样品放回原包装内，并且在抽样的整件包装上标明"已抽样"标志。

（二）特殊管理药品抽样要求

负责特殊管理药品的验收员在特殊管理药品专库内对特殊管理药品实行双人验收。对麻醉药品、精神药品、医疗用毒性药品，两位验收员需当场按批号逐件逐盒逐支检查，查验到最小包装；对蛋白同化制剂、肽类激素，抽样要求与普通药品一致。

抽样检查结束后，验收员将检查后的完好样品放回原包装内，并且在抽样的整件包装上标明"已抽样"标志。

三、检查外观、包装、说明书

到货药品的外包装如果有破损、污染、渗液、封条损坏等异常情况，验收员应开箱检查至最小包装。整件药品开箱检查时，应核对药品合格证或装箱单与药品实物是否一致，对抽取的样品外观、包装、标签、说明书等逐一进行检查、核对，如有发现问题的，报质量管理部处理。

验收员仔细检查药品运输储存包装上的封条有无损坏，包装上是否清晰注明品名、规格、生产厂商、生产批号、生产日期、有效期、批准文号、储藏、包装规格及储运图示标志。来货如为有特殊药品管理要求的药品（图 1-5）、外用药品（图 1-5）、非处方药（图 1-5），验收员还应检查其特有标识。

验收员应抽样检查药品的最小包装封口是否严密、牢固，有无破损、污染或渗液现象，包装及标签印字是否清晰，标签粘贴是否牢固。验收员查看药品的最小包装的标签、说明书时，应确认以下内容。

（1）药品标签上应有药品通用名称、成分、性状、适应证或者功能主治、规格、用法用量、不良反应、禁忌证、注意事项、储藏、生产日期、产品批号、有效期、批准文号、生产企业等内容。对注射剂瓶、滴眼剂瓶等因标签尺寸限制无法全部注明上述内容的，至少应标明通用名称、规格、产品批号、有效期；对中药蜜丸蜡壳因标签尺寸限制无法全部注明上述内容的，至少注明药品通用名称。

（2）化学药品与生物制品说明书列有以下内容：药品名称（通用名称、商品名称、英文名称、汉语拼音）、成分（活性成分的化学名称、分子式、分子量、化学结构式）、性状、适应证、规格、用法用量、不良反应、禁忌证、注意事项、孕妇及哺乳期妇女用药、儿童用药、老年患者用药、药物相互作用、药物过量、临床试验、药理毒性、药代动力学、储藏、包装、有效期、执行标准、批准文号、生产企业（企业名称、生产地址、邮政编码、电话和传真）。

（3）中药说明书列有以下内容：药品名称（通用名称、汉语拼音）、成分、性状、功能主治、规格、用法用量、不良反应、禁忌证、注意事项、药物相互作用、储藏、包装、有效期、执行标准、批准文号、说明书修订日期、生产企业（企业名称、生产地址、邮政编码、电话和传真）。

（4）特殊管理的药品、外用药品的包装、标签及说明书上均有规定的标识和警示说明；处方药和非处方药的标签和说明书上有相应的警示语或忠告语，非处方药的包装有国家规定的专有标识；蛋白同化制剂和肽类激素及含兴奋剂类成分的药品应标明"运动员慎用"警示标识。

（5）进口药品的包装、标签以中文注明药品通用名称、主要成分以及注册证号，并有中文说明书。

（6）中药饮片的包装或容器与药品性质相适应及符合药品质量要求。中药饮片应当有品名、批号、包装、规格、产地、生产日期、生产企业等，并附有质量合格的标志。实施批准文号管理的中药饮片，还需注明批准文号。

（7）中药材要有包装，并标明品名、规格、产地、供货单位、收购日期、发货日期等；实施文号管理的中药材，还需注明批准文号。

四、入库验收记录填写

入库验收结论应填写"合格"或"不合格"字样，验收结论是药品验收的最终结果，是决定企业能否进行该药品经营的重要依据。验收员要对药品质量是否合格做出明确判定。

（1）判定合格　验收员按规定验收合格的药品直接判定合格结论。

（2）质量有疑问　验收员不确定不合格或有疑问的，应报质量管理部确定。

（3）判定不合格　验收员发现以下情况，药品可以直接判定不合格结论。

① 无批准文号（国家另行规定的除外），未经药品监督管理部门批准生产的药品。

② 整件包装中无出厂检验合格证的药品。

③ 标签和说明书的内容不符合药品监督管理部门批准范围、不符合规定、没有规定标志的药品。

④ 购自不具有法定资格（无"证照"或者"证照"不全）的药品经营企业或非法药品经营企业的药品。

⑤ 进口药品经营企业无《进口药品注册证》和口岸《进口药品检验报告书》或经质量验收不合格的药品。

⑥ 生产企业不合法的药品。

⑦ 药品形状外观与合格品有明显差异的药品。

⑧ 药品内外包装有明显破损、封口不严的药品。

⑨ 其他在"药品验收单"中出现标记为"无"的药品。

在现代医药物流中心，验收员使用手持终端（PDA）入库验收，注明验收结论为合格的，保存信息，计算机系统自动形成验收记录，见表4-7；若验收结论为不合格的，保存信息后，计算机系统自动形成拒收记录，见表4-8。

药品验收记录应包括以下项目：药品的通用名称、剂型、规格、批准文号、批号、生产日期、有效期、生产厂商、供货单位、到货数量、到货日期、验收合格数量、验收结果等内容，并签署验收员姓名和验收日期。

中药材验收记录应当包括品名、产地、供货单位、到货数量、验收合格数量等内容。中药饮片验收记录应当包括品名、规格、批号、产地、生产日期、生产厂商、供货单位、到货数量、验收合格数量等内容，实施批准文号管理的中药饮片还应当记录批准文号。

表 4-7　药品质量验收记录表

验收日期	通用名称	商品名称	生产厂家	供货单位	批准文号	生产批号	剂型	规格	数量	生产日期	有效期至	验收员	备注

表 4-8　药品质量拒收记录表

拒收日期	通用名称	商品名称	生产厂家	供货单位	批准文号	生产批号	剂型	规格	数量	生产日期	有效期至	验收员	备注

五、药品追溯

对于纳入电子监管的药品，验收员应根据系统提示用手持终端（PDA）及时准确地扫描电子监管码，在手持终端（PDA）存监管码信息，由系统自动上传至"药品监管码平台"。若验收员发现中国药品电子监管码信息或"码上放心"与药品包装信息不符的，应当及时向来货单位查询，并向质量管理人员报告。

六、入位上架

在现代医药物流库区，上架员将验收合格的医药商品根据商品储存条件要求，选择相应的货位存放并在计算机系统生成库存的过程。经验收质量合格的药品，验收员根据药品储存条件要求，分别暂存于常温库、阴凉库、冷库的相应周转区并做好标识标记，与仓储部上架员交接。上架员根据药品储存条件、

数字资源 4-3

数量、整件或零散数量，逐批核对手持终端（PDA）上待上架药品信息及质量状况，放置到相应的货位上，并保存手持终端（PDA）的货位信息，计算机系统生成库存信息，完成药品入库上架登记环节（见数字资源 4-3）。

七、异常情况处理

（1）单据不符的药品　验收员验收时发现药品检验报告书内容模糊或与实物不符，质量检验章原印章模糊或与备案不符的情况，验收结论为待处理，验收员将药品转存至待处理区。验收内勤人员应向采购部索要清楚的、正确的药品检验报告书，根据正确的药品检验报告书整套资料重新验收。

（2）抽样破损的药品　验收员验收抽样时发现破损的药品，验收结论为不合格。验收员在手持终端（PDA）中输入不合格数量，系统生成"拒收记录"，不合格品放入不合格品库暂存。验收内勤人员告知采购部联系退货。对质量有疑问的报告质量管理部处理。

 知识链接 -

以 WMS 系统的操作为例，讲述医药物流企业中录入信息、制作验收记录的流程。

一、提取验收订单明细

验收员在手持终端（PDA）上点击"PDA ＿ SYSTEM"图标，输入验收员工号、密码，点击"登录"按钮，进入操作界面，选择【入库验收】界面，双击【入库验收】窗口，进入【入库验收】界面（图 4-16）。

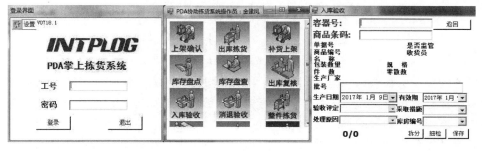

图 4-16　提取验收订单明细

二、填写验收信息

（1）验收员扫描托盘容器上的条码，自动提取验收任务，核对手持终端（PDA）界面信息与实物信息是否一致，核对无误，点击【保存】，手持终端（PDA）界面自动跳出抽检界面，验收员按实际抽检数量填写，点击【保存】。实行电子监管码管理的药品，验收员用手持终端（PDA）采集药品电子监管码，如果同单里有整有散，选择大、中、小包装，进行电子监管码采集。验收点击【保存】（图4-17），手持终端（PDA）界面上自动弹出【验收保存成功】。

（2）验收抽检时若发现医药商品有破损等质量问题的，验收员点击【拆分】，进入拆分界面，点击【新增】，输入拆分件数、数量，点击【确定】（图4-18），PDA进入入库验收界面，在"验收评定"栏选择状态。

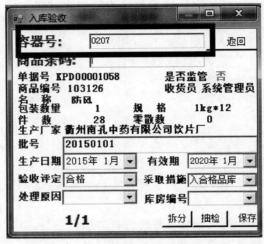

图4-17　入库验收

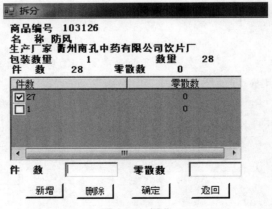

图4-18　拆分

（3）验收评定选择合格，点击【保存】，手持终端（PDA）界面自动跳出抽检界面，验收员按实际抽检数量填写，点击保存。实行电子监管码管理的药品，用手持终端（PDA）采集药品电子监管码，如果同单里有整件也有零散的，选择大、中、小包装，进行电子监管码采集。点击【保存】（图4-19），手持终端（PDA）界面上自动弹出【验收保存成功】。

图 4-19 入库验收

（4）验收评定选择待处理，并选择"处理原因"和"不足原因"，在"库房编号"栏选择代管库（待处理库），点击【保存】（图 4-20），系统提醒有药品需复检，订单自动生成质量复检通知，验收员用手持终端（PDA）扫描代管货位，将"待处理"药品完成待处理上架。

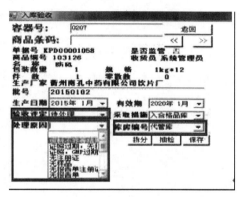

图 4-20 "待处理"流程

（5）质量复检　验收员双击【GSP 管理】，双击【质量审核】，双击【质量复检通知单】进入【质量复检通知单】界面，选择待复检订单，填写处理意见，并点击【执行［F1］】（图 4-21），订单自动推送【质量复检审核】。

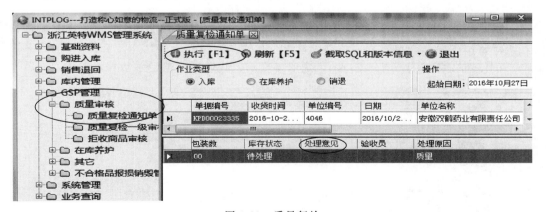

图 4-21 质量复检

质量管理员双击【GSP 管理】，双击【质量审核】，双击【质量复检审核】打开界面，选择复检审核订单，填写【复检情况】，选择【复查结论】，填写【审核意见】，并点击【审核［F1］】（图 4-22），系统提示审核成功。

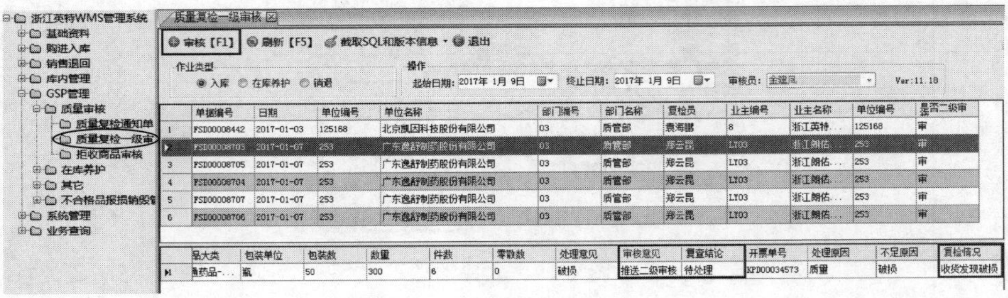

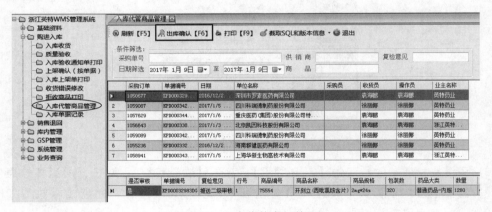

图 4-22 质量复检一级审核

需药品经营企业质量管理部审核确定的商品，物流企业的质量管理员通过计算机系统报送经营企业质量管理部复审，系统自动接收复审结论反馈到验收员处确认。

（6）代处理区管理 验收员双击【入库代管商品管理】进入界面，选择细目选择处理方式，点击【出库确认［F6］】（图 4-23），完成代管出库。审核结论为"合格"，进入入库验收流程（1）。审核结论"拒收"，进入【拒收商品审核】（7）。

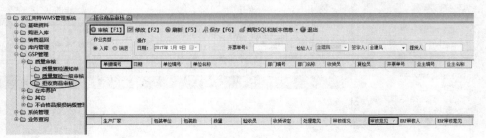

图 4-23 入库代管商品管理

（7）拒收商品审核 验收员双击【GSP】管理，双击【质量审核】，双击【拒收商品审核】，系统弹出拒收商品审核界面，选择单据，在细目审核意见中输入"提货人"，选中整条细目，点【审核［F1］】（图 4-24），确定审核成功，拒收药品退回来货单位。

图 4-24 拒收商品审核

三、入位上架

现代医药物流根据设置常温库、阴凉库、冷库等不同库区不同楼层的上架员，各上架员在手持终端（PDA）上输入工号、密码登录，点击【上架确认】图标（图4-25），进入上架环节。

图 4-25　入位上架

（1）上架员用手持终端（PDA）扫描标有"已验收"标识的药品标识条码，点击【确定】，仔细核对实物与手持终端（PDA）（图4-26）上的药品信息：品名、规格、数量、批号、生产厂家、批准文号、生产日期、有效期、储存属性等是否相符，并检查药品堆码是否规范合理、整齐牢固。

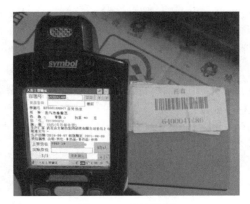

图 4-26　手持终端

（2）上架员根据上架货品的【推荐货位】或自行选择空货位，将药品摆放到货位上，用手持终端（PDA）扫描货位条码，将药品与货位相关联，点击【确认】，完成入位上架工作（图4-27）。

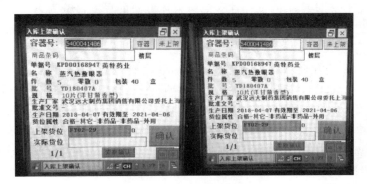

图 4-27　入库上架确认

第三节 特殊管理药品入库

《中华人民共和国药品管理法》规定，国家对麻醉药品、精神药品、医疗用毒性药品、放射性药品实行特殊管理，简称"麻、精、毒、放"，管理方法由国务院制定。特殊管理药品系指按药品法律法规管理属性分类，而不是按药品的药理作用分类。

本节主要对特殊管理药品的定义种类等进行概述，并对特殊管理药品的入库过程中涉及的特殊注意事项进行介绍。

一、特殊管理药品概述

（一）麻醉药品

麻醉药品指对中枢神经有麻醉作用，连续使用、滥用或不合理使用后易产生身体依赖性和精神依赖性，能成瘾癖的药品、药用原植物或物质，主要为中枢性镇痛药，包括天然、半合成、合成的阿片类、可卡因类、可待因类、大麻类、合成麻醉药类、药用原植物及其制剂等。麻醉药品的专有标识为蓝白相间的"麻"字样，多见于药品外包装右上方。

麻醉药品按其药理作用不同，可以分为镇痛类和非镇痛类两类，临床用途也不同。镇痛类麻醉药品除了具有镇痛作用，用于急性剧痛和晚期癌症疼痛之外，在其他方面也有广泛用途，包括治疗心源性哮喘、镇咳、止泻、人工冬眠、麻醉前给药及复合麻醉以及戒毒。非镇痛类麻醉药品现用于局部麻醉。

国家食品药品监督管理总局、公安部、国家卫计委，于 2013 年 11 月 11 日联合公布的《麻醉药品品种目录（2013 年版）》共包含 121 个品种，其中我国生产及使用的品种及包括的制剂、提取物、提取物粉共有 27 个品种。《麻醉药品和精神药品管理条例》所称麻醉药品是指列入麻醉药品目录的药品和其他物质，详情见《麻醉药品品种目录（2013 年版）》。上市销售但未列入目录的药品和其他物质，已经造成或者可能造成严重社会危害的，国务院药品监督管理部门会同国务院公安部门、国务院卫生主管部门应当及时将该药品和该物质列入目录。

（二）精神药品

精神药品指直接作用于中枢神经系统，使之兴奋或抑制，连续使用能产生依赖性的药品。包括兴奋剂、致幻剂、抗焦虑剂、镇静催眠剂等。精神药品按药理作用不同，可分为镇静催眠类、中枢兴奋类、镇痛及复方制剂类、全身麻醉药等，各类在临床上的作用也不相同。依据精神药品使人体产生的依赖性和危害人体健康的程度，分为第一类和第二类，第一类精神药品比第二类精神药品作用更强，也更易令人产生依赖性。精神药品的专用标识为白绿相间的"精神药品"字样，多见于药品外包装右上方。

国家食品药品监督管理总局、公安部、国家卫计委，于 2013 年 11 月 11 日联合公布的《精神药品品种目录（2013 年版）》共有 149 个品种，其中第一类精神药品有 68 个品种，第二类精神药品有 81 个品种。2015 年 4 月 3 日国家食品药品监督管理总局、公安部、国家卫生和计划生育委员会发布关于将含可待因复方口服液体制剂列入第二类精神药品管理的公告。目前，我国生产及使用的第一类精神药品有 7 个品种，第二类精神药品有 29 个品种。

《麻醉药品和精神药品管理条例》所称精神药品是指列入精神麻醉药品目录的药品和其他物质，详情见《精神药品品种目录（2013 年版）》。上市销售但尚未列入目录的药品和其他物质或者第二类精神药品发生滥用，已经造成或者可能造成严重社会危害的，国务院药品监督管理部门会同国务院公安部门、国务院卫生主管部门应当及时将该药品和该物质列入目录或者将该第二类精神药品调整为第一类精神药品。

（三）　医疗用毒性药品

医疗用毒性药品（简称毒性药品），系指毒性剧烈、治疗剂量与中毒剂量相近，使用不当会致人中毒或死亡的药品。毒性药品的专有标识为黑底白字的"毒"字样，多见于药品外包装右上方。

毒性药品的管理品种，由卫生部会同国家医药管理局、国家中医药管理局规定，目前分为西药品种和中药品种两大类。

中药品种包括原药材和饮片，共27种：砒石（红砒、白砒）、砒霜、生川乌、生马钱子、生甘遂、雄黄、生草乌、红娘虫、生白附子、生附子、水银、生巴豆、白降丹、生千金子、生半夏、斑蝥、青娘虫、洋金花、生天仙子、生天南星、红粉（红升丹）、生藤黄、蟾酥、雪上一枝蒿、生狼毒、轻粉、闹羊花。

西药品种仅指原料，不包括制剂，共12种：去乙酰毛花苷丙、阿托品、洋地黄毒苷、氢溴酸后马托品、三氧化二砷、毛果芸香碱、升汞、水杨酸毒扁豆碱、亚砷酸钾、氢溴酸东莨菪碱、士的宁、A型肉毒素及其制剂。其中A型肉毒素及其制剂需要冷藏保存。

（四）　放射性药品

放射性药品是指用于临床诊断或者治疗的放射性核素制剂或其标记药物，包括裂变制品、推照制品、加速器制品、放射性同位素发生器及其配套药盒、放射免疫分析药盒等。放射性药品与其他药品的不同之处在于，放射性药品含有的放射性核素能放射出射线。因此，凡在分子内或制剂内含有放射性核素的药品都称为放射性药品。

国务院药品监督管理部门负责全国放射性药品监督管理工作。国务院国防科技工业主管部门依据职责负责与放射性药品有关的管理工作。国务院环境保护主管部门负责与放射性药品有关的辐射安全与防护的监督管理工作。放射性药品的专用标识为红黄相间圆形图案，多见于药品外包装右上方。

二、特殊管理药品入库

特殊管理药品的收货验收入库操作流程与普通药品基本一致。为加强麻醉药品（含罂粟壳）和第一类精神药品、第二类精神药品、医疗用毒性药品（含中药材）、放射性药品在委托储存、配送过程的质量管理和风险管控，确保特殊管理药品依法管理，保证合法、安全流通，规范全过程操作规程，其收货、验收、入库全过程操作仍存在以下需规范的事项。

（一）　收货过程：双人收货

1. 收货场所

特殊管理药品在特殊药品规定的区域内双人完成收货工作（有冷藏要求的应在药品冷库缓冲区完成收货），随到随收。

2. 收货信息核对

特殊管理药品到货时，收货员检查运输工具是否为封闭式，如发现运输工具内有雨淋、腐蚀、污染等可能影响药品质量的现象，及时通知委托企业采购部门并报质量管理部处理。

收货员依据随货同行单（票）核对药品实物品名、规格、数量、批号、生产日期、有效期，核对无误在随货票据上双人签收，在系统收货入库。

（二）验收过程：双人验收

（1）验收场所：特殊管理药品应在专库内双人验收，随到随验。

（2）验收员需仔细检查药品运输储存包装上的封条有无损坏，包装上是否清晰注明品名、规格、生产厂商、生产批号、生产日期、有效期、批准文号、储藏、包装规格及储运图示标志，对于特殊管理的药品还需检查其专有标识等标记。特殊管理的药品的包装、标签及说明书上均有规定的标识"麻""精神药品""毒"的警示说明，进口药品的包装、标签以中文注明药品通用名称、主要成分以及注册证号，并有中文说明书。

（3）抽样要求：麻醉药品、一类精神药品、医疗用毒性药品，验收员逐件查验到最小包装；二类精神药品，验收员按批号逐件开箱查验；零散药品必须验点至最小包装。验收员在仔细查看每一最小包装的标签、说明书时，特殊管理的药品的包装、标签及说明书上均应该有规定的标识和警示说明；蛋白同化制剂和肽类激素及含兴奋剂类成分的药品应标明"运动员慎用"警示标识。

（4）验收检查完毕后，验收员将检查后的完好样品放回原包装，特殊药品验收封箱签应双人签字并标注验收日期，贴于原包装箱封箱处，再用有验收标识的胶带进行封箱，"已验收"标识放置在该批药品明显处。

（三）入库过程：双人入库上架

特殊管理药品应在专库内双人上架。上架员 1 输入工号、密码登录 RF 手持终端，选择界面【上架确认】图标，扫描标有"已验收"标识的药品托盘条码，点击【确定】，RF 手持终端界面弹出药品信息及推荐货位，上架员 1 仔细核对实物与 RF 手持终端上的药品信息：品名、规格、数量、批号、生产厂家、批准文号、生产日期、有效期、储存属性等是否相符，并检查药品堆码是否规范合理、整齐牢固，无倒置。根据上架货品的【推荐货位】或自行选择空货位，将药品摆放到货位上，用 RF 扫描货位条码，将药品与货位相关联，点击【确认】，RF 手持终端弹出上架员 2 登录界面，上架员 2 输入工号、密码登录，再次扫描标有"已验收"标识的药品托盘条码，仔细核对实物与 RF 手持终端上药品信息是否相符，点击【确定】，完成上架工作。

特殊管理药品应按批号分开存放，不同批号的药品不得混垛。垛间距不小于 5 厘米，与库房内墙、顶、温度调控设备及管道等设施间距不小于 30 厘米，与地面间距不小于 10 厘米。

 知识链接 - - - - - - - - - -

《药品经营质量管理规范》附则第一百七十八条第十项规定，国家对蛋白同化制剂、肽类激素、含特殊药品复方制剂、药品类易制毒化学品、终止妊娠药品等品种有专门管理要求，需实施特殊监管措施。国家有专门管理要求的药品不等于特殊管理药品。

一、蛋白同化制剂、肽类激素

蛋白同化制剂又称同化激素，俗称合成类固醇，是合成代谢类药物，具有促进蛋白质合成和减少氨基酸分解的特征，可促进肌肉增生，提高动作力度和增强男性的性特征。这类药物在医疗实践活动中常用于慢性消耗性疾病及大手术、肿瘤化疗、严重感染等对机体严重损伤后的复原治疗。但如果出于非医疗目的而使用（滥用）此类药物则会导致生理、心理的不良后果。在生理方面，滥用蛋白同化制剂会引起人体内分泌系统紊乱、肝脏功能损伤、心血管系统疾患甚至引起恶性肿瘤和免疫功能障碍等。在心理方面，滥用这类药物会引起抑郁情绪、冲动、攻击性行为等。此外，滥用这类药物会形成强烈的心理依赖。

肽类激素由氨基酸通过肽键连接而成，最小的肽类激素可由三个氨基酸组成，如促甲状腺激素释放激素。多数肽类激素可由十几个，几十个或乃至上百及几百个氨基酸组成。肽类激素的作用是通过刺激肾上腺皮质生长、红细胞生成等实现促进人体的生长、发育，大量摄入会降低自身内分泌水平，损害身体健康，还可能引起心血管疾病、糖尿病等。同样，滥用肽类激素也会形成较强的心理依赖。

蛋白同化制剂和肽类激素的滥用问题伴随着现代竞技体育运动的发展而出现并日趋严重，又随着人们生活水平的提高、对健美的渴望和健身运动的普及而向学校体育和社会体育领域蔓延。一方面，滥用此类药物的人员越发普遍；另一方面，滥用者的年龄亦日趋减小，严重威胁着公众特别是青少年的身心健康。

二、含特殊药品复方制剂

复方制剂是相对单方药物而言的概念，是由几种不同类别的药物混合而成的制剂。与单方药物相比，复方制剂具有改善服用药品依从性、提高药物疗效、减少不良反应、降低用药费用等优点，但也存在不符合个体化治疗理念、不利于调整药物剂量等缺点。复方指几种不同类别的药物混合而成的制剂，其后的药名是指处方中的主药。

含特殊药品复方制剂包括含麻黄碱类复方制剂、复方地芬诺酯片、复方甘草片、复方甘草口服溶液、曲马多口服复方制剂、尿通卡克乃其片、复方枇杷喷托维林颗粒等。

三、药品类易制毒化学品

易制毒化学品是指用于非法制造麻醉药和精神药品的物质。《易制毒化学品管理条例》第二条规定易制毒化学品分为三类：第一类是可以用于制毒的主要原料，第二类、第三类是可以用于制毒的化学配剂。第一类易制毒化学品有1-苯基-2-丙酮、3,4-亚甲基二氧苯基-2-丙酮、胡椒醛、黄樟素、黄樟油、异黄樟素、N-乙酰邻氨基苯酸、邻氨基苯甲酸、麦角酸、麦角胺、麦角新碱、麻黄素类物质，共12个品种。第二类易制毒化学品有苯乙酸、醋酸酐、三氯甲烷、乙醚、哌啶，共5个品种。第三类易制毒化学品有甲苯、丙酮、甲基乙基酮、高锰酸钾、硫酸、盐酸，共6个品种。其中第一类、第二类所列物质可能存在的盐类也纳入管制。

药品类易制毒化学品是可用于制造毒品前体、原料的药品，仅指第一类易制毒化学品中的麦角酸、麦角胺、麦角新碱和麻黄素类物质，包括其原料药及单方制剂。其中麻黄素类物质包括麻黄素、伪麻黄素、消旋麻黄素、去甲麻黄素、甲基麻黄素、麻黄浸膏、麻黄浸膏粉等。

《药品类易制毒化学品管理办法》（卫生部令第72号）第十三条规定：药品类易制毒化学品单方制剂和小包装麻黄素，纳入麻醉药品销售渠道经营，仅能由麻醉药品全国性批发企业和区域性批发企业经销，不得零售。第三十一条规定：药品类易制毒化学品生产企业、经营企业和使用药品类易制毒化学品的药品生产企业，应当设置专库或者在药品仓库中设立独立的专库（柜）储存药品类易制毒化学品。麻醉药品全国性批发企业、区域性批发企业可在其麻醉药品和第一类精神药品专库中设专区存放药品类易制毒化学品。教学科研单位应当设立专柜储存药品类易制毒化学品。专库应当设有防盗设施，专柜应当使用保险柜；专库和专柜应当实行双人双锁管理。药品类易制毒化学品生产企业、经营企业和使用药品类易制毒化学品的药品生产企业，其关键生产岗位、储存场所应当设置电视监控设施，安装报警装置并与公安机关联网。第三十二条规定：药品类易制毒化学品生产企业、经营企业和使用药品类易制毒化学品的药品生产企业，应当建立药品类易制毒化学品专用账册。专用账册保存期限应当自药品类易制毒化学品有效期期满之日起不少于2年。药品类易制毒化学品生产企业自营出口药品类易制毒化学品的，必须在专用账册中载明，并留存出口许可及相应证明材料备查。药品类易制毒化学品入库应当双人验收，出库应当双人复核，做到账物相符。

四、终止妊娠药品

终止妊娠药品指用于终止母体内胎儿在其体内发育成长的过程的药品，包括米非司酮、卡前列素、卡前列甲酯、米索前列醇、缩宫素、乳酸依沙吖啶、地诺前列素、天花粉蛋白、硫前列酮、甲烯前列素、环氧司坦、吉美前列素、芫花萜。

 课后练习

选择题

1. 下列到货药品哪些情况不需要拒收（　　）。

A. 破损、污染、标识不清的

B. 供货单位对随货联与药品实物不相符的内容不予以确认的

C. 监管码信息与药品信息相符的

D. 阴凉储存药品用常温车运输

2. 到货药品出现以下哪种情况不需拒收（　　）。

A. 随货同行单与采购记录或药品实物不相符

B. 药品外包装出现异常

C. 监管码信息不符合规定

D. 药品无商品名

3. 收货人员应当将检查合格的药品放置于相应的（　　）内，并在随货同行单上签字后移交。

A. 代管区 　　　　B. 待验区 　　　　C. 收货区 　　　　D. 合格品区

4. 以下哪项不是特殊管理药品（　　）。

A. 朱砂 　　　　B. 生附子 　　　　C. 卡西酮 　　　　D. 诺美沙朵

5. 检验报告书原件验收人员应当按照药品批号查验同批号的检验报告书，供货单位为批发企业的，应提供（　　）。

A. 药品检验报告书复印件

B. 药品检验报告书原件

C. 加盖有批发企业质量管理专用章原印章的药品检验报告书原件

D. 加盖有批发企业质量管理专用章原印章的药品检验报告书复印件

6. 冷藏药品在运输途中要对温度进行实时监测，记录时间间隔设置通过不超过（　　）分钟。

A. 5 　　　　B. 10 　　　　C. 15 　　　　D. 20

7. 整件药品进行开箱抽样检查时，每整件药品中至少抽取（　　）个最小包装。

A. 1 　　　　B. 2 　　　　C. 3 　　　　D. 4

8. 药品采购记录至少应保存（　　）年。

A. 1 　　　　B. 2 　　　　C. 5 　　　　D. 10

9. 以下哪个药品属于麻醉药品（　　）。

A. 芬太尼　　　　　B. 三唑仑　　　　　C. 阿托品　　　　　D. 达咪唑仑

10. 药品到货时，企业计算机系统应支持收货人员查询（　　），对药品随货通行单进行查验。

A. 销售记录　　　　B. 采购记录　　　　C. 招标记录　　　　D. 出库记录

参考答案

1. C　2. D　3. C　4. A　5. C　6. B　7. B　8. C　9. A　10. B

实训任务

现有一批药品从浙江英特物流有限公司发往江苏省医药有限公司，请根据 GSP 相关要求在 15 分钟内完成以下药品的入库操作。评分细则如下。

入库操作评分细则

评价要素		配分等级	评分标准	得分
1	收货	18	2	索取送货单据（随货同行单）、报告书（药检报告、如进口药品需进口药检报告、进口药品注册证或医药产品注册证、通关单）等资料	
			1	检查运输工具和运输状态	
			2	核对随货同行单与采购记录	
			2	填写拒收单	
			2	核对随货同行单与实物	
			1	拆除运输防护包装	
			2	检查外包装	
			2	将核对无误的药品放置待验区	
			2	签字交接	
			2	制作收货记录	
2	验收	20	4	合格证明文件核查	
			2	运输包装检查	
			2	开箱抽样	
			2	最小包装检查	
			2	最小包装标签检查	
			2	说明书检查	
			2	药品还原、贴签封箱	
			2	制作验收记录	
			2	填写拒收单	
3	入库	2	2	将药品放置到分配的货位	
合计配分		40	合计得分		

第五章
储存养护

学习目标

本章教学内容主要包括药品储存与养护环节涉及的理论知识及操作技能。通过本章学习，达到以下基本要求：了解温度变化的规律及其对药品影响的基本知识，熟悉药品的盘点操作和盘点后异常情况的处理流程；掌握常用药品、特殊管理药品及危险药品的储存养护的知识并能对产生药品质量变化药品做出相应的处理。

第一节　医药物流仓库的温湿度管理

一、温、湿度的变化规律

（一）温度的变化规律

1. 温度的基本知识

温度是表示空气冷热程度的物理量。空气温度、库房温度是在药品储存时常见的表示冷热程度的物理量，库房温度会随着空气温度的改变而变化。

（1）空气温度　简称气温，是表示空气冷热程度的物理量。气温来源于太阳辐射的热能。太阳通过短波辐射把热能传到地球表面。地面接收到入射的太阳辐射后，以长波的辐射形式把热能传给近地面的空气，加热近地面的空气，地面温度升高；反之，地面温度就逐渐降低。如此地面空气就有了冷热之分。日常生活中，我们所说的气温系指距离地面高度 1.5 米处的空气温度。因为这一高度在人类生产活动的一般范围之内，而且在此高度的气温也基本脱离了地面温度振幅大、变化剧烈的影响。为了防止测温仪器受到太阳直接辐射和外界风沙、降水的影响，保证测得空气的真实温度，通常把仪器安置在特制的四面通风的百叶箱里。

（2）库房温度　指库房单位体积内空气的冷热程度。库房内温度的变化通常要比气温晚 1～2 小时，同时温度变化幅度相应减小。这是因为受到库房建筑物（如墙壁、窗户、屋顶）的影响，影响的程度由库房建筑的结构、建筑物隔热的效果等因素决定。同时，储存商品也会影响库内温度。例如，商品所含水分的蒸发，要吸收空间热量，使空间温度有下降趋势；

反之，储存商品若吸收水汽就要放出热量，使空间温度有上升趋势。

2. 温度的变化

（1）气温日变化　在正常情况下，最低气温一般出现在日出前后，最高气温一般出现在下午 13～14 时（冬季）或 14～15 时（夏季）。上午 9 时气温上升最快，下午 19 时气温下降最快。日温差，热带 10～12℃；温带 8～9℃；南北极 3～4℃。

（2）气温年变化　年最高气温内陆 7 月，沿海 8 月；年最低气温内陆 1 月，沿海 2 月。年温差，长江流域 20～30℃；华南地区 10～20℃；华北地区 30～40℃；东北地区 40℃以上。

（3）库内温度变化　库内温度的变化主要受气温变化影响，但库内的温度变化比外界的变化慢。

① 1 日中　库内温度主要随气温升降的改变而产生相应的变化。库温最高与最低发生的时间通常比室外气温最高与最低发生的时间延迟 1～2 小时，但室内温差变化较室外小。

② 1 年中　室外气温上升季节，库温低于室外气温；室外气温下降季节，库温高于室外气温。

③ 库内温度变化的速度和幅度　库内温度变化的速度和幅度与库房结构和通风情况有关。仓库隔热结构好，相应的库内温度受室外气温影响小，则有利于控制库温。

④ 其他影响因素　库内温度还受到仓库建筑结构、建筑材料、外表面颜色等多种因素的影响。

一般仓库内最高温度比仓库外略低，最低温度比仓库外稍高；夜间仓库温度高于气温，而白天仓库温度低于气温。库内越近房顶的温度越高，反之越近地面的温度越低；向阳的一面温度偏高，反之背阳的一面温度偏低。靠近门窗处容易受库外温度影响，而库内深处温度较稳定。

（二）湿度的变化规律

1. 湿度的基本知识

空气中水蒸气含有量的大小，称为湿度。空气中水蒸气含量越大，相应的湿度也越大；反之，湿度就越小。目前，空气湿度的量值常采用两种表示方法。

（1）饱和湿度（最大湿度）　指在一定温度下，每立方米空气中所含水蒸气的最大量（单位为克/立方米）。

（2）相对湿度　指空气中实际含有的水蒸气量（绝对湿度）与同温度同体积的空气饱和水蒸气量（饱和湿度）之百分比。公式为

$$相对湿度 = \frac{绝对湿度}{饱和湿度} \times 100\%$$

相对湿度是衡量空气中水蒸气饱和程度的一种量值。相对湿度小表示干燥，水分容易蒸发；相对湿度大，表示潮湿，水分不容易蒸发；当相对湿度达 100% 时，空气中的水蒸气已达到饱和状态，水分不再继续蒸发；如果空气中的水蒸气超过饱和状态，就会凝结为水珠附着在物体的表面，这种现象叫"水凇"或"结露"，俗称"出汗"。

某温度下的饱和湿度随温度的升高而增大。温度升高，饱和水汽变为不饱和水汽；相反，只要把温度降低到一定程度，不饱和水汽可以变为饱和水汽。将空气中的不饱和水汽变成饱和水汽时的温度，称为"露点"。

相对湿度与药品质量关系密切。相对湿度过大，药品容易受潮，发生潮解、长霉、生虫

或分解、变质等一系列变化；但若相对湿度过小，药品又容易发生风化或干裂等情况。根据《药品经营质量管理规范》（GSP）（2016 年版）的要求，各种类型的药品库房相对湿度应保持在 35％～75％，若在 35％ 以下则过于干燥，反之若在 75％ 以上时则过于潮湿。经验表明，在相对湿度 60％ 的条件下适宜储存药品。因此，在储存药品的仓库管理工作中，应定期检查、测量仓库内外空气的相对湿度，以便及时采取相应的调节措施。

2. 湿度的变化

（1）室外日变化

① 绝对湿度：通常情况下，温度低，蒸发强度小，绝对湿度小；反之温度高则绝对湿度大。

② 相对湿度：大气相对湿度与温度的昼夜变化情况相反。

（2）室外年变化

① 绝对湿度：绝对湿度的年变化主要受温度的影响，与气温变化基本一致。夏季气温高，蒸发旺、迅速，绝对湿度大，一年中绝对湿度最高出现在最热月份（每年 7~8 月）。冬季气温低，蒸发减慢，绝对湿度小，最低值出现在最冷月份（每年 1~2 月）。

② 相对湿度：相对湿度的年变化比较复杂，通常是多雨的季节相对湿度大，晴朗的天气相对湿度小。但各地的地理条件、气温条件和雨季情况差异很大，难以概括出一个具有普遍性的规律。

（3）库内湿度变化

① 库内相对湿度的变化与库外大气相对湿度的变化规律基本一致，但库内相对湿度的变化幅度比库外的小。

② 库内相对湿度的变化一般和库内的温度变化相反。库内温度升高，则相对湿度减小；反之库内温度降低，则相对湿度增大。

③ 库内相对湿度的变化并不完全取决于大气湿度的变化，与仓库的通风情况及仓库结构有很大的关系。

库内向阳的一面气温偏高，相对湿度往往偏小；反之阴面相对湿度较大。库房上部气温较高，相对湿度较小；近地面部分的气温较低，则相对湿度较大。库内墙角、垛下由于空气不易流通，相对湿度比较大；而近门窗附近处的湿度易受到库外湿度的影响。冬季气温低，仓库内部温差小，因此仓库内上、下部的相对湿度相差不大。

二、温、湿度变化对药品的影响

（一）温度变化对药品的影响

温度对药品质量具有很大的影响，温度过高或过低都能促使药品变质失效。尤其生物制品、抗生素、疫苗血清制品等对储藏温度有更高的要求。因此，每一种药品都要求在一定的温度范围内进行储存保管，《中国药典》以及其他各国药典对此都作了专项规定。

此外，温度对药品质量的影响还与湿度密切相关。与受潮的药品或其溶液制剂相比，温度对干燥的固体药品影响较小。

总体来说，温度对药品质量的影响分为两种情况。

1. 温度过高的影响

（1）药品变质　一般情况下，随着温度升高，化学反应速度加快。因此，温度的升高可以促进药品氧化、分解、水解、差向异构化等反应的进行，导致药品变质。例如，酚类药品受热后会促进其氧化还原反应的发生；抗生素类药品受热后会加速分解、效价下降致使失效；酯类药品受热后会加速其水解；麦角生物碱类药品受热后能加速其差向异构化；蛋白质类药品遇高温发生变性；硝酸甘油遇高热可立即分解甚至发生爆炸；软膏剂长期受热易酸败变质；糖浆剂温度过高易发酵变酸；动物脏器制剂遇潮热易霉败虫蛀；生物制品置于室温下易失效；过氧化氢溶液遇高温可加速分解甚至爆炸等，这些随温度升高发生的变化最终都会导致药品的变质失效。

（2）药品挥发 温度过高可以促进挥发性的低沸点药品加速逸散，致使其含量改变而影响疗效，如挥发油、樟脑、薄荷脑、乙醇、乙醚、氨水、盐酸、三氯甲烷等；含结晶水的药品受热可加速风化；含芳香性成分的外用贴敷剂失去芳香性成分并失去黏性或胶黏在一起，影响药效和使用。

（3）剂型破坏 温度过高容易导致糖衣片熔化粘连，胶囊剂、栓剂粘连变形，软膏剂熔化分层等，致使药品失去原有剂型的作用或难以使用。

2. 温度过低的影响

一般药品均适宜储存于凉处，但温度过低会导致一些药品发生沉淀、冻结、凝固、聚合等反应而变质失效。低温下，容器容易破裂，造成微生物侵入药品而被污染。

（1）药品变质 生物制品应冷藏，但发生冻结后，药品将会失去活性。例如，胰岛素注射液久冻后会发生变性；葡萄糖酸钙注射液等过饱和溶液久置冷处易析出结晶而不再溶解；甲醛溶液在9℃以下时能聚合生成多聚甲醛，溶液呈现混浊或生成白色沉淀；乳剂、凝胶剂等冻结后可发生分层，解冻后往往不再恢复原状。

（2）容器破裂、药品污染 注射液及水溶液制剂在0℃以下的低温时会发生冻结，体积膨胀，致使玻璃容器破裂，特别是装液体制剂的大容量玻璃容器易发生破裂，导致药品被污染。此外，甘油、冰醋酸等在0℃或0℃以下久置亦能凝结成晶块，也会使玻璃容器破裂。

容器破裂或出现裂缝，均会影响药品的密封性能，受细菌污染的机会增大，尤其是无菌和灭菌制剂、易氧化的药品或含有营养成分的药品。故容器破裂后的药品，均不应再供药用。

（二）湿度变化对药品的影响

湿度是空气中最易发生变化的指标，随着区域的不同或气候的变化而波动。通常我国南方的湿度比北方大；夏季的湿度比冬季大。

水分是化学反应的媒介，湿度增大能促进药品分解变质甚至产生毒性，所以湿度对药品质量有很大影响。湿度过大能使药品吸湿而发生潮解、稀释、分解、发霉、变形等；湿度太小又可以促使药品风化。

（1）潮解 某些易溶于水的药品，能逐渐吸收潮湿空气中的水分，使其部分溶解呈现液状的现象。如氯化钙、水合氯醛、枸橼酸钠、硫代硫酸钠、氯化物、溴化物、盐类、干酵母等都易吸湿潮解，影响药品使用时剂量的准确程度，甚至使药品无法使用。

（2）稀释 某些具有吸水性的液体药品，能吸收潮湿空气中的水分，使其原有的浓度发生改变，影响其使用时剂量，如甘油、无水乙醇、浓硫酸、浓盐酸、乳酸、单糖浆等。

（3）分解 某些药品置于潮湿的空气中，药品吸收水分后容易发生分解变质。如碳酸氢钠吸湿后缓慢分解生成碳酸钠，并释放二氧化碳气体，使其碱性增强；阿司匹林吸湿后逐渐水解为醋酸和水杨酸，对黏膜的刺激性增大；抗生素类、强心苷类药品吸湿后加速分解，致使疗效降低；维生素 B_1 吸湿后，缓慢分解变色。

（4）发霉 某些药品受潮吸湿后易滋生霉菌，造成发霉变质。如中药饮片、葡萄糖、胃蛋白酶以及某些生物制剂等。

（5）变形 药品吸湿受潮后，可使一些制剂的剂型发生形态改变。如片剂受潮后可因崩解剂的膨胀而使片形增大、疏松碎裂，或产生黏结、变硬造成不易崩解；糖衣片吸潮后可熔化粘连；胶囊剂受潮后可软化变形；甘油栓剂受潮后变为不透明，若吸水过多还会发生软化变形。

（6）风化 许多含有结晶水的药品在湿度过小的干燥空气中容易发生风化，如硫酸钠、硫酸锌、酒石酸锑钾、磷酸可待因、硫酸阿托品、盐酸奎宁、咖啡因等。药品风化后并不改变化学性质和疗效，但因失水后含量不定，可影响其使用剂量的准确性。

三、温、湿度自动监控系统

按照新版 GSP 的要求，在储存药品的仓库中和运输冷藏、冷冻药品的设备中配备温湿度自动监测系统（以下简称系统）。系统应当对药品储存过程的温湿度状况和冷藏、冷冻药品运输过程的温度状况进行实时自动监测和记录、跟踪、报警，有效预防储存运输过程中可能发生的影响药品质量安全的风险，确保药品质量安全。

（一）系统的组成

系统由测点终端、管理主机、不间断电源以及相关软件等组成。各测点终端能够对周边环境温湿度进行数据的实时采集、传送和报警；管理主机能够对各测点终端监测的数据进行收集、处理和记录，并具备发生异常情况时的报警管理功能（图 5-1）。

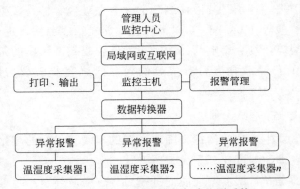

图 5-1 药品仓库温湿度自动监测系统

（二）系统温湿度数据的测定值

系统应当自动生成温湿度监测记录，内容包括温度、湿度、日期、时间、测点位置、库区或运输工具类别等。

（三）系统温湿度测量设备的最大允许误差

系统温湿度测量设备的最大允许误差应当符合以下要求：

（1）测量范围在 $0 \sim 40℃$，温度的最大允许误差为 $\pm 0.5℃$；

（2）测量范围在 $-25 \sim 0℃$，温度的最大允许误差为 $\pm 1.0℃$；

（3）相对湿度的最大允许误差为 $\pm 5\%RH$。

（四）系统应当自动对药品储存运输过程中的温湿度环境进行不间断监测和记录

系统应当至少每隔 1 分钟更新一次测点温湿度数据，在药品储存过程中至少每隔 30 分钟自动记录一次实时温湿度数据，在运输过程中至少每隔 5 分钟自动记录一次实时温度数据。当监测的温湿度值超出规定范围时，系统应当至少每隔 2 分钟记录一次实时温湿度数据。

（五）系统各测点终端采集的监测数据应当真实、完整、准确、有效

采集的数据通过网络自动传送到管理主机，进行处理和记录，并采用可靠的方式进行数据保存，确保不丢失和不被改动。系统不得对用户开放温湿度传感器监测值修正、调整功能，防止用户随意调整，造成监测数据失真。

（六）企业应当对监测数据采用安全、可靠的方式按日备份

备份数据应当存放在安全场所，记录及凭证应当至少保存 5 年。疫苗、特殊管理药品的记录及凭证按相关规定保存。

（七）药品库房或仓间安装的测点终端数量及位置应当符合的要求

（1）每一独立的药品库房或仓间至少安装 2 个测点终端，并均匀分布。

（2）平面仓库面积在 300 平方米以下的，至少安装 2 个测点终端；300 平方米以上的，每增加 300 平方米至少增加 1 个测点终端，不足 300 平方米的按 300 平方米计算。平面仓库测点终端安装的位置，不得低于药品货架或药品堆码垛高度的 2/3 位置。

（3）高架仓库或全自动立体仓库的货架层高在 4.5～8 米的，每 300 平方米面积至少安装 4 个测点终端，每增加 300 平方米至少增加 2 个测点终端，并均匀分布在货架上、下位置；货架层高在 8 米以上的，每 300 平方米面积至少安装 6 个测点终端，每增加 300 平方米至少增加 3 个测点终端，并均匀分布在货架的上、中、下位置；不足 300 平方米的按 300 平方米计算。高架仓库或全自动立体仓库上层测点终端安装的位置，不得低于最上层货架存放药品的最高位置。

（4）储存冷藏、冷冻药品仓库测点终端的安装数量，须符合上述各项要求，其安装数量按每 100 平方米面积计算。

（八）系统的校准与验证

企业应当对测定终端每年至少进行 1 次校准，对系统设备应当进行定期检查、维修、保养，并建立档案。

为了检查和确认系统是否能正常运行和使用，确认采集、传送、记录数据以及报警功能；确认监测设备的测量范围和准确度；确认测点终端安装数量及位置；确认监测系统与温度调控设施无联动状态的独立安全运行性能；确认系统在断电、计算机关机状态下的应急性能；确认防止用户修改、删除、反向导入数据等功能，从而保证药品在储存过程中的质量安全，可以根据需要对系统进行使用前验证、停用再次使用前验证、系统专项验证和定期验证，定期验证间隔时间不超过 1 年。同时，保证验证数据的充分、有效及连续；在库房各项参数及使用条件符合规定的要求并达到运行稳定后，数据有效持续采集时间不得少于 48 小时。

验证工作是由企业质量负责人负责验证工作的监督、指导、协调与审批，质量管理部门负责组织仓储、运输等，需要多部门共同实施。验证实施过程中，建立并形成验证控制文件，文件内容包括验证方案、标准、报告、评价、偏差处理和预防措施等，验证控制文件应归入药品质量管理档案，并按规定保存。

企业应当根据验证确定的参数及条件，正确、合理使用相关设施设备及监测系统；未经验证的设施、设备及监测系统，不得用于药品冷藏、冷冻储运管理。

（九）系统的管理

当监测的温湿度值达到设定的临界值或者超出规定范围，系统能就地完成中央监控器屏幕报警和在指定地点进行声光报警，同时采用短信通信的方式，向至少 3 名指定人员发出报警信息。当发生供电中断的情况时，系统应当采用短信通信的方式，向至少 3 名指定人员发出报警信息。

设立分支机构的药品经营企业，应对下设分支机构的各类仓库建立统一的自动温湿度监控平台，通过互联网或局域网实现远程的实时监测、数据采集、记录、设备控制以及异常状况报警等功能。

系统监控数据不整合至企业计算机管理系统中，但可同步查阅温湿度监控数据及记录，并接受药品监督管理部门实时监管。

四、温、湿度的控制措施

温湿度的变化会影响药品质量，任何药品都有其适宜的储存温湿度条件。温湿度无论过高过低，都会对药品质量产生不良影响，因此要对药品仓库的温湿度实时监控、有效调控。

（一）常见的温湿度调控措施

为达到保障人体用药安全、有效的最终目的，做好药品养护工作至关重要，而对药品储存仓库的温湿度进行调控和监测则是养护环节的最核心要求。因此，必须掌握必要的温湿度调控措施，有针对性地进行超标处理。常见的温湿度调控措施见表 5-1。

表 5-1　常见的温湿度调控措施

超标情况		可采取的措施	常用的设备设施	注意事项
温度	温度偏高 （降温措施）	开启空调	制冷空调	各大、中型药库主要的降温措施
		通风换气	换气风机	不宜用于危险品仓库
		遮光避光	窗帘、窗纸	
		加冰强吹	风扇	易引起湿度升高
	温度偏低 （升温措施）	开启空调	制热空调	
		开启暖气	暖气片	注意距离，防止漏水情况
		火墙供暖	火墙	离火墙 1 米以上，远离其他库房
		安装保温层	双层门窗	
湿度	湿度偏高 （降湿措施）	通风换气	换气风机	注意通风条件
		开启除湿	除湿机	
		化学吸湿	化学吸湿剂	
		防潮密封	双层门窗	
	湿度偏低 （加湿措施）	地面洒水	喷壶	
		空气喷雾	喷雾器	
		自然蒸发	盛水容器	

（二）特殊情况下的温湿度调控措施

我国幅员辽阔，南北纬度跨度大，各地气候条件迥异，因此在仓库的设计和建造中应考虑当地的气候环境。例如，在高纬度的东北等地的仓库，应考虑加装暖气设施和做墙体保温；而在南部沿海各地或阴（梅）雨季节，应考虑排湿、除湿及台风影响；在相对气候较为干燥的西北地区，则要考虑加装加湿设备。

特别需要注意，由于相对湿度和温度有着直接的关系，采用通风措施调控湿度时，应结合仓库内外的温湿度差进行综合考虑，具体操作条件如下。

（1）当库内温度、相对湿度均高于库外时，可开启全部门窗，长时间通风，库内的温、湿度会有一定程度的降低。

（2）当库内温度、相对湿度均低于库外时，应密闭门窗，不可通风。

（3）当库外温度略高于库内，但不超过3℃，相对湿度低于库内时，则可通风。

（4）当库外温度高于库内3℃以上，虽相对湿度低于库内，此时亦不能通风。因为热空气进入库内后，由于热空气的温度降低，室内相对湿度立即增加，药品更易吸潮。

（5）当库外相对湿度高于库内，虽库外温度低于库内，亦不能通风，否则会带进潮气。

在一天中，在上午8～12时，即当温度逐渐上升、湿度逐渐下降时通风较为适宜；在凌晨2～5时，虽然库外温度最低，但此时相对湿度最高，如库内有易吸潮的药品，则不宜通风。

此外，还应结合气象情况灵活掌握，如晴天、雨天、雨后初晴、雾大、阴天以及风向等应酌情处理。

（三）药品的养护措施

1. 避光措施

对光敏感的药品在养护过程中应采取相应的避光措施。药品在库储存期间应尽量置于阴暗处，对门、窗、灯具等可采取相应的措施进行遮光，特别是一些大包装药品，在分发之后剩余部分的药品应及时遮光密闭，防止漏光，造成药品氧化分解、变质失效。

2. 降温措施

（1）通风降温　当库内温度高于库外时，可开启门窗通风降温。在夏季对于不易吸潮的药品可进行夜间通风。应注意通风要结合湿度一起考虑，因为药品往往怕热也怕潮，只要库外温度和相对湿度都低于库内，就可以通风降温。

（2）设备降温　当采用通风自然方式仍然无法降温时，通过空调、冷风机组等设备降温方式进行降温。

3. 保温措施

一般可采用统一供暖、空调等方法，提高库内温度，保证药品安全过冬。统一供暖的暖气片应注意暖气管、暖气片与药品间隔一定距离，并防止漏水情况。一些特别怕冻的药物在严寒季节也可存放在保温箱内。

4. 降湿措施

（1）通风降湿　通风降湿要注意室外空气的相对湿度，正确掌握通风时机，一般应是库外天气晴朗、空气干燥时，才能打开门窗进行通风，使地面水分、库内潮气散发出去。

（2）密封防潮　密封防潮是阻止外界空气中的潮气入侵库内。一般可采取措施将门窗封严，必要时，对数量不多的药品可密封垛堆货架或货箱。

（3）人工吸潮　吸潮是利用物理或化学方法，将库内潮湿空气中的部分水分除去，以降低空气湿度。目前，吸潮的主要方法是吸潮剂吸潮和机械吸潮，吸潮方法见表 5-2。

表 5-2　吸潮方法

名称	方法介绍
生石灰	生石灰吸湿性强，吸潮速度快。使用时把生石灰捣成约 10 厘米以下的小块存于竹篓或木箱中，不能装满，木箱不能放在垛底，也不能离商品太近
氯化钙	氯化钙稀释性强，效果明显。使用时将它放在竹筛上，下接瓦盆等容器，吸湿后的氯化钙会逐渐稀释成液态，可反复使用
硅胶	硅胶具有良好的吸湿性，吸湿后仍为固体，不潮不溶不污商品，烘干后可重复使用无腐蚀，但价格较贵。性能稳定，可长期使用，一般用于高级贵重商品的吸湿
机械吸潮	利用制冷装置，将潮湿空气冷却到露点温度以下，使水气凝结成水滴排出，冷却干燥的空气再送入库内。吸湿率高，效果显著，成本低，操作简便，无污染

5. 升湿措施

升湿一般采用向库内地面洒水或喷雾设备喷水、库内设置盛水容器等方法。

6. 防鼠措施

认真观察，堵塞一切可能窜入鼠害的通道；库内无人时，应随时关好库门、库窗（通风时例外），特别是夜间；加强库内灭鼠，可采用电猫、鼠夹、鼠笼等工具；加强库外鼠害防治，仓库四周应保持整洁，不要随便乱堆乱放杂物，同时要定期在仓库四周附近投放灭鼠药，以消灭有害源。

7. 防火措施

在库内四周墙上适当的地方要挂有消防用具和灭火器，并建立严格的岗位责任制。对有关人员进行防火安全教育，进行防火器材使用的培训，使这些人员能非常熟练地使用防火器材。库内外应有防火标记或警示牌，消火栓应定期检查，危险药品库应严格按危险药品有关管理方法进行管理。

8. 中药饮片的养护

中药饮片由于其形态、成分、性能的多样性及复杂性特点，在储存过程中发生质量变异的概率相对较大。按照不同品种养护要求和季节的变化，在养护过程中采取有针对性的合理措施。为防止霉变腐败，可采取晾晒、通风、干燥、吸湿、熏蒸、盐渍及冷藏等方法；为防止虫害，可采取曝晒、加热、冷藏、药物熏蒸等方法；为防止药物的挥发，可采取密封、降温等方法；为防止变色、泛油，可采取避光、降温等方法。

随着现代科学技术的不断发展，在药品养护中对新技术、新方法的应用也日益广泛，主要有降氧、远红外干燥、微波及电离辐射等方法。

第二节　医药商品储存

一、医药商品储存管理

药品作为一种特殊商品，在储存过程中由于内外环境的影响，随时可能出现质量问题，药品储存和养护是流通过程中控制药品质量不可缺少的重要环节之一。企业应当根据药品的质量特性对药品进行合理储存、养护，规范化管理，保证药品质量，发挥药品安全、有效的治疗作用。

药品在储存和养护过程中始终受到外界环境因素如水分、氧气、二氧化碳、紫外线、温度、湿度、鼠、蛇、蚊、虫等影响，如果储存方法不当极易发生变异（变质、失效、变形等）现象，因此我们必须要采取有力措施，降低药品发生变异的概率。

影响药品在储存与养护中发生变异的因素有两方面，一是内因，主要是由药品本身的物理性质、化学性质等变化引起的；二是外因，主要的因素有空气、温度、湿度、紫外线、时间、霉菌、虫鼠、容器以及包装方法等。外界环境影响会促使药品变质、疗效降低或丧失药用价值，药品发生的变异现象通常有 3 种情况：物理变化、化学变化以及生物学变化。

（一）内在因素使药品发生的变异现象

1. 药品物理性质发生的变异现象

为了做好药品的储存养护工作，药房及药品库房的工作者必须首先全面了解药品本身的物理性质，包括相对密度、燃点、熔点、挥发性、凝固点、溶解性等。例如：同样是挥发作用，有的是液体如醇等，有的也可能是固体如碘或樟脑（通常称为升华）。前者变成蒸气之后极易燃烧爆炸，非常危险；而后者虽不易燃烧，但升华后不仅本身失效还会污染其他药品。药品的物理性质引起的变异现象一般有熔化、挥发、吸湿、潮解、结块、稀释、风化、升华、凝固、变形、分层、沉淀、蒸发等。如栓剂受热熔化变形、片剂吸潮崩解、粉剂吸潮结块等都属于物理变化。这种变异现象一般不会引起药品本身的化学性质发生改变，但化学性质引起的药品变异现象一般常伴随有物理变化。

2. 药品化学性质发生的变异现象

药品的化学结构是影响其化学性质最重要的决定因素，一般说来，有什么样的化学结构，就会表现出什么样的化学性质。具有醛基、芳伯氨基、巯基、二烯醇、硫酸亚铁、氯化亚汞等有还原性基团（官能团）或低价态无机物的药物就易被氧化，因此影响氧化的因素对此药品都将有一定的影响。有氧化性的基团能被还原剂还原。药品酸性比碳酸弱的有机酸、碱金属盐的水溶液，在空气中就不稳定，易吸收二氧化碳发生置换反应而显混浊。例如：四环素在 pH 2～6 的条件下易发生差向异构化；头孢噻肟钠在光照下顺式异构体向反式异构体转化；氨苄西林水溶液室温放置 24 小时可生成无抗菌活性的聚合物；药品的钠盐在储存与养护中一般易发生吸湿现象；含有巯基的药品极易被氧化。由化学结构引起的药品变异现象很多，主要表现为水解、氧化、光化分解、碳酸化、聚合、异构化、脱酸等。药品与药品、溶剂、附加剂、容器、外界物质、杂质等都能发生化学反应而导致药品的变异，因此在药品的储存养护中必须引起高度重视。克服引起药品变异现象的根源，是保证药品性质稳定的重要手段和途径。

（二）外界因素使药品发生的变异现象

1. 空气

空气是各种气体的混合物。主要有氮气、氧气、二氧化碳及稀有气体等，氧气、二氧化碳对某些药品的质量影响较大。此外，在空气中还含有水蒸气及灰尘等固体杂质和微生物。在工业城市和工厂附近还混杂有氯、二氧化硫、盐酸蒸气、氨等有害气体。

（1）氧气　氧的化学性质非常活泼，露置空气中的药品常易受氧的作用而被氧化变质、失效，甚至产生毒性。许多药品都能被空气中的氧缓慢氧化。如亚铁、亚汞、碘化物、亚硝酸盐、硫代硫酸盐等能被氧化成高铁、高汞、碘、硝酸盐、二氧化硫；醇被氧化成醛，醛被氧化成酸；油脂及含油脂软膏因氧化而酸败；各种挥发油氧化后产生臭味、沉淀或颜色变深；维生素C因氧化分解失效等。药品的氧化，往往可以使药品发生颜色、气味等的改变。此外，还要注意氧的助燃性，可促使易燃药品燃烧，甚至产生爆炸。

（2）二氧化碳 药品吸收空气中的二氧化碳而变质的作用称为碳酸化。二氧化碳使药物产生的变异现象有：改变药物的酸度、促使药物分解变质、导致药物产生沉淀、引起固体药物变质，以及与药物发生化合反应等。如氨茶碱露置空气中吸收二氧化碳后，析出茶碱而不溶于水；磺胺类钠盐、巴比妥钠盐、苯妥英钠等与二氧化碳作用后，分别生成的游离型磺胺类、巴比妥类、苯妥英钠等游离体都难溶于水；某些氢氧化物、氧化物和钙盐等药品都可吸收空气中的二氧化碳而生成碳酸盐或碱式碳酸盐。

2. 光

药品在光的作用下进行的反应称为光化反应，也称光歧化反应。红外线有显著的热效应；紫外线能量较大，它能直接引起或促进（催化）药品的氧化、变色、分解等化学反应。因此储存与养护不当，就会加速药品的变异。光化作用的结果因药品性质不同，产生的变异现象也不同，有的变色，有的产生沉淀，有的在外观上并没有什么特异的变化。药品发生此种变异现象后，往往疗效降低或失效，甚至毒性增加，因此这类药品应该避光或遮光保存。

3. 温度

温度是药品变异现象的重要影响因素，常引起的药物的变异现象有高温失效以及低温变质。如生物制品类药品在10℃以上就会发生质量变异。因此每一种药品在储存养护中都要求在一定的温度范围内，《中国药典》及其他各国药典也都对此项作了专门规定。保持适当的温度是保证药品储存质量的关键环节。

4. 湿度

水蒸气在空气中的含量叫湿度，它随地区和温度的高低而变化。一般来说，温度愈高，空气中含的水蒸气愈多。湿度太大能使药品潮解、液化、稀释、水解、形状变化、变质或霉烂；湿度太小容易使某些药品风化。因此药品储存要求相对湿度（RH）为$35\%\sim75\%$。

储存药品时间的长短对药品本身的稳定性和原有质量也有影响，所以药品都有有效期。另外就是其他人为因素等都对药品的质量有一定影响。

二、常用药品的储存与养护

（一）片剂的储存养护

片剂系指药物或与适宜的辅料混匀压制而成的圆片状或异形片状的固体制剂（中药为提取物、提取物加饮片细粉或饮片细粉与适宜辅料混匀压制或其他适宜方法制成的圆片或异形片状的制剂，有浸膏片、半浸膏片和全粉片等）。片剂以口服普通片为主，另有含片、舌下片、咀嚼片、泡腾片、阴道片、阴道泡腾片、缓释片、控释片与肠溶片等。从总体上看，片剂是由两大类物质构成的，一类是发挥治疗作用的药物（即主药），另一类是没有生理活性的一些物质，它们所起的作用主要包括：填充、黏合、崩解和润滑作用，有时，还起到着色、矫味和美观作用等。由于片剂的种类很多，因此在储存养护时，要特别留心。

1. 片剂的质量变异

（1）裂片或松片 药品本身具有纤维性，使用黏合剂和湿润剂不当，压力不均，压力过大或过小，片剂露置空气过久，吸湿膨胀而产生的现象。

（2）表面斑点（花斑）或异物斑点　颗粒松紧不匀，结晶性药物混合不均匀，润滑剂色泽不好而产生片剂花斑。异物混入颗粒中使片剂表面发生斑点或因吸潮表面出现的霉斑。

（3）变色　易引湿、易被氧化的药品在潮湿的情况下与金属接触容易发生变色现象，如碱式碳酸铋、次没食子酸铋、阿司匹林片、硫酸亚铁片、维生素 C 片等。经变质变色后的药物，有的毒性增加，有的效力降低，都不能再供药用。

（4）析出另一结晶　含阿司匹林的片剂吸潮后易分解产生醋酸和水杨酸，而针状结晶的水杨酸常黏附在片剂表面和包装内壁；含薄荷脑的片剂受热后薄荷脑易挥发，挥发产生的薄荷脑蒸气遇冷又变成针状或絮状结晶析出黏附在片剂表面和包装内壁。

（5）粘连溶（熔）化　具有吸湿性或受热易溶（熔）化的药品可发生粘连和溶（熔）化。如复方甘草片吸潮后粘连成团，颜色变黑；含糖成分较多的片剂受潮受热后易溶（熔）化粘连。如三溴片极易吸潮而部分溶化等。

（6）发霉、虫蛀　片剂的包装密闭不严或储存不当，吸潮后常引起微生物繁殖而霉变。霉变并不限于含有营养性成分的片剂，因为现代药品的片剂在生产中添加的淀粉、糊精、糖等赋形剂，受潮后也可能生霉。即使毒剧药片（如升汞）或抗生素、磺胺类等药片，因其抗菌谱的范围不同，它们对霉菌无抑制作用，也可能发霉。另外，含有生药、脏器以及蛋白质类成分的片剂，如洋地黄片、甲状腺片、干酵母片等，吸潮后易发生片剂松散、霉变外，还会生虫和产生异臭。

（7）染菌　片剂如果在生产时被污染和包装材料不符合卫生要求，瓶内填塞物消毒不彻底等，常常容易引起严重的细菌污染，而外观不发生变化，造成潜在的药品质量隐患，传统药品片剂往往较现代药品片剂染菌现象严重。

（8）崩解度　有些片剂的硬度在储存期可能发生改变，影响片剂的崩解和溶出。

2. 片剂的质量验收

由于片剂在生产、储存、运输中可能会发生药品的多种变异，所以验收时应根据具体情况，对片剂的质量作抽样检查，如外观颜色、包装、均匀度检查、主药含量检查、重量差异检查、崩解度检查、染菌数（致病菌、活螨、杂菌及霉菌等）检查。一般验收入库可根据药品的性质并结合片剂剂型及包装容器的特点进行。一般应注意下列几点。

（1）包装检查　外包装的名称、批号、包装数量等是否与药品的内容物相符合，包装封闭是否严密，片剂在容器中是否塞紧以及有无破漏、破损现象。印字应清晰、端正。

（2）一般压制片检查　形状一致，色泽均匀，片面光滑，无毛糙起孔现象；无附着细粉、颗粒；无杂质、污垢；有无变色、粘瓶、生霉、松片、裂片、异物斑点等现象。含有生药、动物脏器以及蛋白质类成分的片剂还应检查有无生虫、异臭等情况。

（3）包衣片检查　有无光泽改变、褪色、龟裂、粘连、溶（熔）化、膨胀脱壳、出现花斑等现象。对于主药性质不稳定易被氧化变色的包衣片，应按规定抽取一定数量的样品，用小刀切开，观察片心有无变色和出现花斑的情况。

（4）贵重片剂检查　还应抽查包装内装是否符合规定。

（5）重量差异检查　抽查重量差异是否符合《中国药典》规定。取片剂 20 片，分别精密称定总重量，每片重量与标示片重相比较（无标示片重的片剂，与平均片重比较）（按药典中的规定），超出重量差异限度的不得多于 2 片，并不得有 1 片超出装量差异限度 1 倍。

（6）崩解时限检查　按照《中国药典》（2015 年版）（通则 0921）崩解时限检查法检查，应符合药典的规定。

片剂在入库开封检查时要注意，应使用清洁、干燥的药匙将药片取出，平铺在干净、光洁的白纸上或白瓷盘内，用肉眼逐片观察检验。片剂不应在空气中放置太久，也不能直接用于抓取，以免影响被检药片的色泽或使药片受到污染。经验收检查合格后的片剂装回盛装容器后，需重新密塞封口或贴上封签。

3. 片剂的储存养护

片剂易受温度、湿度、光线、空气的作用而开裂、霉变、变色、变质失效、糖衣变色发黏等。有些片剂的硬度在储存期可能发生改变，影响片剂的崩解度和溶出，这类片剂久储后，必须重新检查崩解时限和溶出度，合格后再用。含挥发油的片剂在储存过程中因转移和被包装材料吸附而可能影响其含量的均一性，用前应再做含量测定。糖衣片受光和空气影响，在高温易软化、熔化和粘连，所以在包装容器中应尽量减少空气的残留量。片剂储存 1 年后，应经常检查其崩解度或溶出度，考察其质量。例如：维生素 C 片为白色或浅黄色，味酸，遇光颜色逐渐变深，如温度稍高并在有水分及空气存在的情况下可迅速失效，因此本品最好储于密塞、棕色的玻璃瓶中，在瓶口下和片子上的空隙部位填塞硅胶或棉花、吸水纸等，并置于凉暗处。因此储存片剂的库房应保持干燥阴凉，具体做法如下。

（1）除另有规定外，都应置于密闭、干燥处储存，防止受潮、发霉、变质。储存片剂的仓库其相对湿度应达到要求，如遇梅雨季节或在潮热地区应该采取防潮、防热措施。

（2）糖衣片和肠溶衣片吸潮、受热后，容易产生包衣褪色、失去光泽、粘连、溶（熔）化、霉变，甚至膨胀脱壳等现象，因此储存养护要求较一般片剂更严格，应注意防潮、防热储存。

（3）含片除有片剂的一般赋形剂外，还加有大量糖粉，吸潮、受热后能溶（熔）化粘连，严重时易发生霉变，故应置于密封、干燥处储存。

（4）主药对光敏感的片剂如磺胺类片、维生素 C 片、氯丙嗪片、PAS-Na 片等，必须盛装于遮光容器内，注意避光储存。

（5）含有挥发性药品成分的片剂受热后药品极易挥发，有效成分损失，含量降低而影响药品本身的疗效，故应注意防热，置于凉处储存。

（6）含有生药、动物脏器以及蛋白质类成分的片剂，易受潮、松散、生霉、虫蛀，更应注意防潮、防热、密封，在干燥凉处储存。

（7）吸潮后易变色、变质的药品片剂，很容易发生潮解、溶化、粘连，要特别注意防潮。应在包装容器内放入干燥剂。

（8）抗生素类药品、某些生化制剂，其片剂不仅有有效期规定，而且有严格的储存条件要求，必须按其规定的储存条件储存养护。

（9）内服片剂、外用片剂必须分开储存，以免混淆错发。

（二）胶囊剂的储存养护

胶囊剂系指药物或加有辅料充填于空心胶囊或封闭于软质囊材中的固体制剂，可分为硬胶囊、软胶囊（胶丸）、缓释胶囊、控释胶囊和肠溶胶囊等。主要供口服用，也有用于其他部位，如直肠、阴道、皮下（植入）等。上述硬质或软质胶囊壳多以明胶为原料制成，现也用甲基纤维素、海藻酸钙（钠盐）、聚乙烯醇、变性明胶及其他高分子材料，以改变胶囊剂的溶解性能。胶囊剂可掩盖药物的不良气味，易于吞服；能提高药物的稳定性及生物利用度；还能定时定位释放药物，并能弥补其他固体剂型的不足，应用广泛。凡药物易溶解、易风化、刺激性强者，均不宜制成胶囊剂。

1. 胶囊剂的质量变异

（1）漏粉 硬胶囊剂在生产和储存中若太干燥，易引起胶囊脆裂而漏粉。生产时填充药品过多，合囊时压力过大，盛装不严实，运输过程中发生剧烈震动，都可能使胶囊脆裂而漏粉。

（2）漏液 软胶囊若生产不当，囊内液体可发生溢漏。溢漏的胶囊易受污染，或氧化而发生变质。

（3）黏软变形、霉变生虫 硬胶囊或软胶囊若包装不严或储存不当，均易吸潮、受热而黏软、发胖、变形或发霉变质。装有生药或生物脏器制剂的胶囊吸潮、受热后更易霉变、生虫，产生异臭。

2. 胶囊剂的质量验收

胶囊剂在入库前一般应做下列检查。

（1）查胶囊表面是否光滑清洁 有无斑点、膨胀、发黏、变硬、变形、发霉及异物黏着等情况；有无漏粉或漏液等现象。检查漏粉的简单方法是用手轻敲瓶子，看瓶底部有无细粉出现，如有细粉出现，则为漏粉。

（2）仔细检查胶囊的大小、粗细 是否一致均匀，带色胶囊色泽是否均匀，有无褪色、变色现象。

（3）查胶囊有无沙眼、虫眼。

（4）生药或生物脏器制剂的胶囊剂应特别注意有无生霉、虫蛀等现象。

（5）贵重药品的胶囊可抽验药品的装量是否符合规定。

（6）检查外包装的名称、批号、包装数量等是否与药品的内容物相符合，包装封闭是否严密，有无破漏、破损现象。印字应清晰、端正。

（7）装量差异检查 取供试品20粒，分别精密称定重量后，倾出内容物（不得损失囊壳）；硬胶囊用小刷或其他适宜用具拭净，软胶囊用乙醇等易挥发性溶剂洗净，置通风处使溶剂自然挥尽；再分别精密称定囊壳重量，求出每粒内容物的装量与平均装量。每粒的装量与平均装量相比较，超出装量差异限度的胶囊不得多于2粒，并不得有1粒超出限度1倍。

3. 胶囊剂的储存养护

吸潮易使胶囊发软黏在一起，产生松散、变色或出现严重的色斑，遇热易软化，过于干燥则胶囊失水开裂，因此胶囊剂应存于玻璃容器中，置于干燥阴凉处，温度不宜高于30℃，相对湿度以70%左右为宜，储存1年后应检查其溶出度。储存中不得出现褪色、变色、漏药、破裂、变形、粘连、异臭、霉变、结块、生虫现象。胶囊剂的储存养护，要以防潮、防热为主，并结合所含主药的特性制定具体的办法，具体如下。

（1）一般胶囊剂均应密封，储存于干燥凉处，注意防潮、防热。但也不宜过分干燥，以免胶囊脆裂。

（2）装有对光敏感药物的胶囊剂，宜储存于干燥凉处，还应避光。

（3）装有生药或生物脏器制剂的胶囊剂尤应注意密封，置于干燥凉处。

（4）抗生素类胶囊剂除按上述储存外，尚需注意其有效期或生产日期。

4. 胶囊剂吸潮的预防和处理

胶囊剂若轻微受潮，内装药品尚未变质时，可采用干燥器吸湿的办法进行预防或处理。简单方法是：将瓶盖打开，开启瓶塞，将瓶子放入盛有干燥剂如生石灰、无水氯化钙或变色硅胶等的干燥器（其他密封容器也可）内，使吸潮。此外，应根据胶囊受潮的程度决定药品在干燥器内的存放时间，若胶囊剂在干燥器放置时间太长或药瓶与干燥剂的距离很近，会使胶囊发生脆裂。对于已干燥适度、达到要求的胶囊剂应马上取出，加以密封储存。经处理过的胶囊，应由质量管理部门检验合格后销售、使用，不应久储。

（三）注射剂的储存养护

注射剂系指药物与适宜的溶剂或分散介质制成的供注入体内的溶液、乳状液或混悬液及供临用前配制或稀释成溶液或混悬液的粉末或浓溶液的无菌制剂。注射剂可分为注射液、注射用无菌粉末和注射用浓溶液。

注射剂作用迅速可靠，不受 pH、酶、食物等影响，无首过效应，可发挥全身或局部定位作用，适用于不宜或不能口服药物的患者，但注射剂研制和生产过程复杂，安全性及机体适应性差，成本较高。

1. 注射剂的质量变异

（1）变色 注射剂受氧气、光线、温度、重金属离子等的影响，易发生氧化和分解等化学变化而引起质量变异，其中变色是注射剂质量变异的一个重要标志。某些注射剂如维生素 C 注射液在安瓿内充有惰性气体如氮气或二氧化碳，以排除溶液中、安瓿空隙内空气中的氧气，或加有抗氧剂等附加剂，以使制剂稳定。但由于操作不慎，生产中通入惰性气体不足使空气排除未尽，灭菌时药品受热不均匀，储存养护不当等原因，仍可使药品逐渐被氧化分解而变色，同时同一药品同一批号的产品有时出现色泽深浅不一的情况。

（2）生霉 溶液型注射剂由于灭菌不彻底，安瓿熔封不严、有裂隙，或大输液铝盖松动等原因，在储存养护过程中常常会出现絮状沉淀或悬浮物，这是霉菌生长的现象。对于营养性成分含量高和药品本身无抑菌作用的注射剂如葡萄糖注射液，更易发生霉变现象。

（3）析出结晶或沉淀 某些注射剂如磺胺嘧啶钠注射剂、葡萄糖酸钙注射剂在储存养护过程中容易析出结晶，有些油溶剂注射剂遇冷时会析出结晶，但其在热水中加温仍可溶解而使溶液澄明，并在冷却至室温后也不再析出结晶。对于药品本身已分解变质而析出结晶或产生沉淀的注射剂，就不能再供药用。

（4）脱片 盛装注射剂的安瓿玻璃质量太差时，在装入药品后，灭菌或久储时很容易产生玻璃屑，使注射剂出现闪光即脱片及混浊现象，如氯化钙注射剂、枸橼酸钠注射剂，温度越高脱片现象越严重。用硬质中性玻璃安瓿如含钡玻璃安瓿耐碱性能较好、含锆玻璃安瓿耐酸耐碱性能均较好，用此材料的安瓿灌装注射剂可不受药品的侵蚀。

（5）白点、白块 注射剂如在生产过程中过滤不完全、安瓿未洗干净、药品本身若吸收了二氧化碳等，都有可能使注射剂中出现小白点、小白块。经过检查合格的某些注射剂，储存一段时间后，也有可能出现小白点、小白块。随着时间的延长，出现的小白点、小白块会逐渐增多，甚至使药品的溶液产生混浊、沉淀，产生这种原因的情况更为复杂，主要是受药品生产中的原材料、溶剂和安瓿本身的质量影响。如钙盐、钠盐注射剂等在储存期间很容易产生白点，安瓿玻璃的硬度偏高同时使药液本身的酸碱度发生改变时，也能使注射剂产生白点、白块。

（6）冻结 含水溶剂的注射剂在温度很低时易产生冻结现象，一般浓度低的溶液较浓度高的溶液易产生冻结现象（冰点下降）。如 5% 的葡萄糖注射剂在 $-0.5℃$ 以下时可发生冻结现象，而 25% 葡萄糖注射剂在 $-13 \sim -11℃$ 时才发生冻结现象。相同浓度的注射剂，体积大的注射剂不易发生冻结现象。

实际情况表明，冻结后的注射剂一般有以下 3 种情形。

① 大多数注射剂在 $-5 \sim -4℃$ 时可发生冻结现象，解冻后注射剂一般无质量变化。有的注射剂如复方奎宁注射剂、盐酸麻黄碱注射剂、安钠咖注射剂等解冻后有结晶析出但会逐渐溶解至完全溶解。

② 因容器的质量和注射剂的包装使盛装注射剂的容器发生破裂造成药液污染或损失。经过试验证明，一般容积大的容器比容积小的容器更易冻裂。发生此现象的原因是玻璃受冻后脆度增加，体积缩小；而药液受冻后体积膨胀，易将玻璃瓶或安瓿胀破，即使未破，稍加碰撞也会使其因震动而破裂。因此，大输液在储存过程中如果受冻，应尽量保持其静置或不动状态，减少破裂现象的发生。

③ 某些注射剂因受冻后使药品发生变质现象，致使不可再供药用。如胰岛素注射剂，受冻后其蛋白质发生变性；葡萄糖酸钙注射剂受冻后易析出大量的沉淀，即使加温处理也不容易使结晶溶解；混悬型注射剂受冻后其分散体系均被破坏，解冻后不能恢复成原来的分散体系。

（7）结块、萎缩　对于注射用粉针和注射用冻干粉针剂型，如果盛装容器干燥不彻底、密封不严、受光和热的影响，可发生粉末粘瓶、药品结块、变色以及溶化萎缩等变质现象。

（8）其他质量变异　有些注射剂可因外界因素的影响而使药品发生水解、氧化、变旋、差向异构、聚合等一些化学变化，导致药品变质失效。氨苄西林（ampicillin）、阿莫西林（amoxicillin）及其他含有氨基侧链的半合成 β-内酰胺类抗生素，由于侧链中游离的氨基具有亲核性，可以直接进攻 β-类酰胺类的羰基，引起聚合反应，影响药效。如头孢噻肟（cefotaxime）药用为顺式结构，但在光照下很容易变成反式结构，而顺式结构的抗菌活性是反式结构的 $40 \sim 100$ 倍，当此药品的钠盐在水溶液中光照 4 小时，有 95% 的损失，因此本品应避光密封储存，临用前加灭菌注射用水溶解后立即注射。四环素（tetracycline）在 pH=2～6 的条件下容易发生差向异构化，使其抗菌活性减弱或消失。

2. 注射剂的质量检查

（1）澄清度检查　生产厂家在注射剂出厂时，按规定每批逐支都进行了澄清度检查，但考虑到可能漏检，在运输或储存过程中可能发生澄清度变化，因此在入库验收时要进行澄清度检查。检查的方法和条件以及判断结果都必须按照《中国药典》（2015 年版通则 0902 澄清度检查法）规定的方法进行，一般的注射剂在黑色背景下、照度为 1000 勒克斯的伞棚灯下，用眼睛以水平方向检视，应符合《中国药典》规定。

（2）可见异物检查　可见异物的检查方法一般用灯检法，检查装置、检查人员条件、检查法、结果判定均应按《中国药典》（2015 年版通则 0904 可见异物检查法）规定进行。

（3）外观性状检查　安瓿的身长、身粗、丝粗、丝全长等符合规定；外观无歪丝、歪底、色泽、麻点、砂粒、疙瘩、细缝、油污及铁锈粉色等。液体注射剂检查应无变色、沉淀、生霉等现象；带色的注射剂应检查同一包装内有无颜色深浅不均的情况；若有结晶析出，检查经加温后是否可以溶化；安瓿是否漏气及有无爆裂。大输液或血浆代用品应检查瓶塞、铝盖的严密性及瓶壁有无裂纹等。混悬型注射剂应检查有无颗粒粗细不均或分层现象，若有分层现象经振摇后观察是否均匀混悬。注射用粉针应检查药粉是否疏散，色泽是否一致，有无变色、粘连、结块等现象。如为圆柱形瓶装，应检查瓶盖瓶塞的严密性，有无松动现象。

（4）装量检查

① 注射液及注射用浓溶液：取供试品，开启时注意避免损失，将内容物分别用相应体

积的干燥注射器及注射针头抽尽，然后注入经标化的量入式量筒内（待测体积至少占其额定体积的 40%），在室温下检视。测定油溶液或悬浮液的装量时，应先加温摇匀，按前法操作后，放冷，检视。应符合《中国药典》的有关规定。

② 注射用无菌粉剂：取供试品 5 瓶（支），除去标签、铝盖，容器外壁用乙醇擦净，干燥，开启时注意避免玻璃屑等异物落入容器内，分别迅速精密称定，倾出内容物，容器用水或乙醇洗净，在适宜条件下干燥后，再分别精密称定每一容器的重量，求出每一瓶（支）的装量与平均装量。每瓶（支）的装量与平均装量相比较，应符合《中国药典》的有关规定，如有 1 瓶（支）不符，应另取 10 瓶（支）复试，应符合规定。

3. 注射剂的储存养护

注射剂在储存养护时应根据其药品的理化性质结合其溶剂的化学特点和包装材质的具体情况综合加以考虑。

（1）一般注射剂应避光储存。

（2）遇光易变质的注射剂（主要指含有易被氧化结构的药品）如肾上腺素、氯丙嗪、维生素 C 等注射剂，在储存养护中必须采取各种遮光避光措施，以防紫外线的照射。

（3）遇热易变质的注射剂　如抗生素注射剂、生物脏器制剂或酶类注射剂、生物制品等，应在规定的温湿度条件下储存养护，同时注意防潮、防冻。

（4）钙盐、钠盐的注射剂　如氯化钠、乳酸钠、枸橼酸钠、碘化钠、碳酸氢钠、氯化钙、溴化钙、葡萄糖酸钙等注射剂，储存时间太长，药液要侵蚀玻璃，产生脱片及混浊现象，这些药品的注射剂要特别注意按批号出库。

（5）以水为溶剂的注射剂　要注意防冻、防裂，在储存运输过程中不可横卧倒置，不可扭动、挤压或碰撞瓶塞。以油为溶剂的要注意避光避热储存。注射用粉针在储存过程中应注意防潮，保持瓶盖的严密熔封。

注射剂根据注射部位不同，可分为皮内注射、皮下注射、肌内注射、静脉注射及脊柱注射等。注射剂及灭菌药物必须装于一次剂量或多次剂量用的安瓿或玻璃瓶中加以熔封，阻止微生物进入。容量有 1 毫升、2 毫升、5 毫升、10 毫升、20 毫升、50 毫升、100 毫升、250 毫升、500 毫升、1000 毫升、3000 毫升等。储存注射剂用的容器无论有色或无色，均须透明，适合澄清度的检查。注射剂的容器上必须标明注射液的名称、批号、容量与主药的含量、有效期及有关注意事项等。

除另有规定外，注射剂应置玻璃容器内，密封或熔封，避光，在凉暗处保存。冬季严防冻结。橡胶塞小瓶粉针剂应防潮以免引起粘瓶结块，大输液不得横置倒放，不要震动、挤压、碰撞瓶塞而漏气。储存中不得出现变色、生霉，析出结晶和沉淀，产生白点和白块，冻结现象。

（四）散剂（附颗粒剂）的储存养护

散剂系指药物或与适宜的辅料（中药为饮片或提取物）经粉碎、均匀混合制成粉末状制剂，分为内服散剂和外用散剂，药品包装上有时也称之为粉剂，是古老的剂型之一。散剂表面积较大，因而具有易分散、奏效快的特点。但因储存不当极易吸潮、结块，甚至变色、分解、变质。

1. 散剂的质量变异

（1）吸潮　散剂的吸潮性一般大于原料药。散剂中药品粉末吸潮后可发生很多变化，如湿润、失去流动性、结块等物理变化。要保持库房相对湿度不能超过 75%，经常检查在库除湿养护设备如除湿机、生石灰、空调的除湿功能等，保证除湿时能正常使用。

（2）变色　有些散剂遇光、热、空气或吸潮易被氧化分解变色。如《中国药典》对碱式碳酸铋、次没食子酸铋就用"遇光缓慢变质变色"加以描述。经变质变色后的药物，有的毒性增加，有的效力降低，都不能再供药用，如维生素 C 片变黄、阿司匹林片上有针状结晶析出等。

（3）异臭、异味　有些散剂由于其主药是生物制品成分，吸潮、受热后可发生霉味或异臭；有些主药性质不稳定，吸潮、受热后发生分解而产生相应的臭气和异味。如胃蛋白酶吸潮产生霉变臭，阿司匹林吸潮发生醋酸臭，氨茶碱吸潮和吸收二氧化碳后发出氨臭。

（4）挥发　有些复方散剂内若含有挥发性成分，久储或受热后易挥发而影响其药效。药品的挥发速度，取决于药品自身的沸点、药品与空气的接触面积及外界温度等因素。一般来说，低沸点药品挥发性强，药品与空气接触面积大的挥发速度快，外界温度高时挥发速度快。具有挥发性的药品，如果包装和储存不严或外界温度很高，除可造成药品挥发导致其质量减少外，有的还能引起药品串味或燃烧甚至爆炸等。

（5）分层　复方散剂若包装不满或不严，上部留有空隙时，在运输过程中可因受震动的影响，其流动性发生改变，使相对密度大小不同的各成分发生自然流动，相对密度大的下沉，破坏散剂的均匀性，造成每次使用药品的成分和用量不准，从而影响药品的疗效。个别毒性药品散剂因为储存致使其主要成分混合悬殊，使得服用药品时有可能增大毒性。

（6）霉变、虫蛀　含有蛋白质淀粉、胶质糖或生化药品等的散剂，吸潮后除发生结块、变色外，尚可发生霉变、生虫或异臭。

（7）微生物污染　散剂在制造、包装、储存过程中，杂菌和霉菌的污染情况往往比其他制剂的污染情况更为严重，将会使药品本身的质量不符合要求，甚至有可能对使用者造成危害。

2. 散剂的质量验收

根据散剂可能出现的变异现象，在入库验收时应注意检查（按照生产该散剂所用质量标准规定进行，本书采用 2015 年版《中国药典》）。

（1）包装检查　包装是否完整，有无破损、遗漏，有无浸润出现的痕迹，有无霉味等。

（2）异味检查　抽验包装，检查散剂粉末是否有异常臭味、霉味，有无因湿润现象而引起的散剂结块、虫蛀等现象。

（3）外观均匀度检查　按规定取适量散剂，置光滑纸上，平铺约 5 厘米，将其表面压平，在明亮处观察，应色泽均匀，无花纹与色斑。必要时用放大镜观察。

（4）装量差异检查　抽查装量差异是否符合相应的质量标准规定。取散剂 10 包（瓶），分别精密称定每包（瓶）内容物的重量，求出内容物的装量与平均装量。每包（瓶）装量与平均装量相比应符合《中国药典》规定，超出装量差异限度的散剂不得多于 2 包（瓶），并不得有 1 包（瓶）超出装量差异限度 1 倍。

（5）干燥失重检查　化学药和生物制品散剂，除另有规定外，按照《中国药典》（2015年版）四部"干燥失重"测定法测定，在 105℃ 干燥至恒重，减失重量不得超过 2.0%。

（6）内服、外用散剂应分开进行检查　外用散剂只要包装完整清洁，无质量疑点，一般不作开包检查。内服散剂除按规定检查外，无异常情况时尽量少拆封，以免损坏散剂的完整包装，影响药品的销售。

（7）除另有规定外，用于烧伤、严重创伤或临床必须无菌的局部用散剂，无菌检查要符合规定。

（8）微生物限度检查应符合规定，凡规定进行杂菌检查的生物制品散剂，可不进行微生物限度检查。

3. 散剂的储存养护

不同的散剂品种常可能发生潮解、风化、挥发、氧化、碳酸化等的变化。变质后的情况有结块、变色、发霉等现象。散剂的储存养护重点是防止吸潮造成的结块和霉变。

（1）散剂包装材料　常用的包装材料有包药纸（包括光纸、玻璃纸、蜡纸等）、塑料袋、玻璃管等。各种材料的性能不同，决定了它们的适用范围也不相同。包药纸中的光纸适用于性质较稳定的普通药物，不适用于吸湿性的散剂；玻璃纸适用于含挥发性成分和油脂类的散剂，不适用于引湿性、易风化或易被二氧化碳等气体分解的散剂；蜡纸适用于包装易引湿、风化及二氧化碳作用下易变质的散剂，不适用于包装含冰片、樟脑、薄荷脑、麝香草酚等挥发性成分的散剂。塑料袋的透气、透湿问题未完全克服，应用上受到限制。玻璃管或玻璃瓶密闭性好，本身性质稳定，适用于包装各种散剂。

（2）散剂包装方法　分剂量散剂可用包药纸包成五角包、四角包及长方包等，也可用纸袋或塑料袋包装。不分剂量的散剂可用塑料袋、纸盒、玻璃管或瓶包装。玻璃管或瓶装时可加盖软木塞用蜡封固，或加盖塑料内盖。用塑料袋包装，应热封严密。有时在大包装装入硅胶等干燥剂。复方散剂用盒或瓶装时，应将药物填满、压紧，否则在运输过程中往往由于组分密度不同而分层，以致破坏了散剂的均匀性。

① 纸质包装的散剂容易吸潮，应严格注意防潮储存。同时，纸质包装容易破裂，且在加工过程中常用糨糊黏合，故应避免重压、撞击，以防破漏，并注意防止虫蛀、鼠咬。

② 用塑料薄膜的散剂比用纸质包装的散剂稳定，但由于目前薄膜材料在透气、透湿方面尚有问题，故仍需注意防潮，尤其在潮热地区，此外，也不宜久储。

③ 含吸湿组分或加糖的散剂，均易吸潮、霉变、虫蛀，故尤应注意密封储存于干燥处。

④ 贵重药品散剂、麻醉药品散剂，应密封储存于可紧闭的容器内，必要时加吸潮剂。

⑤ 含挥发药品的散剂，须注意温度和湿度，应密封在容器内并于干燥阴凉处密闭储存。

⑥ 含有遇光易变质药品的散剂，应遮光密封在干燥处储存，并防止日光直接照射。

⑦ 有特殊臭和味的药品散剂，应与其他药品隔离储存，以防串味。如药用炭、淀粉、滑石粉等药品由于表面积大具有吸附作用，极易串味。

⑧ 内服、外用散剂应注意特别标识，分开储存；特殊药品的散剂应专柜、专库储存；人用、兽用、环境卫生用散剂均应分区、分库或远离储存。

⑨ 含结晶水药物的散剂，应该保持库房的相对湿度达到规定的要求，以免失去结晶水，影响药品的正确取量。

在储存中对引湿性强、极易吸潮的散剂应经常作重点养护，对吸潮剂需定期检查其效果，必要时加以更换。

　　附：颗粒剂的储存养护

颗粒剂（granules）系指药物与适宜的辅料制成具有一定粒度的干燥颗粒状制剂，颗粒剂可分为可溶颗粒、混悬颗粒、泡腾颗粒、肠溶颗粒、缓释颗粒和控释颗粒等，若粒径在105～500 微米范围内，又称为细粒剂。其主要特点是服用方便，可以直接吞服，也可以冲入水中饮入，质量稳定，口感好，应用和携带比较方便，溶出和吸收速度较快，显效迅速。

颗粒剂成本高、易潮解、对包装方法和材料要求高、机动性差无法随证加减、适口性稍差（与包衣剂相比）。易吸潮，若包装封口不严，包装纸袋或塑料袋太薄透湿，在潮湿的库房或在相对湿度较高的地方储存，有可能使药品发生吸潮结块、软化变色、生霉虫蛀等现象，不要久储，其验收储存养护方法大致与散剂相同。

储藏的相关规定：颗粒剂应干燥、颗粒均匀、色泽一致，无吸潮、软化、结块、潮解等现象。除另有规定外，颗粒剂宜密封，置干燥处储藏。

颗粒剂的标准如下。

（1）粒度 除另有规定外，取单剂量包装的颗粒剂 5 袋（瓶）或多剂量包装颗粒剂 1 包（瓶），称定重量，置药筛内过筛。过筛时，将筛保持水平状态，左右往返轻轻筛动 3 分钟。不能通过一号筛和能通过五号筛的颗粒和粉末总和，不得过 15％。

（2）水分 取供试品，照水分测定法（2015 年版通则 0832）测定。除另有规定外，中药颗粒剂水分不得过 8.0％。

（3）溶化 取供试品颗粒剂 10 克，加热水 20 倍，搅拌 5 分钟，可溶性颗粒剂应全部溶化，允许有轻微混浊；混悬性颗粒剂应能混悬均匀，并均不得有焦屑等异物；泡腾性颗粒剂遇水（水温 15～25℃）时应立即产生二氧化碳气体并呈泡腾状。

（4）干燥失重不得过 2.0％。

（5）装量差异检查法同散剂，但限度不同。

（五）糖浆剂的储存养护

糖浆剂系指含有药物、药材提取物或芳香物质的口服浓蔗糖水溶液，含糖量应不低于 45％（克/毫升）。蔗糖及芳香剂等能掩盖药物的不良气味，改善口味，尤其受儿童欢迎。糖浆剂易被微生物污染，低浓度的糖浆剂中应添加防腐剂。常用的防腐剂中山梨酸和苯甲酸的用量不得超过 0.3％（其钾盐、钠盐的用量分别按酸计），羟苯酯类的用量不得超过 0.05％。防腐剂对微生物的抑制作用有一定的选择性，故常使用混合防腐剂以增强防腐效能。必要时可加入适量乙醇、甘油或其他多元醇。

糖浆剂根据所含成分和用途的不同，可分为单糖浆、药用糖浆、芳香糖浆。糖浆最好储存于容积不超过 500 毫升的细颈瓶中，并选用质量较好和大小合适的软木塞。在填充前先将玻璃瓶和木塞洗净或煮沸，并在灭菌后加以干燥。因为瓶中有水常是招致发酵生霉的原因，故宜趁热装于干瓶中至全满，迅速用灭菌干燥的木塞妥善密塞。瓶口应用石蜡或其他胶黏剂封口。在热时填充糖浆，其上部有水蒸气，冷后即凝结为水滴，以致上层被稀释而易发酵，因此在糖浆冷却后，应立即将瓶振摇均匀即可防止。糖浆可因光线、空气和热而发生变化，因此应储存于密塞的容器中，避光置于阴凉处。储存期间不得有发霉、酸败、产气或其他变质现象。允许有少量摇之易散的沉淀。

1. 糖浆剂的质量变异

（1）霉变 由于制备糖浆剂的原料不洁净、蔗糖质量差、制法不当、包装不宜、含糖浓度偏低等原因，均可引起糖浆霉变，有时糖浆被微生物污染也可引起生霉。

（2）沉淀 如果糖的质量差，含可溶性杂质较多、含糖浓度低的糖浆剂可产生混浊或沉淀现象。

（3）变色 加有着色剂的糖浆有时色泽会发生变化，这是由于色素的原因。在生产中加热过久，在储存时温度过高，转化糖量增加，也可能形成焦糖，使糖浆颜色变暗深。

2. 糖浆剂的验收入库

（1）检查包装容器封口是否严密，有无渗漏液现象；瓶外是否清洁，有无黏结现象，有

无未擦净的糖浆痕迹。

（2）对光检视糖浆是否澄清，应无混浊、沉淀；有无糖结晶析出；同一批号的糖浆其色泽是否一致，有无变色、褪色现象；有无杂质异物。

（3）检查有无生霉、发酵　必要时开瓶尝闻，闻有无因霉变引起的异臭、异味。

（4）装量检查　单剂量罐装的糖浆剂应做装量检查。取供试品 5 瓶，将内容物分别倒入经标化的干燥量入式量筒内，在室温下检视，每瓶装量与标示装量相比较，少于标示装量的应不多于 1 瓶，并不得少于标示装量的 95％。

糖浆剂入库验收以肉眼观察为主，一般不宜开启瓶口，以防污染。

3. 糖浆剂的储存养护

（1）一般储存养护　糖浆剂容易发生霉变、变色、沉淀等质量变异。因此糖浆剂应密闭，储存于 30℃ 以下的避光处。

（2）防污染、防霉变措施　含糖 80％（克/毫升）以上的糖浆剂，使微生物在其中不易繁殖，本身具有一定的防腐作用，但如果储存温度太低易析出蔗糖结晶，故需保持清洁，预防污染。含糖 50％（克/毫升）以下的糖浆剂微生物容易滋生，一般加有防腐剂。在储存养护期间导致包装封口不严被污染，或受热糖浆剂会生霉、发酵、酸败、发臭、产气，甚至膨胀而破裂。在潮热的地区更易发生此类现象。

糖浆剂在储存时应特别注意防热、防污染。炎热季节置糖浆剂于阴凉通风处，或采取降温措施；梅雨季节检查包装封口，发现瓶盖长霉，用医用棉花蘸取 75％ 的消毒乙醇擦洗，同时按出库原则加速流通。

（3）沉淀的处理　含有少量沉淀的糖浆剂，经振摇能均匀分散则可供药用。糖浆剂发生霉变、混浊、沉淀时则不能再供药用。

（4）冻结和解冻　糖浆剂尤其是含糖量低的糖浆剂在寒冷的季节和地区容易发生冻结，冻结时其质地比较松软，不易冻裂容器，放置在室温时可自己解冻，如不能解冻，可用温水浴解冻，但不得破坏其标签。一般含糖量在 60％ 以上的糖浆剂，可无须防冻。

（六）栓剂的储存养护

栓剂系指药物与适宜基质制成供腔道内给药的固体制剂。栓剂在常温下为固体，塞入腔道后，在体温下能迅速软化熔融或溶解于分泌液，逐渐释放药物而产生局部或全身作用。早期人们认为栓剂只起润滑、收敛、抗菌、杀虫、局麻等局部作用，后来又发现栓剂尚可通过直肠吸收药物发挥全身作用，并可避免肝脏的首过效应。按给药途径不同分为直肠用栓剂、阴道用栓剂、尿道用栓剂等，如肛门栓、阴道栓、尿道栓、牙用栓等，其中最常用的是肛门栓和阴道栓。为适应机体的应用部位，栓剂的性状和重量各不相同，一般均有明确规定。

1. 栓剂的质量变异

（1）软化变形　由于栓剂基质的影响，使栓剂遇热、受潮后均可引起软化变形，变形严重时则无法供药用。

（2）出汗　水溶性基质的栓剂有很强的引湿性，吸湿后表面沾有水珠，俗称"出汗"。

（3）干化　环境过于干燥、储存时间太长的栓剂，其基质的水分容易蒸发，使栓剂出现干化现象。

（4）外观不透明　水溶性基质在生产中方法不当或在储存中受潮，使栓剂发生混浊泛白而呈不透明现象。

（5）腐败　栓剂在储存时，放置太久，基质酸败，使其产生刺激性，因微生物繁殖而腐败。

2. 栓剂的质量验收

（1）包装检查 检查栓剂包装是否符合质量要求。栓剂单个用防潮材料如蜡纸或锡箔等包裹并应存放于衬有防潮蜡纸的硬纸盒内。含水溶性基质的栓剂应存放于玻璃管或塑料管内，保持干燥独立。外包装的名称、批号、包装数量等是否与药品的内容物相符合，包装封闭是否严密，有无破漏、破损现象。印字应清晰、端正。

（2）外观检查 在入库验收时，要特别注意栓剂应无溶化走油现象，无干裂、软化、酸败、腐败等不良现象。

（3）重量差异检查 取栓剂 10 粒，精密称定总重量，求得平均粒重后，再分别精密称定各粒的重量。每粒重量与平均粒重相比较（凡有标示粒重的栓剂，每粒重量与标示粒重相比较），栓剂重量差异的限度应符合《中国药典》规定。超出限度的药粒不得多于 1 粒，并不得超出限度 1 倍。

3. 栓剂的储存养护

栓剂按照用途不同，可分为 3 类：肛门栓、尿道栓、阴道栓。栓剂在 37℃ 的体温时即可熔融和软化。生产好的栓剂为避免其被氧化、吸潮及污染，应该立即按规定包装，以免栓剂互相接触粘连。置于密闭的容器内，放在干燥凉处，30℃ 以下储存，避免重压。炎热夏季于冰箱或冷藏室冷藏。注意防热和防潮。

对受热易熔化，遇光易变质的栓剂，应密闭、避光、凉处储存；甘油明胶基质的栓剂，要注意清洁卫生，防止异物、微生物污染，要防止其受潮、干化，封口要严密，应密闭，凉处储存。储存时间不宜过长，储存过程中不得出现软化、变色、变形、熔化、走油、腐败、酸败、霉变现象。

（七）软膏剂、乳膏剂、糊剂和眼用半固体制剂的储存养护

软膏剂、乳膏剂、糊剂和眼用半固体制剂均属于半固体制剂，但眼用半固体制剂质量要求要高于前三者，主要要求是无菌，它们的储存养护方法基本相同。下面以软膏剂为例，进行药品剂型储存养护分析。

1. 软膏剂的质量变异

软膏剂在储存过程中发生变化时常有下列变异现象：酸败、流油、发硬、分离、生霉、氧化或还原变质、颜色改变。植物油或脂肪性基质制成的软膏，容易产生酸败现象；储存温度过高，软膏易流油；储存温度太低，软膏易发硬；不溶性药物制成的水溶性软膏，储存时间长或受冻，药物和基质易发生分离；水溶性基质的软膏易发霉等。

2. 软膏剂的入库质量检查

（1）检查包装容器密封是否严密，在运输过程中因挤压碰撞有无破损、漏药现象，这是检查的重点。

（2）必要时查看质地是否均匀、细腻，有无流油、发硬、霉变、酸败、分离、变色等现象。

（3）采用目视对比法，检查装量是否符合规定。

3. 软膏剂的储存养护

（1）软膏剂储存的温度越低，软膏内的微生物、霉菌、酶的活动性越小；接触的空气越少，则软膏的分解过程也进行得越慢。故软膏剂必须密闭储存于阴凉、干燥、避光的处所，温度不可超过 30℃，最好在 30℃ 以下。因为超过 30℃ 软膏熔融，油层分离，不溶药物沉于

底部。

（2）锡管软膏已具备遮光和密闭条件，在 30℃ 以下储存即可，避免受压；塑料管软膏因具有透气性，若系亲水性和水溶性基质的软膏，应避潮湿，避光储存，并避免重压和久储；玻璃瓶软膏若用的是无色瓶，必要时应考虑采用遮光外包装，一般应密闭在干燥处储存，不得倒置，避免重摔；扁盒（金属盒、塑料盒、纸板盒）已达避光要求，仅需密闭，储存于干燥处，防止重压，纸盒装不宜久储。

（3）具有特殊气味的软膏剂应注意其封口的密闭性，隔离储存放于凉处。

（4）眼用软膏剂的包装已经过灭菌处理，不能随便启封，以防微生物污染。

（5）所有软膏剂储存中不得出现变色、流油、发硬、异臭、酸败、霉变等现象。

（6）乳剂分为 W/O 乳和 O/W 乳，要求密闭、阴凉处储存。储存中不得出现酸败、恶臭、颗粒、液层析出、分层等现象。

（7）糊剂分为脂溶性糊剂和水溶性凝胶糊剂，要求密闭、阴凉处储存。储存中不得出现酸败、恶臭、变色、分层等现象。

（8）眼用半固体制剂应置遮光、灭菌容器中密闭，15℃ 条件下储存。储存过程中不得出现异臭、变色、分层、走油等现象。

三、特殊管理药品的储存与养护

（一）特殊管理药品的概念

根据《中华人民共和国药品管理法》的相关规定，国家对麻醉药品、精神药品、医疗用毒性药品、放射性药品实行特殊管理。国务院发布并实施了《麻醉药品和精神药品管理条例》《医疗用毒性药品管理办法》《放射性药品管理办法》。因此，麻醉药品、精神药品、医疗用毒性药品、放射性药品是法律规定的特殊管理药品，简称为"麻、精、毒、放"。

1. 麻醉药品

麻醉药品（narcotics）是指具有依赖性潜力，不合理使用或者滥用可以产生生理依赖性和精神依赖性（成瘾性）的药品、药用原植物或者物质，包括天然、半合成、合成的阿片类、可卡因、大麻类等。如临床上使用的止痛药吗啡、哌替啶（杜冷丁）、枸橼酸芬太尼等；止咳药阿桔片、磷酸可待因糖浆等。

2. 精神药品

精神药品（psychotropicsuhstanccs）是指作用于中枢神经系统使之兴奋或者抑制，具有依赖性潜力，不合理使用或者滥用可以产生药物依赖性的药品或者物质，包括兴奋剂、致幻剂、镇静催眠剂等。如去氧麻黄碱、三唑仑、地西泮（安定）、咖啡因等。

3. 毒性药品

毒性药品（toxic drug）是医疗用毒性药品的简称，系指毒性剧烈，治疗剂量与中毒剂量相近，使用不当致人中毒或死亡的药品。毒性西药品种：阿托品、洋地黄毒苷、三氧化二砷等。毒性中药品种：生附子、生巴豆、生马钱子、砒霜、水银、雄黄等。

4. 放射性药品

放射性药品（radiopharmaceuticals）是指用于临床诊断或治疗疾病的放射性核素制剂或者其标记药物。按医疗用途分为裂变制品、推照制品、加速器制品、放射性同位素发生器及其配套药盒、放射性免疫分析药盒等。常用品种如氙[133Xe]注射液、枸橼酸镓[67Ga]注射液、邻碘[131I]马尿酸钠注射液、氯化锶[89Sr]注射液等。

放射性药品与其他特殊管理药品的不同之处就在于其含有的放射性核素能放射出 α、β 和 γ 射线，射线具有穿透性，当其通过人体时，可与组织发生电离作用。《中国药典》（2015 年版）（二部）收载的放射性药物 30 种是由以下放射性核素制备的，分别是氟-18、磷-32、铬-51、镓-67、锶-89、锝-99、锡-117、碘-125、碘-131、氙-133、钐-153、铊-201。

上述 4 类药品均具有两重性，合理使用是医疗必需品，可以解除患者病痛；然而使用不当或滥用会影响到公众身心健康和生命安全。因此，必须对其生产、供应和使用等环节实施特殊管理。

（二）特殊管理药品的分类方法

1. 麻醉药品分类

（1）按来源及化学成分分类

① 阿片类　如阿片粉、阿片酊、阿桔片。

② 可卡因类　如辛可卡因注射剂。

③ 吗啡类　吗啡阿托品注射液、吗啡片剂。

④ 大麻类　大麻与大麻树脂。

⑤ 合成麻醉药类：哌替啶（杜冷丁）。

（2）按剂型分类

① 注射剂　美沙酮注射剂。

② 片剂　阿法罗定片。

③ 糖浆剂　磷酸可待因糖浆。

④ 散剂　阿片粉。

⑤ 透皮贴剂　芬太尼透皮贴剂。

⑥ 栓剂　阿片全碱栓剂。

（3）按临床应用分类

① 麻醉用（辅助麻醉和麻醉诱导与维持用）　舒芬太尼、瑞芬太尼。

② 镇痛用　双氢可待因、芬太尼、哌替啶。

③ 镇咳用　阿桔片等。

2. 精神药品分类

按使人体产生的依赖性和危害人体健康的程度，分为第一类与第二类精神药品。

（1）第一类精神药品　氯胺酮、去氧麻黄碱、三甲氧基安非他明、苯丙胺、三唑仑等。

（2）第二类精神药品　地西泮、咖啡因、去甲伪麻黄碱、异戊巴比妥、阿普唑仑等。

第一类精神药品的管理同麻醉药品管理一样，不能零售，只能在具有麻醉药品和第一类精神药品购用印鉴卡的医疗机构，由具有处方权的执业医师开具处方后方可使用。第二类精神药品可以由具有销售资格的药店，凭执业医师出具的处方，按规定剂量销售，处方保存 2 年备查；一般医疗机构也可以凭处方使用。

3. 医疗用毒性药品分类

按毒性药品来源，分为毒性中药和毒性化学药。

具体内容见"第四章第三节特殊管理药品入库"。

毒性化学药制剂品种：亚砷酸注射液（主要成分为三氧化二砷）。

4. 放射性药品分类

（1）按核素分类

① 放射性核素本身即是药物的主要组成部分，如^{131}I、^{125}I 等，是利用其本身的理化特性和对人体产生的生理、生化作用以达到诊断或治疗目的。

② 利用放射性核素标记的药物，如^{131}I-邻碘马尿酸钠，其示踪作用是通过被标记物本身的代谢过程来体现的。

（2）按医疗用途分类

① 用于诊断　即利用放射性药品对人体各脏器进行功能、代谢的检查以及动态或静态的体外显像，如甲状腺吸^{131}I 功能试验、^{131}I-邻碘马尿酸钠肾图及甲状腺、脑、肝、肾显像等。这类用途的放射性药品较多。

② 用于治疗　如治疗甲亢的^{131}I 等。这类用途的放射性药品较少。

（三）特殊管理药品的储存和保管要求

国家对麻醉药品、精神药品、医疗用毒性药品和放射性药品实行特殊管理。发布《麻醉药品和精神药品管理条例》（以下简称条例）具体规定麻醉药品药用原植物的种植，麻醉药品和精神药品的实验研究、生产、经营、使用、储存、运输等活动以及监督管理；《医疗用毒性药品管理办法》具体规定毒性药品的生产、收购、经营、供应、调配和违反的处罚，并列出毒性药品品种；《放射性药品管理办法》具体规定放射性药品的研究、生产、经营、运输、使用、检验、监督管理。

《中华人民共和国药品管理法》《药品经营质量管理规范》（GSP）要求药品经营企业要建立特殊管理药品的管理制度。对特殊管理药品的验收要实行双人验收制度；特殊管理药品包装的标签或说明书上必须印有规定的标志和警示说明；特殊管理药品的储存要专库或专柜存放，双人双锁保管，专账记录，账物相符；储存麻醉药品、一类精神药品、医疗用毒性药品、放射性药品的专用仓库应具有相应的安全保卫措施。特殊管理药品的购进、销售、运输、使用按国家对特殊药品管理的有关规定办理。

1. 麻醉药品、精神药品的储存和保管要求

（1）麻醉药品、精神药品的购销管理要求　国家对麻醉药品和精神药品实行定点经营制度。医疗机构应当根据医疗需要，在麻醉药品和精神药品定点批发企业采购此类药品。麻醉药品和第一类精神药品不得零售，并且由全国性批发企业和区域性批发企业将药品送至医疗机构，医疗机构不得自行提货。第二类精神药品定点批发企业可以向医疗机构或者经市级药品监督管理部门批准实行统一进货、统一配送、统一管理的药品零售连锁企业销售第二类精神药品。

（2）入库验收管理要求　麻醉药品、第一类精神药品入库验收必须货到即验；至少双人开箱验收；数量验收清点到最小包装；入库验收应当采用专用账册记录，记录的内容包括：日期、凭证号、品名、剂型、规格、单位、数量、批号、有效期、生产单位、供货单位、质量情况、验收结论、验收人员双人签字；在验收中发现缺少、缺损的麻醉药品、第一类精神药品应当双人清点登记，报医疗机构负责人批准并加盖公章后向供货单位查询、处理。专用账册的保存期限应当自药品有效期期满之日起不少于 5 年。

（3）储存养护管理要求

① 麻醉药品药用原植物种植企业、定点生产企业、全国性批发企业和区域性批发企业以及国家设立的麻醉药品储存单位，应当设置储存麻醉药品和第一类精神药品的专库。专库应当符合以下要求：安装专用防盗门，实行双人双锁管理；具有相应的防火设施；具有监控设施和报警装置，报警装置应当与公安机关报警系统联网。麻醉药品定点生产企业应当将麻

醉药品原料药和制剂分别存放。

② 麻醉药品和第一类精神药品的使用单位应当设立专库或者专柜储存麻醉药品和第一类精神药品。专库应当设有防盗设施并安装报警装置；专柜应当使用保险柜。专库和专柜应当实行双人双锁管理。

③ 第二类精神药品经营企业应当在药品库房中设立独立的专库或者专柜储存第二类精神药品。

④ 以上单位，应当配备专人负责储存养护管理工作，并建立储存麻醉药品、第一类精神药品、第二类精神药品的专用账册。专用账册的保存期限应当自药品有效期期满之日起不少于 5 年。

（4）出库管理要求　药品出库双人复核，对进出专库（柜）的麻醉药品、第一类精神药品建立专用账册，出库逐笔记录，记录的内容包括：日期、凭证号、领用部门、品名、剂型、规格、单位、数量、批号、有效期、生产单位、发药人、复核人和领用人签字，做到账、物、卡相符。

（5）过期、损坏药品的处理　要求生产、经营企业及医疗机构对过期、损坏的麻醉药品、第一类精神药品应当登记造册，并向所在地县级药品监督管理部门及卫生主管部门申请销毁，管理部门应到场监督销毁。

2. 毒性药品的储存和保管要求

毒性药品的储存养护要求按《医疗用毒性药管理办法》中的相关要求：

① 收购、经营、加工、使用毒性药品的单位必须建立健全保管、验收、领发、核划等制度；

② 严防收假、发错，严禁与其他药品混杂，做到划定仓间或仓位，专柜加锁并由专人保管；

③ 毒性药品的包装容器上必须印有毒药标志，在运输毒性药品的过程中，应当采取有效措施，防止发生事故。

3. 放射性药品的储存和保管要求

放射性药品应严格实行专库（柜）、双人双锁保管，专账记录。放射性药品的储存应有与放射剂量相适应的防护装置；放射性药品置放的铅容器应避免拖拉或撞击。

（1）入库验收　收到放射性药品时，应认真核对名称、出厂日期、放射性浓度、总体积、总强度、容器号、溶液的酸碱度与物理性状等，注意液体放射性药品有无破损、渗漏，注意发生器是否已作细菌培养、热原检查。注意放射性药品的包装是否安全实用，是否符合放射性药品质量要求，是否具有与放射性剂量相适应的防护装置。包装是否分内包装和外包装两部分，外包装是否贴有商标、标签、说明书和放射性药品标志，内包装是否贴有标签。查看标签上的药品品名、放射性比活度、装量。查看说明书上的生产单位、批准文号、批号、主要成分、出厂日期、放射性核素半衰期、适应证、用法、用量、禁忌证、有效期和注意事项等。做好放射性药品入库登记。

（2）储存养护管理要求　放射性药品应由专人负责保管；建立放射性药品登记表册，在记录时认真按账册项目要求逐项填写，并做永久性保存。放射性药品应放在铅罐内，置于储源室的储源柜内保管，严防丢失。储存放射性药品容器应贴好标签，常用放射性药品应按不同品种分类放置在通风橱储源槽内，标志要鲜明，以防发生差错。

（3）出库管理要求　要有专人对品种、数量进行复查，出库复核记录双人签名确认。

（4）特殊情况处理　发现放射性药品丢失时，应立即追查去向，并报告上级机关。过期失效而不可供药用的药品，必须按国家有关规定妥善处置。

四、危险品的储存与养护

（一）危险品的概念

危险化学品，是指具有毒害、腐蚀、爆炸、燃烧、助燃等性质，对人体、设施、环境具有危害的剧毒化学品和其他化学品。

国家对危险化学品的生产、储存实行统筹规划、合理布局。国务院工业和信息化主管部门以及国务院其他有关部门依据各自职责，负责危险化学品生产、储存的行业规划和布局。

地方人民政府组织编制城乡规划，应当根据本地区的实际情况，按照确保安全的原则，规划适当区域专门用于危险化学品的生产、储存。

（二）危险品的分类

《危险货物道路运输规则》（JT/T 617）对标国际，参考了《联合国关于危险货物运输的建议书规章范本》（第十八修订版）、《联合国关于危险货物的建议书试验和标准手册》（第六修订版）、《危险货物国际道路运输欧洲公约》（ADR 2015 年版），针对目前危险货物暴露出的罐体与介质匹配、运输车辆、托运程序、运输操作等方面的突出问题，细化、完善相关标准内容，于 2018 年 12 月 1 日开始实施。这是我国交通运输部发布的第一套完整的关于危险货物运输的标准，按危险货物具有的危险性或最主要的危险性将其分为 9 个类别，类别分列如下。

第 1 类　爆炸品，如硝铵炸药、TNT 等

第 1.1 项　具有整体爆炸危险的物质和物品，如高氯酸；

第 1.2 项　有迸射危险，但无整体爆炸危险的物质和物品；

第 1.3 项　具有燃烧危险并有局部爆炸危险或局部迸射危险或者两种危险都有，但无整体爆炸危险的物质和物品，如二亚硝基苯；

第 1.4 项　不呈现重大危险的物质和物品，如四唑并-1-乙酸；

第 1.5 项　有整体爆炸危险的非常不敏感物质；

第 1.6 项　无整体爆炸危险的极端不敏感物质。

第 2 类　气体

第 2.1 项　易燃气体，如乙炔、丙烷、氢气、液化石油气、天然气、甲烷等；

第 2.2 项　非易燃无毒气体，如氧气、氮气、氩气、二氧化碳等；

第 2.3 项　毒性气体，如氯气、液氨、水煤气等。

第 3 类　易燃液体，如油漆、香蕉水、汽油、煤油、乙醇、甲醇、丙酮、甲苯、二甲苯、溶剂油、苯、乙酸乙酯、乙酸丁酯等。

第 4 类　易燃固体、易于自燃的物质、遇水放出易燃气体的物质

第 4.1 项　易燃固体、自反应物质和固态退敏爆炸品，如硝化棉、硫黄、铝粉等；

第 4.2 项　易于自燃的物质，如保险粉等；

第 4.3 项　遇水放出易燃气体的物质，如金属钠、镁粉、镁铝粉、镁合金粉等。

第 5 类　氧化性物质和有机过氧化物

第 5.1 项　氧化性物质，如双氧水、高锰酸钾、漂白粉等；

第 5.2 项　有机过氧化物。

第 6 类　毒性物质和感染性物质

第 6.1 项　毒性物质，如氰化钠、氰化钾、砒霜、硫酸铜、部分农药等；

第 6.2 项　感染性物质。

第 7 类　放射性物质。

第 8 类　腐蚀性物质，如盐酸、硫酸、硝酸、磷酸、氢氟酸、氨水、次氯酸钠溶液、甲醛溶液、氢氧化钠、氢氧化钾等。

第 9 类　杂项危险物质和物品，包括危害环境物质。

（三）危险品的储存和保管要求

（1）生产、储存危险化学品的单位，应当根据其生产、储存的危险化学品的种类和危险特性，在作业场所设置相应的监测、监控、通风、防晒、调温、防火、灭火、防爆、泄压、防毒、中和、防潮、防雷、防静电、防腐、防泄漏以及防护围堤或者隔离操作等安全设施、设备，并按照国家标准、行业标准或者国家有关规定对安全设施、设备进行经常性维护、保养，保证安全设施、设备的正常使用。生产、储存危险化学品的单位，应当在其作业场所和安全设施、设备上设置明显的安全警示标志。

（2）生产、储存危险化学品的单位，应当在其作业场所设置通信、报警装置，并保证处于适用状态。

（3）生产、储存危险化学品的企业，应当委托具备国家规定的资质条件的机构，对本企业的安全生产条件每 3 年进行一次安全评价，提出安全评价报告。安全评价报告的内容应当包括对安全生产条件存在的问题进行整改的方案。

生产、储存危险化学品的企业，应当将安全评价报告以及整改方案的落实情况报所在地县级人民政府安全生产监督管理部门备案。在港区内储存危险化学品的企业，应当将安全评价报告以及整改方案的落实情况报港口行政管理部门备案。

（4）生产、储存剧毒化学品或者国务院公安部门规定的可用于制造爆炸物品的危险化学品（以下简称易制爆危险化学品）的单位，应当如实记录其生产、储存的剧毒化学品、易制爆危险化学品的数量、流向，并采取必要的安全防范措施，防止剧毒化学品、易制爆危险化学品丢失或者被盗；发现剧毒化学品、易制爆危险化学品丢失或者被盗的，应当立即向当地公安机关报告。生产、储存剧毒化学品、易制爆危险化学品的单位，应当设置治安保卫机构，配备专职治安保卫人员。

（5）危险化学品应当储存在专用仓库、专用场地或者专用储存室（以下统称专用仓库）内，并由专人负责管理；剧毒化学品以及储存数量构成重大危险源的其他危险化学品，应当在专用仓库内单独存放，并实行双人收发、双人保管制度。危险化学品的储存方式、方法以及储存数量应当符合国家标准或者国家有关规定。

（6）储存危险化学品的单位应当建立危险化学品出入库核查、登记制度。

对剧毒化学品以及储存数量构成重大危险源的其他危险化学品，储存单位应当将其储存数量、储存地点以及管理人员的情况，报所在地县级人民政府安全生产监督管理部门（在港区内储存的，报港口行政管理部门）和公安机关备案。

（7）危险化学品专用仓库应当符合国家标准、行业标准的要求，并设置明显的标志。储存剧毒化学品、易制爆危险化学品的专用仓库，应当按照国家有关规定设置相应的技术防范设施。储存危险化学品的单位应当对其危险化学品专用仓库的安全设施、设备定期进行检测、检验。

（8）生产、储存危险化学品的单位转产、停产、停业或者解散的，应当采取有效措施，及时、妥善处置其危险化学品生产装置、储存设施以及库存的危险化学品，不得丢弃危险化学品；处置方案应当报所在地县级人民政府安全生产监督管理部门、工业和信息化主管部门、环境保护主管部门和公安机关备案。安全生产监督管理部门应当会同环境保护主管部门和公安机关对处置情况进行监督检查，发现未依照规定处置的，应当责令其立即处置。

（9）易燃气体储存于阴凉、通风仓间内，温度不宜过高（因物而异），防止阳光直射。氧气、压缩空气、氧化剂等分开存放。储存间内的照明、通风等设施应采用防爆型，开关设在仓外，配备相应品种和数量的消防器材。罐储时要有防火防爆技术措施。露天储存夏季要有降温措施。远离火种热源，验收时注意验瓶日期，搬运时轻装轻卸，防止钢瓶及附件的破损。

第三节 医药商品盘点

一、药品在库盘点

为加强药品资产管理，真实反映库存状况，提高管理水平，企业应该定期、不定期对库存药品进行盘点，保证账货相符。

（一）盘点范围

盘点库存药品，包括合格品库（区）、待验库（区）、不合格品库（区）的全部库存，分别记录盘点情况。

（二）盘点内容

盘点时应全面核对药品通用名称、批号、规格、生产厂家、数量等信息，以保证药品来源的可追溯性。盘点发现差异时，应及时查找原因，采取纠正和预防措施，盘点差异的调查、确认和处理需有记录。

（三）盘点方法

企业应当对库存药品定期盘点，结合企业实际情况，选取合适的盘点方法。常用的盘点方法如下。

1. 动碰货盘点

动碰货盘点是指对购进、销售、退货的药品进行针对性核对，不论入库还是出库，凡是动一动、碰一碰都要盘点，此种盘点方法一般适用于当日对贵重货物的盘点，即只要有进出库业务的都要进行盘点。这种盘点方法效率高，但是盘点不够全面，容易漏点。

2. 对账式盘点

对账式盘点是指对实货有选择性地进行盘点，将盘点后的数量与计算机系统内的库存数量进行核对。这种盘点方法比较全面，操作性强，但是对账外商品无法控制。

3. 地毯式盘点

地毯式盘点是根据货物的摆放位置逐一清点数量，再与计算机系统的库存数量逐一核对，盘点完全、无遗漏。这种盘点方法耗时长、人工成本高，需彻底清点数量、核对账目时才采用这种方法。

在盘点过程中如果存在计算机库存数量与实货有差异，需查找原因。若盘点数量确实与计算机系统库存数量有差异，需要填写"报损单"或"报溢单"，按照实货数量对计算机系统中的库存数量进行调整，做到账货相符。

二、药品盘点后处理

（一）报损报溢

在商品盘点过程中，如果实货多于计算机系统库存数量，需要进行报溢处理。损溢业务执行后，商品库存数量及库存金额将相应增加。

如果实货少于计算机系统库存数量，或者有破损、过期失效、质量有问题等情况时，需进行报损处理。报损业务执行后，商品库存数量及库存金额将相应减少。

（二）报损报溢程序

在药品库存管理过程中，出现账货不符情况，保管员需要认真查找原因，及时处理，报损报溢处理过程记录要完整。

（1）填报报损/报溢单　实货多于计算机库存账的药品，保管员需填写药品报溢单；实货少于计算机库存账的药品，保管员需填写药品报损单。

（2）审批药品报损/报溢单　统一交由仓储部负责人审查，有质量问题的经质量部负责人审核签字，企业分管领导或者企业负责人审批签字。

（3）处理审批通过后，保管员依据企业分管领导或者企业负责人批准的报损/报溢审批单，在计算机库存管理系统中，选择需要报损或报溢的药品，填写报损或报溢数量等信息后，确认保存。

报损品种移入不合格品区，登记不合格药品台账，由仓储部会同有关部门集中销毁，并做好台账记录销毁。

课后练习

选择题

1. 药房及仓库的相对湿度一般应保持在（　　）。

A. 45％～70％　　　　B. 40％～75％　　　　C. 45％～75％　　　　D. 40％～70％

2. 药品零售的验收记录必须保存至超过药品有效期（　　）年，但不得少于三年。

A. 一年　　　　　　　B. 二年　　　　　　　C. 三年　　　　　　　D. 四年

3. 重点药品养护检查周期每月不低于（　　）。

A. 一次　　　　　　　B. 二次　　　　　　　C. 三次　　　　　　　D. 四次

4. 药品阴凉仓库的温度为（　　）。

A. 日常温度　　　　　B. 0～30℃　　　　　C. 不高于20℃　　　　D. 2～10℃

5. 退货药品库（区）色标为（　　）。

A. 绿色　　　　　　　B. 黄色　　　　　　　C. 红色　　　　　　　D. 蓝色

6. 药房及仓库温湿度记录应做到（　　）。

A. 每日上、下午各一次定时记录　　　　　B. 每日记录两次

C. 每日一次定时记录　　　　　　　　　　D. 每日记录一次

7. 主要检查有无吸潮结块、发黏、生霉、变色等内容的剂型为（　　）。

A. 片剂　　　　　　　B. 胶囊剂　　　　　　C. 冲剂　　　　　　　D. 散剂

8. 空气中对药品质量影响比较大的是（　　）。

A. 氧气和氮气　　　　　　　　　　　B. 氧气和二氧化碳

C. 氧气和氢气　　　　　　　　　　　D. 氮气和二氧化碳

9. 水解是药物降解的主要途径，属于这类降解的药物主要为（　　　）。

A. 酯类和酚类　　　　　　　　　　　B. 酯类和酰胺类

C. 酰胺类和酚类　　　　　　　　　　D. 酰胺类和酚胺类

10. 以下所列药品中，一般不需要在冷处储存的常用药品是（　　　）

A. 胃蛋白酶　　　　　　　　　　　　B. 胰岛素制剂

C. 双歧三联活菌　　　　　　　　　　D. 降钙素鼻喷雾剂

 参考答案

1. C　2. A　3. B　4. C　5. B　6. A　7. D　8. B　9. B　10. A

实训任务

某药品流通企业的一个阴凉库，库内外的温湿度如下，保管员张婷婷负责每天温湿度检查。

日期		库内		库外	
		温度/℃	相对湿度/%	温度/℃	相对湿度/%
4月25日	上午	16	60	12	62
	下午	18	62	19	58
4月26日	上午	12	79	10	100
	下午	15	55	16	85
4月27日	上午	17	61	15	65
	下午	21	70	18	60

请填写温湿度记录表格

日期	上午				下午			
	温度/℃	湿度/%	备注	签名	温度/℃	湿度/%	备注	签名
4月25日								
4月26日								
4月27日								

第六章
复核出库

学习目标

本章教学内容主要包括医药商品拣选及复核出库环节涉及的理论知识及操作技能。通过本章学习，达到以下基本要求：了解医药商品仓储管理的基本知识，熟悉药品的拣选、复核、装箱出库操作、单据制作与复核记录的规范填写录入；掌握冷链药品、特殊管理药品的复核和出库要求，能对过复核出库过程中的异常情况作出判断并进行相应的处理。

药品生产企业、药品经营企业都涉及医药商品的物流管理流程。本书主要以药品批发企业的物流管理流程为核心，对收货、验收入库、储存养护、拣选、复核、配装运输、单据处理等作业流程进行讲述。

药品复核出库是医药商品物流管理流程的重要环节。企业应当按照规定的程序和要求对出库药品逐批进行复核、出库，防止不合格药品出库。出库工作流程可以细分为医药商品拣选和复核出库两个方面，必须遵守《中华人民共和国药品管理法》和《药品经营质量管理规范》（以下简称 GSP）的相关规定，保证出库药品质量，防止不符合检查标准或怀疑为假劣药的药品出库或流入市场。药品出库环节是确保患者用药安全的重要环节之一。

第一节　医药商品拣选

拣选是指拣货员根据发货任务，按指令信息，从货位上提取药品，整件药品加贴箱标签，直接进入集货区，拆零品种置物流箱传到复核打包台（见数字资源 6-1）。拣选作业是医药物流配送中心运作的中间环节，是保障订单与医药商品数量和质量的重要环节之一。

数字资源 6-1

本节主要介绍药品的拣选环节，包括订单下发、拣货单制作与拣货。其中，普通药品拣选在阴凉区域内完成；冷藏、冷冻药品拣选在冷库内完成，且应当按照经过验证的标准在规定时间内完成；特殊管理药品在特殊药品规定的区域内双人完成拣选工作。

一、订单下发与拣货单制作

医药物流配送中心收到客户的订单后，将客户的订单与库存信息进行对比，确定是否接受订单与接受的程度，进行订单下发并制作拣货单。

（一）订单下发

根据客户需求，销售部门在 ERP 系统开具销售订单，订单内容包括销售开票单号、单位编号、单位名称、配送地址、税票类型、开票日期、开票时间、送货时间、出货方式、订单类型、销售汇总金额、汇总品规数、合计件数、开票员姓名、应收件数、实收件数、应收金额、实收金额、计生件数、中药件数、客户签收、备注信息。

ERP 系统中的销售订单，传至 WMS 系统，信息员将订单下发至拣货部门，按整件拣货和拆零拣货分别生成箱标签和物流箱号作为发货指令。

（二）拣货单制作

拣货单是指 ERP 系统中的销售订单，传至 WMS 系统进行拣货信息处理后，打印出来的方式。这种方式的优点是避免传票在拣货过程中受污损，并能把产品储位编号显示在拣货计划单上（表 6-1）。

表 6-1 ××××医药股份有限公司拣货计划单

收货单位：上海市××医药股份有限公司　编号 20190505

收货地址：上海市××××

序号	药品名称	生产企业	规格	批号	有效期	批准文号	区域号	货位号	数量	单价	金额	剂型

单位盖章：　　　　　　　制单人签字：×××　　　　　　　日期：××××.××.××

WMS 系统具备货位管理功能，拣货单的品名是按照货位编号重新编号的，以便拣货员行走路径最短，同时拣货单上有货位编号，拣货员按编号寻找货物，不熟悉货物的新手也容易操作。拣货单一般按作业分区和拣货单位分别打印，分别拣货后，在出货暂存区分选集货等待出货，这是一种最经济的拣货方式，但必须与货位管理配合才能发挥其效益。

根据客户订单，拣货单分为拆零订单及整件订单两种。拆零订单通常使用电子标签辅助系统实行自动化分拣，具有效率高、差错率低的特点（见数字资源 6-2）。整件订单通常使用无线手持终端辅助拣货，输入工号密码后手持终端将提示货物位置、数量等信息，完成拣货后，可及时确认并将数据上传至计算机网络系统。

数字资源 6-2

二、拣选

拣选作业是依据顾客的订货要求或配送中心的送货计划，尽可能迅速、准确地将商品从其储位或其他区域拣取出来，并按一定的方式进行分类、集中、等待配装送货的作业流程。

（一）拣选作业

拣货作业的基本过程包括四个环节，分别为拣货信息的形成、行走与搬运、拣货、集货。提高拣货作业效率主要是缩短以上四个作业时间。

1. 拣货信息的形成

拣货作业开始前，指示拣货作业的单据或信息必须先行处理完成。多数拣货方式仍需将原始传票转换成拣货单或电子信号，使拣货员或自动拣取设备进行更有效的拣货作业。可利用 EOS（electric ordering system）、POT 直接将订货资讯通过计算机快速及时地转换成拣货单或电子信号，这是现代配送中心必须解决的问题。

2. 行走与搬运

拣货时，拣货作业人员或机器必须直接接触并拿取货物，这样就形成了拣货过程中的行走与货物的搬运。

3. 拣货

无论是人工或机械拣取货物，首先必须确认被拣货物的品名、规格、数量等内容是否与拣货信息传递的指示一致。这种确认既可以通过人工目视读取信息，也可以利用无线传输终端机读取条码，由电脑进行对比；后一种方式可以大幅度降低拣货的错误率。拣货信息被确认后，拣取的过程可以由人工或自动化设备完成。

4. 集货

医药物流配送中心根据不同的客户或送货路线，设置相应的分类集中区域，有些需要进行流通加工的商品还需根据加工方法进行分类，加工完毕再按一定方式分类出货。拣货员按照拣货单完成医药商品的拣选后，订单中的整件药品直接送入相应的集货区，拆零订单的药品送至复核包装区。

（二）拣货方法

1. 单一拣选

单一拣选也称为摘果式拣选。常见的方式为单人拣取、分区接力拣取、分区汇总拣取。单一拣选准确度较高，很少发生货差，并且机动灵活，适用于用户不稳定，波动较大、用户需求种类不多、用户之间需求差异较大，配送时间要求不一的情况。

2. 批量拣选

批量拣选也称为播种拣选。是将数张订单汇总成一批，再将各订单相同的商品订购数量加总起来，一起拣取处理。批量拣选常见分批方式为按拣货单位分批、按配送区域路径分批、按流通加工需求分批、按车辆需求分批。批量拣选有利于进行拣取路线规划，减少不必要的重复行走，计划性较强，规划难度较大，容易发生错误。适用于用户稳定而且用户数量较多的专业性配送中心。

3. 复合拣选

为克服单一拣选和批量拣选方式的缺点，配送中心也可以采取单一拣选和批量拣选组合起来的复合拣选方式。复合拣选即根据订单的品种、数量及出库频率，确定哪些订单适应于单一拣选，哪些适应于批量拣选，分别采取不同的拣货方式。

（三）拣货操作程序

1. 扫描拣货信息

扫描员利用扫描枪扫描周转箱条码，索取拣货任务，有拣选任务的巷道以及对应的货架电子标签亮起。

2. 拣货

拣货人员到亮灯的巷道，根据亮起的电子标签指示的货位及数量进行拣货。

3. 拍灭指示灯

每拣选一个商品后，拍灭对应货位电子标签的指示灯。

4. 作业完成指示灯亮

当该拣货区域所有货品拣选完毕，该区域的作业完成指示灯亮起并提示下一拣选区域。

5. 周转箱放置流水线

拣货员将周转箱正确放置操作台。

（四）拣货注意事项

1. 特殊药品的处理

特殊管理药品双人拣选，双人发货，放置于特殊药品专库内待发区。

2. 停止拣货情况处理

当拣货员拣选时发现以下情况，应停止拣货，并立即报养护员将药品在系统中锁定，通知质量管理员进行复检，质量管理员确认为不合格的，通知保管员将药品移入不合格药品库。

① 药品包装内有异常响动和液体渗漏。

② 外包装出现破损、封口不牢、衬垫不实、封条严重损坏等现象。

③ 包装标识模糊不清或脱落。

④ 药品已超过有效期。

三、补货

补货作业是依据拣货区内各种药品的储存量要求，将库存药品运送到拣货区，并准确地放置到相应区域的作业流程。当拣选区的存货水平下降至预先设定的标准数量以下时，为补充拣货区所缺药品，需进行的操作。

（一）补货作业

补货作业的基本过程包括补货信息确认、行走与搬运、货品上架。

1. 补货信息确认

补货作业开始前，先对系统的库存数据进行确认，确定属于缺货时，将暂时缺货标签放置在货架上。补货品项依促销品项、主力品项、一般品项的重要等级依次补货上架。补货作业也必须遵循先进现出的原则。

2. 行走与搬运

补货作业人员或机器将货物从库区运送至拣货区的过程。

3. 货品上架

无论是人工或机械补货，首先必须检查商品的质量、外包装等是否完好，然后按区域依货架的顺序将货品上架。

（二）补货运送方式

1. 取货箱补货

当需要补充的货物体积小、数量少、品种多时，补货人员用取货箱到保管区取货，待取货箱装满后，用手推车运送到拣货区分别上架的补货方式。

2. 托盘补货

当需要补充的货物体积大、数量多、整箱包装时，补货人员在保管区将货物放到托盘上，用叉车等将托盘由保管区运到拣货区，再放置到拣货架相应区域的补货方式。

3. 货架补货

对于体积小、流动性不大的货物，常存放在同一货架的上下两层，下层作为拣货区，上层作为保管区。补货人员将上层货物移出一部分补充到下层，使其达到设定标准的补货方式。

（三）补货时间

1. 定时补货

定时补货是指配送中心在非拣货高峰时段，补货人员定时检查拣货区的存活情况，并对缺货商品即时补货。适用于拣货时间固定、紧急情况较多的配送中心。

2. 随机补货

随机补货又称不定时补货，是指配送中心设定专门的补货人员，随机检查拣货区存货状况，发现不足则立即进行补货。适用于补货量小、不确定性大的情况。

（四）补货操作类型

1. 批量补货

批量补货是指每天将拣货区所缺的货物一次性补足的方式。适用于一天的作业量变化不大、紧急插单少或是每批次拣货量大的情况。

2. 直接补货

直接补货是指在进货时货物不进入保管区而直接运至拣货区的补货方式。适用于货物周转非常快的中转性配送中心的补货。

3. 复合式补货

对于货物分别保管在高层货架（第一保管区）和拣货区旁（临时保管区）两个区域的情形，补货操作分为两阶段进行，首先货物先从第一保管区移至第二保管区，当拣货区存货降到设定标准以下时，再将货物从第二保管区移到拣货区，这种补货操作称为复合式补货。

4. 自动补货

自动补货是指在自动化管理仓库中，通过计算机发出指令，货物被自动从保管区送出，经过扫描商品及容器条码后，将商品装入相应的容器，然后容器经输送机被运到旋转货架处进行的补货。

知识链接

以 WMS 系统的操作为例，讲述医药物流企业拣货的流程。

一、拣货任务调度分配

① 配货员登录 WMS 管理系统，双击【出库作业】，点击【暂存区整理】（图 6-1），在"整理类型"中选择清空暂存区，选择（点蓝）需清空的细目（可多选），点击【确定［F6］】。

② 配货员双击【任务调度与分配】（图 6-2），选择业主，点击"正常出库"，选择（点蓝）需要下发任务的细目（可多选），点击【安排批次［F1］】，系统自动弹出"已生成批次"，配送员点确定。

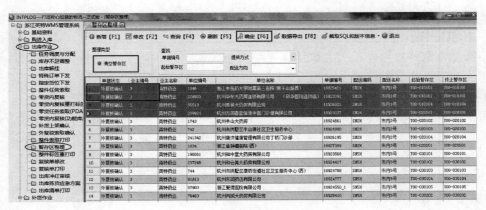

图 6-1 暂存区整理

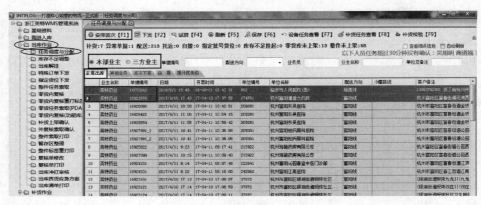

图 6-2 任务调度与分配

③ 配送员在【任务调度与分配】界面，点击"批次下发"（图 6-3），选择批次号，点击【试算［F4］】进行试算，系统自动弹出"试算通过"确定，配送员确定后点【下发［F2］】，系统自动弹出"是否下发批次"，配送员点击"是"，完成批次配货。

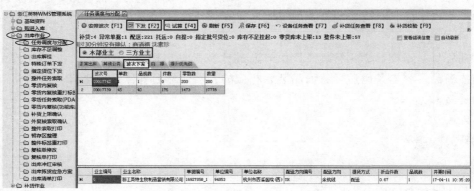

图 6-3 批次配货

二、散件拣货

（一）散件 BC 类拣货

1. 拣货任务索取

拣货员在 PDA 界面上，输入工号、密码，登录 PDA 操作界面（图 6-4）；点击"出库拣货"，弹出"拣货获取"界面，扫描拣货小车条码，将拣货篮放置在拣货小车上，点任务索取，进入"拣货确认"界面。

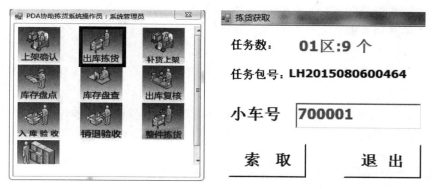

图 6-4 拣货任务索取

2. 拣货确认

拣货员根据 PDA "拣货确认"界面上提示货位（图 6-5)，用 PDA 扫描货位，根据提示的拣货数取出药品，并放置在对应的拣货篮中，PDA 上点确认键，PDA 自动提示下一拣货位置，拣货员逐一完成拣选任务，点"确定"。

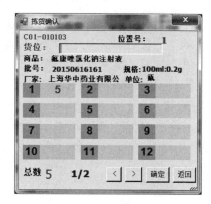

图 6-5 拣货确认

3. 绑定播种墙

拣货员拣选完毕点"确定"后，PDA 进入"小车绑定播种墙"界面（图 6-6)，扫描播种墙条形码，点绑定，PDA 自动弹出"绑定成功"。

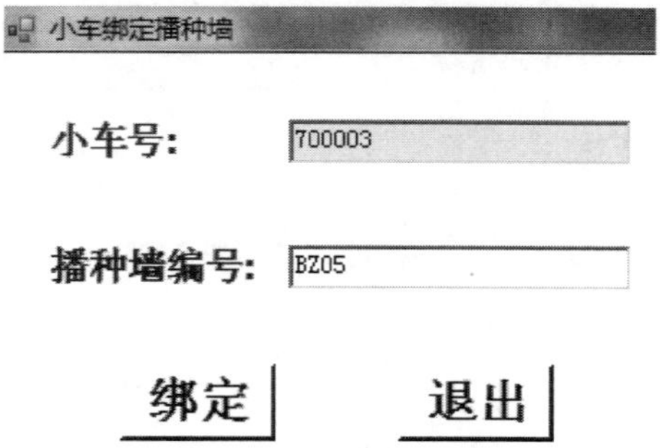

图 6-6 绑定播种墙

（二）BC 类投箱及 A 类拣货

当 BC 类药品拣货完成绑定播种墙后，或者有 A 类拣货任务时，触发空箱投放任务，此时输送线上的任务指示灯亮起，拣货员投放空周转箱在动力输送线投箱口上，经 BCR 扫描关联将播种墙任务和 A 类拣货任务分配给周转箱。

1. BC 类投箱

① 拣货员用扫描枪扫描周转箱上的条码，点亮播种区的指示灯和对应位置电子标签的指示灯。

② 拣货员按灭电子标签的指示灯，将拣货篮放置在对应的周转箱上，并将周转箱推送至动力输送线上，进入内复核环节。

2. 混 BC 类投箱及 A 类拣货

① 拣货员按 BC 类投箱操作完将周转箱推送至动力输送线上后，周转箱经过 A 类输送线 BCR 扫 01 描区域时，BCR 读取信息并启动顶升移栽设备，如 01 区有拣货任务，则 01 区域输送线的顶升移栽设备将周转箱移出动力输送线。

② A 类拣货员用扫描枪扫描周转箱条码，点亮有任务的电子标签指示灯，拣货员按灭电子标签的指示灯，将所拣药品放置在对应的周转箱上，并将周转箱推送至动力输送线上，如 01 区无拣货任务，周转箱直接输送至 02 区域，依此类推拣货结束，进入内复核环节。

3. 纯 A 类订单拣货

① 系统任务下发后，直接触发空箱投放任务，此时输送线上的任务指示灯亮起，拣货员投放空周转箱在动力输送线投箱口上，经 BCR 扫描关联 A 类拣货任务分配给周转箱。周转箱经过 A 类输送线 BCR 扫 01 描区域时，BCR 读取信息并启动顶升移栽设备，如 01 区有拣货任务，则 01 区域输送线的顶升移栽设备将周转箱移出动力输送线。

② A 类拣货员用扫描枪扫描周转箱条码，点亮有任务的电子标签指示灯，拣货员按灭电子标签的指示灯，将所拣药品放置在对应的周转箱上，并将周转箱推送至动力输送线上，如 01 区无拣货任务，周转箱直接输送至 02 区域，依此类推至拣货结束，进入内复核环节。

三、整件拣货

（一）被动补货移位

1. 补货任务索取

拣货员在计算机上输入工号和密码登录 WMS 管理系统，双击【出库作业】，双击【整件任务索取】（图 6-7），输入工号，点击【索取［F1］】，系统自动打印出"被动补货标签"。

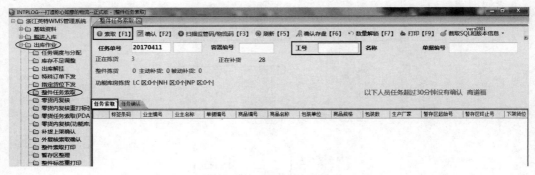

图 6-7　补货任务索取

2. 整件拣货

拣货员在 PDA 界面上，输入工号、密码，登录 PDA 操作界面，点击"整件拣货"进入整件拣货界面，用 PDA 扫描被动补货标签上的条码，按"ENT"，拣货员按标签提示到指定的货位去拣选商品，核对商品名称、数量、批号等，核对后用 PDA 扫描货位，拣货并将"被动补货标签"贴在所拣药品上，按"ENT"，PDA 上弹出"确认成功"，拣货员再次按"ENT"，拣货完成，拣货员退出"整件拣货"界面。

3. 补货上架

拣货员点击"补货上架"进入补货上架界面，用 PDA 扫描贴在药品上的被动补货标签上的条码，按"ENT"，将药品放置在 PDA 上提示的货位上，PDA 扫描货位，按"ENT"，PDA 上弹出"标签条码确认完成"，再次按"ENT"，补货移位完成。

（二）拣货出库

1. 拣货任务索取

拣货员在计算机上输入工号和密码登录 WMS 管理系统，双击【出库作业】，双击【整件任务索取】（图 6-8），输入工号，点击【索取［F1］】，系统自动打印出"拣货标签"。

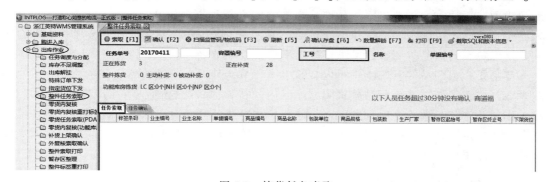

图 6-8　拣货任务索取

2. 整件拣货

拣货员在 PDA 界面上，输入工号、密码，登录 PDA 操作界面，点击"整件拣货"进入整件拣货界面，用 PDA 扫描"拣货单条码"，按"ENT"，拣货员按标签提示到指定的货位去拣选商品，核对商品名称、数量、批号等，核对后用 PDA 扫描货位，拣货并将"拣货标签"贴在所拣药品上，按"ENT"，PDA 上弹出"监管码扫描"界面，拣货员扫描药品监管码，按"ENT"，PDA 上弹出"确认成功"，拣货员再次按"ENT"，拣货完成。

① 当拣货单订单单品规拣货件数＜10 件时，每箱货一张标签，拣选完成后将商品投放输送线，通过输送线送至集货滑道口。

② 当拣货单订单单品规拣货件数＞10 件（含 10 件）时，只打印一张标签，拣货完成商品，然后按照标签上显示的暂存区信息，通过电梯投放至月台暂存区。

四、功能库房拣货

1. 拣货任务索取

拣货员在计算机上输入工号和密码登录 WMS 管理系统，双击【出库作业】，双击【特殊零货任务索取】，输入工号，点击【索取】，系统自动打印出纸质"功能库房拣货单"。

2. 拣货

拣货员根据拣货单的提示，在对应的货位完成拣货。

3. 确认拣货

拣货员在 PC 机上，双击【出库作业】，双击【特殊零货任务索取】，输入工号，用扫描枪扫描纸质拣货单条码，点击【确认存盘［F6］】，系统自动弹出"真的要确认存盘吗？"拣货员选择"是"。

4. 特殊药品拣货

特殊管理药品、蛋肽需要双人拣货的药品，在拣货员 1 选择存盘后，系统自动弹出"是否重新登录拣货"，拣货员 1 选择"是"，系统自动弹出 WMS 管理系统登录界面，拣货员 2 输入工号、密码登录，系统自动弹出"存盘成功"，按回车，拣货完成。

第二节　医药商品复核装箱

复核是指复核人员扫描物流箱号提取复核任务，仔细核对品种数量、批号、质量状况，对赋码品种进行扫码上传。出库包括整件药品出库、普通药品拼箱出库和冷链药品拼箱出库；拼箱是指医药商品在销售时，由于单笔订单订货品种较多，而单品种数量较少，为便于出库运输而选用适宜的包装将不同品种、规格的零货药品集中拼装至同一包装箱内的过程。复核出库是医药物流配送中心运作中的重要环节之一，是医药商品出库前的复核检查和合理拼箱，是保障医药商品按照客户要求正确出库的重要环节之一。

本节主要介绍药品的复核、拼箱包装和出库环节。其中，普通药品应在阴凉库（区）内完成复核、拼箱工作，并将药品放置阴凉库（区）待发区；冷链药品应在冷库内完成复核、拼箱工作，并将药品放置冷库待发区；普通药品和冷链药品同时出库时，先进行普通药品拼箱出库作业，再进行冷链药品拼箱出库作业；特殊管理药品在特殊药品规定的区域内双人完成复核、出库工作，放入特殊药品专库内待发区。

一、普通药品复核拼箱

（一）复核

1. 打印复核单

复核人员扫描物流箱号提取复核任务，打印复核单，复核单上包括整货和零货的品规明细。

2. 对实物进行复核

复核员根据复核单上的信息，找到对应货位的零货拼箱周转箱和整件货物，检查药品包装，检查药品标签，按箱标签或装箱单所列项目清点核对包括药品的品名、剂型、规格、单位、数量、生产批号、有效期、厂牌、质量状况等，保证数量、质量，对赋码品种进行扫码上传。在复核时发现药品与票据内容不一致时，应立即向拣货员提出，确认原因后调整更换。

3. 确认复核

复核完毕后由复核人员在系统中点击"复核"按钮，确认复核结果。凡当天发出的药品，当天复核完毕。

4. 出库复核记录

药品出库复核完毕，在 ERP 系统中进行出库复核确认，生成出库复核记录单（表 6-2）。复核记录应包括：购货单位、药品通用名称、剂型、规格、批号、有效期、生产厂商、数量、出库（销售）日期、质量状况和复核人员等项目。记录保存应不少于 5 年。

表 6-2　××××医药股份有限公司药品出库复核记录单

收货单位：上海市××医药股份有限公司　编号 20190505

收货地址：上海市××××

序号	购货单位	药品名称	剂型	规格	生产企业	批号	批准文号	有效期	数量	质量情况	备注

单位盖章：　　　　　　　　　　复核人签字：×××　　　　　　复核日期：××××.××.××

（二）普通药品复核拼箱

1. 普通药品拼箱要求

① 非药品、外用药、液体药、易串味药、其他药品之间要分开摆放。非药品、外用药、液体药、易串味药数量较多时，可单独装箱；若数量较少时可与其他药品一起混合装在一个箱体内，但非药品、外用药、液体药、易串味药、其他药品之间应用隔板分开。

② 同一品种的不同批号或规格的药品拼装于同一箱内。

③ 多个品种，应尽量分剂型进行拼箱。

④ 多个剂型，应尽量按剂型的物理状态进行拼箱。

常见易串味药品　主要包括内服制剂、外用贴膏、外用搽剂和外用酊剂等。内服制剂如人丹、藿香正气水（液、胶囊）、十滴水、速效救心丸、正露丸等；外用贴膏如狗皮膏、关节止痛膏、伤湿止痛膏、风湿膏、追风膏、骨痛膏等；外用搽剂如风油精、红花油、清凉油、风湿油等；外用酊剂如皮康王、皮炎宁酊、止痛酊、肤阴洁、洁尔阴等。

2. 安全包装

（1）液体药品的安全包装　非药品、外用药、液体药、易串味药、其他药品需要混合装在同一箱体内时，将液体药品用防护包装物缠绕并用胶带进行固定。对药品上下或左右缠绕均可，确保缠绕后药品防撞不受挤压。

（2）易串味药品的安全包装　非药品、外用药、液体药、易串味药、其他药品需要混合装在同一箱体内时，将易串味药品用塑料袋装起来并用胶带封口，防止串味，影响其他药品质量。

3. 外包装箱的选择

装箱员应根据药品多少、大小及运输方式选择适合的外包装箱，选择的箱体不宜过小或过大，过小的外包装箱会对药品造成挤压；过大的外包装箱会使药品在箱体内晃动，从而造成药品在箱体内相互碰撞。选择箱体时，箱体长度应大于液体药品包装物的长度，箱体高度应高于液体药品包装物的高度。

4. 装箱

装箱时遵循"大不压小""重不压轻""整不压零""正反不倒置""最小受力面"的原则，以免在运输过程中造成医药商品破损。药品进行装箱时，可根据药品数量的多少、配送区域气候状况，选择以下一种或多种方式进行装箱作业。

（1）分开装箱　非药品、外用药、液体药、易串味药数量较多时，可分开装箱。装箱时，箱内空隙的地方应用符合规定的衬垫物塞紧，防止碰撞；纸箱未装满的情况下，用其他的碎纸箱在上面覆盖一层，起保护的作用。受拼装箱大小限制，摆放时，可将药品上下叠层摆放，但需要注意的是，液体不能倒置、重不压轻。

（2）拼箱　非药品、外用药、液体药、易串味药数量较少时，可和其他药品混合装在一个箱体内。装箱时，应将非药品、外用药、液体药、易串味药、其他药品之间用隔板分离。

一般情况下，装箱时，首先放置长度较长或体积较大的药品，液体药品不能倒置，重不压轻。空隙的地方应用符合规定的衬垫物塞紧，防止碰撞；纸箱未装满的情况下，可在上面覆盖一层填充物，如硬纸壳、空气袋等，避免药品运输过程中碰撞、挤压。

（3）防寒打包　对需要发运至严寒地区而且必须防寒、防冻的，应按规定垫衬防寒物，严格做好防寒打包。

5. 封箱贴签

（1）十字封箱并贴装箱清单　药品拼装完毕后进行封箱，封箱需要用胶带对药品进行十字封箱，封箱的同时，用胶带将装箱清单（表 6-3）封在箱体的正上方。需要注意的是，装箱清单不能遮挡箱体上的药品相关信息。

表 6-3　××××医药股份有限公司装箱清单

收货单位：上海市××医药股份有限公司　编号 20190505

收货地址：上海市××××

购货单位	药品名称	剂型	规格	生产企业	批号	有效期	数量

　　　　　装箱人：　　　　　　　　　　　　　　　　　　　　　　　日期：

（2）贴拼箱、易碎等标志　复核员将打印好的拼箱、易碎标签贴在箱体顶面显眼位置，标签不能遮挡装箱清单或其他药品关键信息。

6. 将药品放置待发区

药品封箱、贴签完成后，将药品放置仓库指定的待发货区域。

（三）复核拼箱注意事项

复核时如发现以下问题不得出库，并报告质量管理部门处理。

① 药品包装内有异常响动和液体渗漏。

② 外包装出现破损、封口不牢、衬垫不实、封条严重损坏等。

③ 包装标识模糊不清或脱落。

④ 药品已超出有效期。

⑤ 其他异常情况。

二、特殊管理药品复核拼箱

1. 复核要求

复核到每个最小包装。复核员按照发货凭证对实物进行质量检查、有效期检查、项目与数量核对和专有标识的检查，并复核到每个最小包装。

2. 包装要求

对专有标识和运输标志进行复核。特殊药品要求选择合适的包装材料进行正确包装、装箱并包扎牢固，复核员要同时检查箱外的专有标识和运输标志。

3. 人员要求

双人复核、双人签字。麻醉药品、精神药品、医疗用毒性药品、放射性药品、蛋白同化制剂、肽类激素类药品等特殊管理药品，要求双人同时在场、面对面复核，使货单相符，并双人签字，填写特殊药品复核单（表6-4）。

表 6-4　××××医药股份有限公司特殊管理药品出库复核记录单

收货单位：上海市××医药股份有限公司　编号 20190505

收货地址：上海市××××

序号	购货单位	药品名称	剂型	规格	生产企业	批号	批准文号	有效期	数量	质量情况	备注

单位盖章：　　　　第一复核人：×××　　　　第二复核人：×××　　　　日期：××××.××.××

三、冷藏药品复核拼箱

冷藏药品复核员应经过相关培训并考核合格后方可进行操作。冷藏药品的拼装应该在冷库内完成，拆零冷藏药品出库拼装必须与其他药品分开。拼装冷藏药品可根据数量，选择适合的保温箱或冷藏车，若冷藏药品数量少，不能填满时，可采用无污染的泡沫进行填充。

（一）保温箱选取

保温箱在使用前应经过验证，选择在冷库已经预冷，箱体温度已经达到运输药品包装标示温度范围的保温箱；检查保温箱的密闭性及温控监测设备是否完好，电池电量是否充足。蓄冷剂（冰排）应在5～7挡冷冻区（−16～26℃）的冰柜中充分冻结，冷冻时间为 24 小时以上。其他物品如隔离纸板、无污染泡沫等均应事先放置于冷库内，使表面温度降到规定的范围内。

（二）拼装复核

复核员应将蓄冷剂合理摆放于冷藏箱内，避免冷量释放不均匀而影响药品质量。采用隔层装置，将药品与冰袋、冰排等蓄冷剂进行隔离，防止对药品质量造成影响。

1. 拼装要求

将不同种类的药品、同种药品不同批号分开摆放。

2. 安全包装

将不同种类的药品、同种药品不同批号分别用塑料袋装好，并用胶带封闭。防止药品在保温箱内受潮变质。

3. 装箱

将使用安全包装的药品放入保温箱，并将保温箱中的温度记录仪探头直接放在药品的安全包装上。

4. 冰排放置

根据保温箱放置冰排要求，选择相应的冰排种类、数量，按要求合理放置冷藏或冷冻冰排（见数字资源 6-3）。冰排使用前，应根据验证结论在规定的时间和温度环境下进行预冷或冷冻，冷冻的冰排应经过释冷后，方可使用。

数字资源 6-3

放置冰排时，为防止药品与冰排直接接触，放置冰排的同时应放置隔离装置。

5. 封箱并贴签

复核员核对药品的品名、规格、数量、厂家等信息，核对完毕后，将保温箱箱盖封闭，在箱外贴冷藏医药商品货物标签，并用胶带将装箱清单封在箱体的正上方（见数字资源 6-4）。同时在箱体右上方贴拼箱、易碎标签等。

数字资源 6-4

6. 将药品放置待发区

药品封箱、贴签完成后，将药品放置冷库指定的待发货区域。

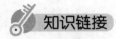

以 WMS 系统的操作为例，讲述医药物流企业复核的流程。

一、散件复核、装箱

（1）散件拣货完成后，药品通过流水线自动分拨到复核操作台。

（2）复核员输入工号、密码登录 WMS 管理系统，双击【出库作业】，点击【零货内复核】，用扫描枪扫描周转箱条码，索取任务，系统提示复核箱子对应的拣货信息。

（3）复核员扫描药品上的商品码或双击系统中的"商品名称"，复核员对药品品名、规格、数量、生产批号、有效期、生产厂家等信息进行核对和外观质量进行检查。

（4）如果是电子监管药品则系统提示扫描监管码，弹出扫描监管码界面供复核员扫描。复核员选择扫描规则（系统默认扫描小包装电子监管码），用扫描仪扫描电子监管码，扫描完成后系统自动跳回【零货内复核】界面，复核完成的细目自动变红。复核员将复核好的药品放置在包装箱内。

（5）重复（3）和（4）步骤，直到完成当前复核任务及电子监管码扫描。复核员按空白键打印"拼箱标签"，点【复核［F7］】或按键盘"F7"，系统自动弹出"真的确认吗"，点击"是"系统自动弹出"内复核成功"，按"回车"键确认。

（6）复核员将封箱并将标签中有文字信息的贴在拼箱右上角，并将已贴好标签的药品投放到输送线上，传输至集货区分道口。

二、整件复核、外复核

（一）拼箱集货

零货拼箱通过输送线送至传输至集货区分道口，外复核员在分拨道口将药品堆码在托盘，根据拼箱标签条码，放置在对应的集货点货位暂存。

（二）整件集货

① 10 件以下整件药品通过输送线传输至集货区分道口，外复核员在分拨道口将药品堆码在托盘，根据拼箱标签条码，放置在对应的集货点货位暂存。

② 10 件以上整件药品拣货员根据拣货标签条码直接送至对应的集货点货位暂存。

（三）外复核

外复核员在 PDA 上点击【PDA _ SYSTEM】图标，输入验收员工号、密码，点击【出库复核】图标，进入外复核界面，显示当前复核任务，按【条码索取】扫描外箱标签条码的条码，点击【确认】索取复核任务，若整件核对药品品名、规格、批号、生产日期、有效期、数量与实物的信息；散件拼箱只核对件数，完成核对后，点击【确认】或"回车"。提示该货品已完成复核，货品码放整齐，用叉车将商品拉到对应待发区货位。

（四）冷藏、冷冻药品的复核

（1）冷藏、冷冻药品的复核在冷库内进行。

（2）冷藏车配送的，复核员按照"集货单"信息对实物进行品名、规格、剂型、数量、生产批号、有效期、生产厂家等内容的核对和外观质量检查。无误后，对有电子监管码的药品要进行逐条扫描装箱，对药品进行防潮包装。用胶带封箱，并贴上"冷藏药品"标签。在集货单，注明拼箱件数并签字。在箱上写明集货单的"调度细单 ID 号"和件数以及客户名称。

（3）保温箱配送的，复核员按照"集货单"信息对实物进行品名、规格、剂型、数量、生产批号、有效期、生产厂家等内容的核对和外观质量检查，无误后，对有电子监管码的药品进行逐条扫描装箱，对药品进行防潮包装，根据验证数据放入适量的蓄冷剂，做好与蓄冷剂的有效隔离，并贴上"冷藏药品"标签，在标签内写明"调度细单 ID 号"和件数以及客户名称。复核员在集货单注明拼箱件数并签字。

（4）复核员将货品放在冷库待发区。

（5）复核时发现以下情况停止发货并报质量管理部处理：药品包装内有异常响动和液体渗漏；外包装出现破损、封口不牢、衬垫不实、封条严重损坏等现象；包装标识模糊不清或脱落；药品已超过有效期的；有其他质量问题不能销售药用的。

（6）复核员凭集货单在系统"装箱完工"功能录入冷藏、冷冻整散件件数并保存。系统自动生成"药品出库复核记录"。

（五）特殊管理药品复核

① 特殊管理药品在专库内双人复核，并双人签字。

② 装箱后，在麻醉药品和精神药品包装箱上、下均贴上"特殊药品"封签。

第三节　医药商品出库

一、药品出库原则

药品出库必须遵循先产先出，近期先出，按批号发药的原则，先进先出、易变先出。

（1）先产先出原则　同一品名、规格的药品在出库时应首先将生产日期在先的批号发出；这是因为缩短药品最终使用前的流通储存时间对于药品的质量保证管理和药库的经济管理都是有积极意义的。

（2）近期先出原则　因为药品有使用期限的规定，所以同一品名、规格的药品在出库时应首先将较接近有效期截止日期的批号发出，这是保障药品质量的重要条件。遵循近期先出的原则，就是要达到药品在接近有效期截止日期之前投入使用的目的。

（3）按批号发药原则　药库发药时要按所发药品的批号顺序尽量以同一批次内的数量发

出，这是药品实行批号管理的要求，一旦出现药品不良反应或其他问题，就能以最快的速度进行通告和回收，并开展原因的分析与查明，以保障使用者的用药权益。

（4）先进先出、易变先出原则 对于部分无批号要求、生产日期不确切、影响质量因素复杂且质量易于变化的中药材（中药饮片）等药品，应严格遵循先进先出的原则，并根据质量的变化状态遵守"易变先出"的原则。

二、检查外包装

1. 整件药品出库

应检查整件药品外包装是否完好，若出现外包装破损、挤压变形等情况，应开箱检查至里面的最小包装。

2. 拆零拼箱药品出库

应检查拆零拼箱药品的外包装是否密封牢固，是否贴有拼箱标签、装箱单（应注明客户单位、品种、规格、单位、数量、批号等信息）。

三、集货

将确认外包装完好的药品，根据药品标签上的指示，放置到仓库内对应的集货暂存区或待发区域。

 **知识链接** -

以 WMS 系统的操作为例，讲述医药物流企业拼箱出库流程。

一、散件装箱出库

① 复核出库员输入工号、密码登录 WMS 管理系统，双击【出库作业】，点击【零货内复核】，完成复核任务及电子监管码扫描。

② 复核出库员按空白键打印"拼箱标签"，点【复核［F7］】或按键盘"F7"，系统自动弹出"真的确认吗"，点击"是"，系统自动弹出"内复核成功"，按"回车"键确认。

③ 复核出库员将复核好的药品放置在打包台上，按照散件拼箱要求进行药品拼箱。

④ 复核出库员将封箱并将标签中有文字信息的贴在拼箱右上角，并将已贴好标签的药品投放到输送线上，传输至集货区分道口。

二、整件出库

复核出库员在 PDA 上点击【PDA_SYSTEM】图标，输入验收员工号、密码，点击【出库复核】图标，在提示该货品已完成复核后，货品码放整齐，用叉车将商品拉到对应待发区货位。

三、冷藏、冷冻药品的拼箱出库

① 冷藏车配送的，复核员按照"集货单"信息对实物进行复核。无误后，对有电子监管码的药品要进行逐条扫描装箱，对药品进行防潮包装。用胶带封箱，并贴上"冷藏药品"标签。在集货单，注明拼箱件数并签字。在箱上写明集货单的"调度细单 ID 号"和件数以及客户名称。

② 保温箱配送的，复核员复核无误后，对药品进行防潮包装，根据验证数据放入适量的蓄冷剂，做好与蓄冷剂的有效隔离，并贴上"冷藏药品"标签，在标签内写明"调度细单

ID 号"和件数以及客户名称。复核员在集货单注明拼箱件数并签字。

③ 复核出库员将货品放在冷库待发区。

④ 复核出库员凭集货单在系统"装箱完工"功能录入冷藏、冷冻整散件件数并保存。系统自动生成"药品出库复核记录"。

四、特殊管理药品拼箱出库

装箱后，在麻醉药品和精神药品包装箱上、下均贴上"特殊药品"封签。

五、销售拒收

① 库内出库复核完成后，因各种原因不需配送的，由仓储部复核组组长在 WMS 系统中录入《销售拒收开票单》（图 6-9）。

图 6-9　销售拒收开票单

② 各复核组组长登录 WMS 管理系统，双击【销售退回】，双击【销退拒收开票单】，点击【提取原单［F1］】（图 6-10）。

图 6-10　提取原单（一）

③ 依据［日期范围］，或输入［单据编号］、［单位名称或助记码］，点击【查询】，系统显示总单和明细单，选定拒收的明细单后，点击【提取】（图 6-11）。

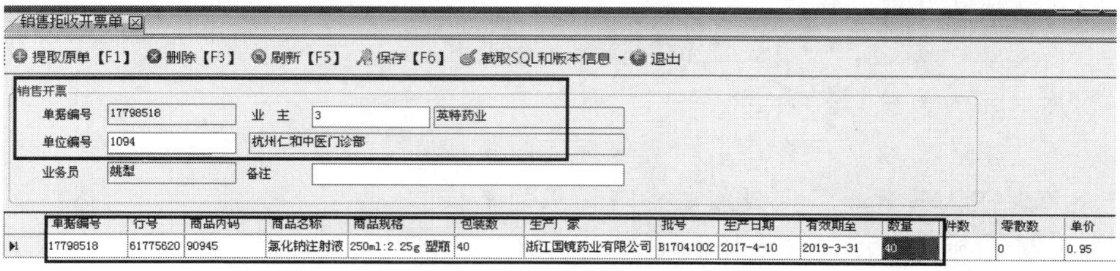

图 6-11　提取原单（二）

④ 系统显示拒收的药品信息，收货员将药品开票信息、品名、批号、数量、生产企业、生产日期等与《拒收药品交接单》、药品实物核对，双击【退货原因】（图 6-12），选择具体的原因，点击【保存［F6］】。

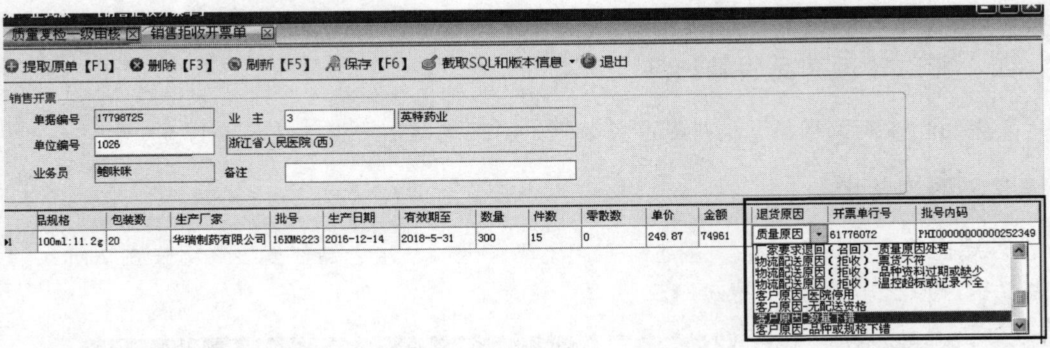

图 6-12　退货原因

课后练习

选择题

1. 冷藏药品出库复核操作程序为（　　　）。

A. 拣货，装车复核，外复核员复核，配送交接，与客户交接

B. 拣货，外复核员复核，装车复核，配送交接，与客户交接

C. 外复核员复核，拣货，装车复核，配送交接，与客户交接

D. 外复核员复核，装车复核，拣货，配送交接，与客户交接

2. 冷藏医药商品货物标志与运输标志为（　　　）。

A. 冷藏医药商品、冷藏药品运输车　　　　B. 冷藏药品、药品冷藏运输车

C. 冷藏医药商品、冷链药品运输车　　　　D. 冷藏药品、药品冷链运输车

3. 冷藏药品配送交接时，无须在装车单上注明的是（　　　）。

A. 冷藏药品的金额　　　　　　　　　　B. 冷藏药品的数量

C. 冷藏箱的箱号　　　　　　　　　　　D. 冰袋数量

4. 冷藏药品运输交接单中不包含的内容为（　　　）。

A. 药品简要信息　　　　　　　　　　　B. 温度控制要求及设备

C. 冷藏药品金额　　　　　　　　　　　D. 启运时间及温度

5. 不属于特殊管理药品复核的信息为（　　　）。

A. 双人交接　　　　B. 双人复核　　　　C. 双人签字　　　　D. 双人同时在场

6. 特殊管理药品的复核程序为（　　　）。

A. 出库，双人复核，专有标识和运输标志的复核

B. 出库，双人验收，双人复核

C. 出库，双人验收，专有标识和运输标志的复核

D. 出库，双人验收，双人复核，专有标识的复核

7. 药品装车时发现哪些情况应向出库复核员反馈（　　　）。

A. 装箱有破损、密封不严、包装不牢、污染

B. 标识不清，有残缺

C. 冷藏药品未采用冷藏箱或保温箱

D. 药品散漏、短少、批次混乱

8. 复核员质量控制的内容包括（　　）。

A. 核对药品包装　　　　　　　　　　B. 加盖质量合格印章

C. 做好出库复核记录　　　　　　　　D. 以上都是

9. 出库复核的操作程序为（　　）。

A. 打印复核单、拣货、对实物进行复核、确认复核

B. 拣货、对实物进行复核、打印复核单、确认复核

C. 拣货、打印复核单、对实物进行复核、确认复核

D. 对实物进行复核、拣货、打印复核单、确认复核

10. 复核员封箱方式为（　　）。

A. 一字形　　　　B. 十字形标准　　　　C. 井字形　　　　D. 田字形

11. 根据拼箱医药商品的外观形状，拼箱可分为（　　）。

A. 专用拼箱、代用拼箱　　　　　　　B. 大拼箱、小拼箱

C. 规则拼箱、不规则拼箱　　　　　　D. 纸质拼箱、塑料拼箱

12. 冷藏药品由库区转移到符合配送要求的运输设备的时间应在（　　）分钟内。

A. 10　　　　B. 20　　　　C. 30　　　　D. 60

13. 充满液体危险货物，容器应留有正常运输过程中最高温度所需的足够膨胀余位，易燃液体容器应至少留有（　　）空隙。

A. 5%　　　　B. 10%　　　　C. 15%　　　　D. 20%

14. 在危险品装箱复核内容中，不包括（　　）。

A. 防火检查　　　　B. 装卸搬运检查　　　C. 保温防冻检查　　　D. 车辆货物检查

15. 医药商品拼箱的基本要求不包括（　　）。

A. 使用专用拼箱　　　B. 有拼箱标志　　　C. 包装洁净安全　　　D. 附装箱清单

16. 一般情况下，拼箱标志粘贴在包装箱左上角或包装袋正上方，且拼箱上应显示便于出货复核的信息，其中不包括（　　）。

A. 收货单位　　　　　　　　　　　　B. 供货单位

C. 暂存放区域货位号　　　　　　　　D. 总拼箱数量及本拼箱数目

17. 以下（　　）不属于拼箱原则中需分开装箱的医药商品。

A. 易碎易漏的药品　　　　　　　　　B. 易串味的药品

C. 易变质的药品　　　　　　　　　　D. 易对其他药品造成污染的药品

18. 在拼箱原则中，分开装箱是指根据药品的不同属性、剂型分别装箱。其具体要求不包括（　　）。

A. 多个品种应尽量分剂型进行拼箱

B. 多个剂型应尽量按剂型的物理状态进行拼箱

C. 同一品种的不同批号或规格的药品要分开装箱

D. 需冷藏的药品应有冷藏设施并单独拼箱

19. 医药商品出库复核质量控制，要求发货人确保下列药品不出库，其中描述不正确的是（　　）。

A. 过期失效、霉烂变质的药品

B. 外包装破损的药品，不得整理出售

C. 瓶签脱落、污染、模糊不清的品种

D. 怀疑质量变化，未出检验报告的品种

20. 医药商品在拼箱时，拼箱标示粘贴在包装箱（　　）位置。

A. 左下角　　　　　　B. 正上方　　　　　　C. 左上角　　　　　　D. 右上角

参考答案

1. B　2. A　3. A　4. C　5. A　6. A　7. ABCD　8. D　9. C　10. B　11. C　12. C

13. A　14. C　15. A　16. B　17. C　18. C　19. B　20. C

实训任务

现有一批药品从浙江英特物流有限公司发往江苏省医药有限公司，请根据 GSP 相关要求在 12 分钟内完成以下药品的出库操作。评分细则如下。

出库操作评分细则

	评价要素	配分等级		评分标准	得分
1	拣货	7	2	索要拣货计划单	
			2	按货位及数量进行拣选	
			2	每拣选一个品种拍下指示灯	
			1	拣选完成后拍总指示灯	
2	药品复核	4	2	检查药品品名、数量、规格、包装、标签、批号、有效期等	
			2	完成复核记录单	
3	零货拼箱	4	2	装箱符合大不压小、重不压轻、整不压零、固液分离、正反不倒置的要求	
			1	填充物正确使用、药品不得超出包装箱边沿、不得留空隙	
			0.5	药品封箱	
			0.5	贴相应标志	
4	冷藏药品装箱	8	1	在规定的区域拣选	
			1	根据验证结论在规定区域装箱	
			2	冰排种类的选择	
			2	冰排数量的选择	
			1	隔热纸板的使用	
			1	温度计的放置	
5	发货	2	2	药品放置相应的待发区	
	合计配分	25		合计得分	

第七章
运输配送

学习目标

本章教学内容主要包括医药商品运输配送涉及的理论知识及操作技能。通过本章学习，达到以下基本要求：了解医药商品运输配送的基本知识；熟悉调度作业流程、运输成本的核算及配送中心作业管理；掌握医药商品自营运输和委托运输的操作流程。

药品运输配送是医药商品物流管理流程的重要环节，必须遵守《中华人民共和国药品管理法》和《药品经营质量管理规范》（以下简称 GSP）的相关规定，保证运输配送过程中的医药商品质量与安全，防止医药商品在运输过程中被盗、被抢、丢失及调换。运输配送工作主要包括运输调度、运输配送作业、运输成本核算及配送中心作业管理。

第一节　医药商品运输配送作业

医药商品运输配送作业主要包括运输调度、自营运输或委托运输、运输成本核算等作业活动。企业应当按照 GSP 要求、规定的程序以及顾客的要求对药品进行运输配送作业，确保在途运输的质量，提升顾客的满意度，确保患者用药安全。

一、运输调度

运输调度是药品运输配送的准备工作，主要内容是根据待运药品的重量、去向、规格、加急程度等对车辆和人员进行合理安排的过程，其好坏影响着运输配送车辆的利用率、配送成本的高低以及是否能够满足客户需求。

（一）运输方式及多式联运

1. 常见药品运输方式

药品运输涉及的运输方式包括公路、铁路、水路、航空，其性质、技术经济特点和运送范围各不相同。不同运输方式的比较见表 7-1。

表 7-1　不同运输方式对比

运输方式	速度	运量	运价	适合的货物	优点	缺点
公路运输	较慢	较少	较贵	灵活、量少、路程短	灵活、方便	装载量少
铁路运输	较快	较多	较便宜	量大、时间较紧	安全、可靠	灵活性差
航空运输	最快	少	最贵	贵重、急需	速度快	运价高、限重
水路运输	最慢	最多	最便宜	大宗低值货物、时间宽裕	价格便宜	速度慢、受天气影响大

2. 多式联运

多式联运是指从起运地至目的地运输过程中包含两种以上的运输方式，通常以集装箱为运输单元，将不同的运输方式有机地结合起来，构成连续的、综合性的一体化货物运输。通过一次托运、一次计费、一份单证、一次保险，由各运输区段承运人共同完成货物的全过程运输。根据是否跨越其他国家分为国内多式联运和国际多式联运。

随着我国经济的不断发展，单一的运输方式很难再满足企业庞大的物流需求。再加之我国现阶段物流成本居高不下，多式联运作为一种能够提高效率同时降低成本的运输方式越来越受到追捧，多项政策显示我国已将多式联运发展上升为国家层面的制度安排，政府将持续加大对多式联运的支持力度。多式联运优越性主要体现在以下几个方面。

（1）简化托运、结算及理赔手续　托运人只需办理一次托运，订立一份运输合同，支付一次费用，缴纳一次保险，省去托运人办理托运手续的诸多不便。同时，由于多式联运采用一份货运单证统一计费，因而也可简化制单和结算的手续。

（2）缩短货物运输时间、降低货损货差、提高货运质量　多式联运使各运输环节和各运输工具配合密切，衔接紧凑，大大减少货物的在途停留时间，相应地降低了货物的库存量和库存成本。另外，多式联运通过集装箱为运输单元进行运输，使用专业机械装卸，装卸效率大大提升，货损货差事故大为减少，极大地提高了货物的运输质量。因此，多式联运能从根本上保证货物安全、迅速、准确、及时地运抵目的地。

（3）降低运输成本、节约运输费用　多式联运全程使用一份联运提单和单一费率，这就大大简化了制单和结算手续，节省了大量的人、财、物；使用集装箱运输减少货物外包装材料费用及某些保险费用；在货物交由第一承运人以后即可取得货运单证，并据以结汇，从而提前了结汇时间，有利于加快货物资金周转，减少利息损失。

（4）提高运输管理水平、实现运输合理化　开展多式联运以前，各种方式的运输经营人都是自成体系，各自为政，只能经营自己运输工具能够涉及的运输业务，因而其经营业务的范围和货运量受到很大限制。一旦发展成为多式联运经营人或作为多式联运的参与者，其经营的业务范围可大大扩展，各种运输方式的优势得到充分发挥，其他与运输有关的行业及机构如仓储、代理、保险等都可通过参加多式联运扩大业务。

（二）货物运输合同

货物运输合同是指承运人按照托运人的要求将货物从起运地运到目的地，托运人或者收货人支付运费的合同。货物运输合同的主体是托运人和承运人。托运人是将货物委托承运人运输的人，包括自然人、法人和其他组织。托运人可以是货物的所有人，也可以不是。承运人是运送货物的人，多为法人，也可以是自然人、其他组织。货物运输合同涉及收货人，收货人是接收货物的人。收货人与托运人可以是同一人，但多为第三人。当第三人为收货人时，收货人就是货物运输合同的关系人，此时货物运输合同就是为第三人利益的合同。货物运输合同中的运输物包括各种动产，不限于商品。不动产和无形财产不为货物运输合同中的货物。

对货物运输合同，可按不同标准划分为不同类型。

（1）按所运货物不同，可分为普通医药商品运输合同，冷藏药品运输合同与特殊药品运输合同。

（2）按运输过程中运输部门是否有协作关系可分为一般货物运输合同与联运货物运输合同。

（3）按运输方式的不同可以分为：公路运输合同，铁路运输合同，水路运输合同，航空运输合同。①公路运输合同，是指托运人与公路运输承运人确定双方权利义务关系的协议。②铁路运输合同，是指铁路货物运输的托运人与经营铁路运输国有企业签订明确双方权利义务关系的货物运输的协议。承运方由从事铁路运输的国有企业担任。③水路运输合同是指在水路货运中，托运人与承运人为确定双方权利义务关系的协议。水路货物运输合同的主要内容是承运人应使用自己的船舶，通过国家确定的航线把托运人的货物运到一定地点，交付给收货人，而托运人应支付承运人规定的运费。④航空运输合同是托运人与承运人签订明确双方权利义务关系的货物运输协议，航空运输承运人使用民用航空器将货物从起运点运输到约定地点。

目前，我国调整货物运输合同关系的法律，除经济合同法外，还有《铁路货物运输合同实施细则》《公路货物运输合同实施细则》《水路货物运输合同实施细则》《航空货物运输合同实施细则》以及铁路、汽车和水路的货物运输等法规、规章。它们规定了货物运输合同的基本原则，当事人的权利、义务及违约责任，可以有效地保护当事人的合法权益。

（三）运输保险

国内货物运输保险是以在国内运输过程中的货物为保险标的，在标的物遭遇自然灾害或意外事故所造成的损失时给予经济补偿。按照运输工具可分为：水上货物运输保险、陆上货物运输保险、航空货物运输保险。

1. 航空货物运输险保险标的范围

①下列货物非经投保人与保险人特别约定，并在保险单（凭证）上载明，不在保险标的范围以内：金银、珠宝、钻石、玉器、首饰、古币、古玩、古书、古画、邮票、艺术品、稀有金属等珍贵财物。②下列货物不在航空货物保险保险标的范围以内：蔬菜、水果、活牲畜、禽鱼类和其他动物。

2. 保险责任

（1）国内水路、陆路货物运输保险责任 本保险分为基本险和综合险两种。保险货物遭受损失时，保险人按承保险别的责任范围负赔偿责任。

基本险：①因火灾、爆炸、雷电、冰雹、暴风、暴雨、洪水、地震、海啸、地陷、崖崩、滑坡、泥石流所造成的损失；②由于运输工具发生碰撞、搁浅、触礁、倾覆、沉没、出轨或隧道、码头坍塌所造成的损失；③在装货、卸货或转载时因遭受不属于包装质量不善或装卸人员违反操作规程所造成的损失；④按国家规定或一般惯例应分摊的共同海损的费用；⑤在发生上述灾害、事故时，因纷乱而造成货物的散失及因施救或保护货物所支付的直接合理的费用。

综合险：本保险除包括基本险责任外，保险人还负责赔偿：①因受震动、碰撞、挤压而造成货物破碎、弯曲、凹瘪、折断、开裂或包装破裂致使货物散失的损失；②液体货物因受震动、碰撞或挤压致使所用容器（包括封口）损坏而渗漏的损失，或用液体保藏的货物因液体渗漏而造成保藏货物腐烂变质的损失；③遭受盗窃或整件提货不着的损失；④符合安全运输规定而遭受雨淋所致的损失。

（2）航空运输保险责任　由于下列保险事故造成保险货物的损失，保险人应该负航空货物保险赔偿责任：①火灾、爆炸、雷电、冰雹、暴风、暴雨、洪水、海啸、地陷、崖崩；②因飞机遭受碰撞、倾覆、坠落、失踪（在三个月以上），在危难中发生卸载以及遭受恶劣气候或其他危难事故发生抛弃行为所造成的损失；③因受震动、碰撞或压力而造成破碎、弯曲、凹瘪、折断、开裂的损失；④因包装破裂致使货物散失的损失；⑤凡属液体、半流体或者需要用液体保藏的保险货物，在运输途中因受震动、碰撞或压力致使所装容器（包括封口）损坏发生渗漏而造成的损失，或用液体保藏的货物因液体渗漏而致保藏货物腐烂的损失；⑥遭受盗窃或者提货不着的损失；⑦在装货、卸货时和港内地面运输过程中，因遭受不可抗力的意外事故及雨淋所造成的损失。

3. 除外责任

（1）国内水路、陆路货物运输保险除外责任　由于下列原因造成保险货物的损失，保险人不负赔偿责任：①战争或军事行动；②核事件或核爆炸；③保险货物本身的缺陷或自然损耗，以及由于包装不善；④被保险人的故意行为或过失；⑤全程是公路货物运输的，盗窃和整件提货不着的损失；⑥其他不属于保险责任范围内的损失。

（2）航空运输保险除外责任　由于下列原因造成保险货物的损失，保险人不负责赔偿：①战争、军事行动、扣押、罢工、哄抢和暴动；②核反应、核辐射和放射性污染；③保险货物自然损耗，本质缺陷、特性所引起的污染、变质、损坏，以及货物包装不善；④在保险责任开始前，保险货物已存在的品质不良或数量短差所造成的损失；⑤市价跌落、运输延迟所引起的损失；⑥属于发货人责任引起的损失；⑦被保险人或投保人的故意行为或违法犯罪行为；⑧由于行政行为或执法行为所致的损失，保险人不负责赔偿；⑨其他不属于保险责任范围内的损失，保险人不负责赔偿。

4. 保险责任起讫

保险责任自签发保险凭证和保险货物运离起运地发货人的最后一个仓库或储运处所时起，至该保险凭证上注明的目的地的收货人在当地的第一个仓库或储存处所时终止。但保险货物运抵目的地后，如果收货人未及时提货，则保险责任的终止期最多延长至以收货人接到《到货通知单》后的十五天为限（以邮戳日期为准）。

航空运输责任起讫除了上述期限，还有以下：由于被保险人无法控制的运输延迟、绕道、被迫卸货、重新装载、转载或承运人运用运输契约赋予的权限所作的任何航行上的变更或终止运输契约，致使保险货物运输到非保险单所载目的地时，在被保险人及时将获知的情况通知保险人，并在必要时加交保险费的情况下，本保险仍继续有效。保险责任按下述规定终止：①保险货物如在非保险单所载目的地出售，保险责任至交货时为止。但不论任何情况，均以保险货物在卸载地卸离飞机后满十五天为止。②保险货物在上述十五天期限内继续运往保险单所载原目的地或其他目的地时，保险责任仍按上述条款的规定终止。

（四）车辆调度作业原则和要求

1. 车辆调度原则

（1）按制度调度原则　基于企业制定的运输质量管理制度、运输配送部门及岗位职责、运输配送操作管理规程等，企业相关人员在执行车辆调度工作时应该严格按照相关制度执行，不得擅自进行修改。

（2）科学合理调度原则 企业应该根据运输配送部门当日拟定的配送计划，综合考虑配送区域内各线路配送家数、配送件数、配送次数、交通限制等实际情况合理安排配送车辆。

（3）灵活机动调度原则 在正常车辆调度工作外，对于制度没有明确规定但确实需要用车的、紧急的，运输配送部门要从实际出发，灵活机动、快速响应。

2. 车辆调度要求

GSP规定"运输药品，应当根据药品的包装、质量特性并针对车况、道路、天气等因素，选用适宜的运输工具，采取相应措施防止出现破损、污染等问题。"总体要求是：根据运输任务和运输计划，编制车辆运行作业计划；掌握货物流量、流向、季节性变化；加强现场管理和运行车辆的调度指挥。具体如下。

根据药品的质量特性，选择不同的运输工具和运输方式：对运输有温度控制要求的药品，应配置具备保温或者冷藏、冷冻措施的运输工具；对运输麻醉药品和第一类精神药品，需要配备专人并携带《麻醉药品、第一类精神药品运输证明》。运输具有特殊质量特性的药品时，调度时应优先安排配送。

根据划分的区域，梳理每条线路客户数量，能够在规定时限内完成目标线路中所有客户配送任务。

参考各配送线路中每家客户的件数，要求车辆载货量满足该线路所有客户的要求，若无车辆匹配则考虑增加送货次数。

考虑各条配送线路当日的次数和时间，需二次配送的线路或在中午开始配送的要求车辆完成首次配送后必须能在二次配送时间开始前返回公司并装车作业。

选择车辆时要掌握天气情况，各配送线路上的最新交通动态，例如限牌、限号、限时、限重等交通管制规定，以及道路维修改造、长期拥堵实时道路状况，选择符合需要的车辆执行配送任务。

充分考虑驾驶员自身的技术水平和思想情况、个性、家庭情况、身体状况，配送员自身能力、与驾驶员相处情况、对接客户情况等，合理安排人员。

（五）运输调度作业

1. 自营车辆调度作业

（1）生成自营运输计划 运输调度员查看配送订单，明确送货地址、送货时间、送货量等信息；结合配送线路分布图，了解自有车辆生产动态、整车运力及行车路况；遵循重点客户和加急订单优先原则，合理规划线路，集中安排车辆，生成预自营运输计划；将预自营运输计划传递给仓库并与其确认预约提货事宜，确定最终运输计划。

根据医药商品质量要求，对有温度控制要求的商品合理选择冷藏车运输或冷藏箱运输。批量较小时可选择冷藏箱运输，批量较大时应安排冷藏车运输。

（2）生成排车单 运输调度员根据运输计划，在所有业务部门报单后通过系统或手工生成排车单，确保数据准确完整；在仓库数据传输完毕后打印或填写排车单；当业务部门有特殊要求时，由运输部、客服部门，提交书面指令，调度员根据指令，在排车单上指明，提醒驾驶员注意。运输部调度员与队长配合，根据实际情况安排驾驶员与配送员，并量化作业人员工作量。

2. 委托运输调度作业

调度员审核订单，根据订单上所注的送货地址、运输温控要求、紧急程度、数量、体积、天气及价格等因素合理安排委托运输方式。

无温控要求的药品，若顾客对送货时间没有明确的要求，则比较空运、铁路运输及公路运输的价格，一般选择价格低的运输方式；若顾客有时间要求，则先比较三种运输方式的送货时间，然后再比较价格，最后确定运输方式。

有温控要求的药品，则首先需要判断采用一般厢式车＋冷藏箱/保温箱方式、铁路＋冷藏箱/保温箱方式、航空＋冷藏箱/保温箱方式三种运输方式能否确保在途运输时间不超过冷藏箱/保温箱的最长冷藏时间，若超过则只能考虑采用冷藏车/保温车第四种运输方式；若不超过时间，而顾客又没有特殊送货要求的，则比较四种运输方式的价格，一般采用价格低的运输方式。

根据运输方式和线路派单给承运商，承运商接单后，即刻审核运量是否超过承运能力，运输时间是否符合要求，若有问题及时将信息反馈给调度员，调度员考虑其他承运商。承运商确认订单后，会与仓库预约提货，得到仓库回复确认后，将提货计划反馈给运输调度员。调度员根据提货计划，最终确定委托运输业务。

二、自营运输

自营运输是指医药经营企业使用自营的运输车辆将药品送达给顾客。自营运输能直接支配运输车辆，控制运输过程，保证药品供给的准确性、及时性和安全性，保证送货的服务质量，从而能有效提升顾客满意度，有利于维护企业和顾客的长期合作关系。自营运输一般集中在中、短途公路运输，尤其适用于市内医院和各零售网点的配送。

本部分主要介绍药品的自营运输作业过程。包括运输工具的选择，装车前检查、运输员提货作业、装车作业、在途运输、到货交付和返回交接。

（一）选择药品运输工具

药品运输时，应当核实运输方式，指根据 GSP 对运输工具是否是封闭式货车、温度控制状况以及有其他运输管理要求的工具是否符合规定进行检查。

1. 药品运输工具选择的要求

运输配送医药商品，应当根据医药商品的包装、质量特性并针对车况、道路、天气等因素，选用适宜的运输工具，采取相应措施防止出现破损、污染等问题。普通药品应当使用厢式车进行公路运输配送；冷藏、冷冻药品可使用普通厢式车加冷藏箱或保温箱进行公路运输配送，或者采用冷藏车进行公路运输配送；或者使用冷藏箱或保温箱进行航空运输；铁路运输麻醉药品和第一类精神药品，应当使用集装箱或者铁路行李车运输。运输麻醉药品和第一类精神药品，应当由专人负责押运。冷藏、冷冻药品一般使用冷藏箱或保温箱进行航空运输。

2. 药品运输工具的要求

普通药品应当使用厢式车进行运输配送；冷藏、冷冻药品可使用普通厢式车加冷藏箱或保温箱进行运输配送，或者采用冷藏车进行运输配送，冷藏车、冷藏箱或保温箱均需经过验证确认后方可使用，并依据验证确定的参数和条件进行使用；通过公路运输麻醉药品和第一类精神药品的，应当由专人负责押运。铁路运输麻醉药品和第一类精神药品，应当使用集装箱或者铁路行李车运输。运输麻醉药品和第一类精神药品，应当由专人负责押运。冷藏、冷冻药品一般使用冷藏箱或保温箱进行航空运输。

（二）装车前检查

1. 运输工具检查

装车前应当检查运输工具是否符合发运要求，车辆安全性能及卫生状况，并做好车辆检查记录。

发现运输条件不符合规定的，不得发运。冷藏车装车前需要提前开启制冷装置，检查冷藏车辆的启动、运行状态，控制温度至冷藏条件，达到规定温度后方可装车。

2. 运输审批和许可文件检查

（1）麻醉药品和精神药品运输 托运或者自行运输麻醉药品和第一类精神药品的单位，应当向所在地省、自治区、直辖市人民政府药品监督管理部门申请领取运输证明。运输证明有效期为 1 年。运输证明应当由专人保管，不得涂改、转让、转借。

定点生产企业、全国性批发企业和区域性批发企业之间运输麻醉药品、第一类精神药品，发货人在发货前应当向所在地省、自治区、直辖市人民政府药品监督管理部门报送本次运输的相关信息。属于跨省、自治区、直辖市运输的，收到信息的药品监督管理部门应当向收货人所在地的同级药品监督管理部门通报；属于在本省、自治区、直辖市行政区域内运输的，收到信息的药品监督管理部门应当向收货人所在地设区的市级药品监督管理部门通报。

（2）易制毒化学品运输 跨设区的市级行政区域（直辖市为跨市界）或者在国务院公安部门确定的禁毒形势严峻的重点地区跨县级行政区域运输第一类易制毒化学品的，由运出地的设区的市级人民政府公安机关审批；运输第二类易制毒化学品的，由运出地的县级人民政府公安机关审批。经审批取得易制毒化学品运输许可证后，方可运输。运输第三类易制毒化学品的，应当在运输前向运出地的县级人民政府公安机关备案。公安机关应当于收到备案材料的当日发给备案证明。

申请易制毒化学品运输许可，应当提交易制毒化学品的购销合同，货主是企业的，应当提交营业执照；货主是其他组织的，应当提交登记证书（成立批准文件）；货主是个人的，应当提交其个人身份证明。经办人还应当提交本人的身份证明。公安机关应当自收到第一类易制毒化学品运输许可申请之日起 10 日内，收到第二类易制毒化学品运输许可申请之日起 3 日内，对申请人提交的申请材料进行审查。对符合规定的，发给运输许可证；不予许可的，应当书面说明理由。审查第一类易制毒化学品运输许可申请材料时，根据需要，可以进行实地核查。

对许可运输第一类易制毒化学品的，发给一次有效的运输许可证。对许可运输第二类易制毒化学品的，发给 3 个月有效的运输许可证；6 个月内运输安全状况良好的，发给 12 个月有效的运输许可证。易制毒化学品运输许可证应当载明拟运输的易制毒化学品的品种、数量、运入地、货主及收货人、承运人情况以及运输许可证种类。

（三）运输员提货作业

冷藏药品需在冷库中进行提货作业；特殊药品需在特殊药品库中双人进行提货作业。

1. 单货核对

运输员依据提货单提货，提货时对配送路线、收货单位、件数等信息一一核对，做到票货同行、票货相符。首先，查验单据：普通药品主要查看是否备有随货同行单、发票、药品质检报告等质量文件；冷藏药品还需查看是否备有温控药品运输交接单；特殊药品还需查看是否备有特殊药品运输记录。其次，查验货物件数及包装状况：检查货物件数；检查包装是否完好无损；核对药品标签信息是否正确，重点核对品名、批号、规格、件数、产地、储存运输条件、特殊药品标识、OTC 药品标识、外用药品标识等；检查发运标志是否错漏，易碎药品是否加贴易碎标识，冷藏药品是否加贴内附温度记录仪标识。最后，检查的同时需要做好检查记录。

2. 危险药品包装检查

危险药品包装检查时应当检查其表面是否保持清洁，不得黏附所装危险药品和其他有害物质；包装的衬垫物不得与所装危险药品发生反应而降低安全性，并能有效防止内装药品的移动和起到减震及吸收作用。

3. 异常处理

单货核对时，出现下列异常情况之一，应当联系现场管理人员处理，并做好交接异常记录：①发货商品整箱件数与随货同行单记载的数量不符；②药品标签标注的客户名称与随货同行单记载的客户名称不一致；③包装破损变形、液体渗漏、箱体污染等质量问题；④药品标签或封条脱落，标签模糊不清无法辨认；⑤其他异常情况。

（四）装车作业

1. 装车作业

（1）确定装车顺序　货物装卸搬运应按排车单上送货线路分清商品品种和送货客户的先后到达顺序组织装车，即先送货的后装，放在上面或外面；后送货的先装，放在下面或里面，并做到"重箱在下，轻箱在上，整箱在下，零箱在上"。从而提高与送货单位交接的速度和准确率。搬运商品的过程中要轻拿轻放，严禁违规操作和野蛮装卸（如：踢、扔）。

（2）配装作业　药品装卸时，禁止在阳光下停留时间过长或雨天作业时无遮盖放置；搬运装卸药品应轻拿轻放，严格按照外包装标识的要求堆放和采取防护措施，严禁违规操作和野蛮装卸，以保证药品运输安全。尽量将一个客户的货物堆放在一起，做到"后送先装"，便于到达卸货作业；为减少或避免差错，尽量把外观相近、容易混淆、易串味、易污染等容易互相影响的货物分开装载；重不压轻、大不压小、包装强度差的应放在包装强度好的上边。装车后，应检查药品有无倒置现象；是否码放整齐，捆扎牢固；药品与药品之间、药品与车辆之间是否留有空隙并适当衬垫，防止药品撞击、倾倒。装货完毕，应在门端处采取适当的稳固措施，以防开门卸货时，货物倾倒造成货损或人身伤亡。

2. 冷藏车装车作业

使用冷藏车运送冷藏、冷冻药品的，启运前应当按照经过验证的标准操作规程进行操作。应当在冷藏环境下完成冷藏、冷冻药品的装箱、封箱及冷藏车装车作业；开始装车时关闭温度调控设备，并尽快完成药品装车；冷藏车厢内，药品与厢内前板距离不小于10厘米，与后板、侧板、底板间距不小于5厘米，药品码放高度不得超过制冷机组出风口下沿，确保气流正常循环和温度均匀分布；药品装车完毕，及时关闭车厢厢门，检查厢门密闭情况，并上锁；启动温度调控设备，检查温度调控和监测设备运行状况，并观察温度是否达到需要运输药品包装标示的温度，设备运行正常且达到标准温度后方可启运，启运时应当做好运输记录，内容包括运输工具、启运时间和启运温度等。

（五）在途运输

运输药品过程中，运载工具应当保持密闭。已装车的药品应当及时发运并尽快送达，防止因在途时间过长影响药品质量。企业应当采取运输安全管理措施，防止在运输过程中发生药品盗抢、遗失、调换等事故。

1. 冷藏、冷冻药品在途运输

企业应当根据药品的温度控制要求，在运输过程中采取必要的保温或者冷藏、冷冻措施。运输过程中，药品不得直接接触冰袋、冰排等蓄冷剂，防止对药品质量造成影响。冷藏、冷冻药品运输途中，应当实时监测并记录冷藏车、冷藏箱或者保温箱内的温度数据。运输过程中温度超过规定范围时，温湿度自动检测系统应当实时发出报警指令，由相关人员查明原因，及时采取有效措施进行调控。

企业应当制定冷藏、冷冻药品运输应急预案，对运输途中可能发生的设备故障、异常天气影响、交通拥堵等突发事件，能够采取相应的应对措施。

2. 麻醉药品和精神药品在途运输

承运人在运输过程中应当携带运输证明副本，以备查验。托运、承运和自行运输麻醉药品和精神药品的，应当采取安全保障措施，防止麻醉药品和精神药品在运输过程中被盗、被抢、丢失。

3. 易制毒化学品在途运输

运输易制毒化学品，运输人员应当自启运起全程携带运输许可证或者备案证明。公安机关应当在易制毒化学品的运输过程中进行检查。运输易制毒化学品，应当遵守国家有关货物运输的规定。

（六）到货交付作业

到货交付作业是指已完成药品所有权的转移手续。医药商品送达客户后，客户根据随货同行单核对医药商品，清点数量，检查外包装，经核对无误，在随货同行单上签名确认，若发现差异，需进行差异处理。特殊药品双人进行交付作业，冷藏药品在冷藏区域进行交付作业。

1. 卸车码放

到货后将车辆停靠在指定卸货点，从配送车上找到该客户商品并将其搬运下车，按客户要求将商品按剂型、品名整齐码放在指定地点。同一客户集中卸货，货票同行；轻拿轻放、不扔箱；整齐堆放，不翻箱；码放商品时整箱与零货分开存放，轻拿轻放，将商品的批号和条码朝外码放。如客户需要，打开拼箱，方便客户清点。

冷藏车直接停放到与冷藏库对接月台，做到温控的无缝衔接。冷藏箱尽快搬运到冷藏区域，减少非低温环境下的放置时间。特殊药品需尽快搬运到特殊药品库区，降低丢失风险。

2. 点交签收

运输员下车后，首先与客户交接随货同行单，客户核对信息确认是否与订单信息一致。配送员协助客户清点商品数量，检查品种、规格是否正确，如遇异常情况，及时反馈，商品确认完成后，客户需在随货同行单上签名确认，并标明异常情况。

重点品种如温控药品优先交接以降低风险，然后再对其他商品进行清点，件数清点清楚。客户验收时，耐心等待，不急躁，不催促。

3. 异常处理

若客户拒收部分药品或全部药品，应第一时间通知物流部门和销售部门。销售部门则立即与其客户进行协调，当协调未达成一致时，则通知驾驶员将货物原车带回。对原车带回的药品应立即填写《原车退回通知单》，经运输部门负责人确认签字后，与物流部门退货人员交接药品并签字确认。

（七）提退货交接作业

提退货交接作业是指经过清点、核对、检查等程序，运输员将客户拒收药品和相关单据带回公司的过程。

在提退货的过程中，若退单上没有注明"药品破损"或"包装污染损坏"，清点交接时发现药品破损、污染，客户需要在售后服务联系单上当场确认并签字。如果客户不愿意签字确认，需及时电话反馈调度室。待相关手续完成后，将退货药品随车带回，注意做好标识，便于与其他后送客户的药品分开，以免出现误送。

（八）返回交接

1. 正常回单交接

及时将随货同行单签收回单联带回交调度室留存备查。

2. 拒收交接

完成送货后返回物流中心，退货商品交退货组，拒收商品填写《临时退货凭证》，并当面进行交接签收。做好回单的交接工作，票据带回后交运输部调度室。在送货过程中有异常情况应及时报告调度室。将回收的周转箱送至后勤组。保温箱、冰袋等返还仓库，并放到指定位置。经调度同意未送货完成的商品交仓库暂存。

3. 提退货返回交接

车队提回退货药品，不允许将药品存放在车上或驾驶员休息室，应在工作日内及时完成交接；将销退药品与提货单一起与退货组交接，冷藏药品需提供温度数据；退货组人员根据提货单与销退记录，清点退回药品实物，核对品名、规格、批号、退货数量、退货原因，检查外包装；冷藏药品需检查过程温度数据；如检查发现退回药品与提货单不符，退货组人员则在提货单上进行记录，如果温控药品温度超标则反馈给运输部门及质量管理部门，并需提货人员签字确认。

三、委托运输

委托运输是指医药经营企业委托第三方承运商将药品送达给顾客。当自有运输车辆不能满足送货需求时，通过委托运输，可以减少固定资产投资，加速资金周转；借助于第三方承运商的运输网络，可以适用各种运输方式，满足全国乃至全球客户的需求，从而提升顾客的满意度。但医药经营企业必须遵循合规、全面、谨慎原则来选择第三方承运商，才能有效控制药品运输质量，从而保证药品质量在运输过程中能得到有效保障。

本部分主要介绍药品委托运输的作业过程。包括选择第三方承运商、签订委托运输协议、交付运输、委托运输记录。

（一）选择第三方承运商

企业委托其他单位运输药品的，应当对承运方运送药品的质量保障能力进行审计，索取运输车辆的相关资料，符合 GSP 运输设施设备条件和要求的方可委托。介于药品的特殊性，药品第三方承运商的选择一定要遵循合规、全面、谨慎的原则。企业应对承运商的质量保障能力和运输能力进行审计，审计内容应包括资质证照、运输设施设备、运输人员资质及质量管理制度等。经审计，无承运能力的不得委托。

1. 明确委托运输需求

企业应明确需要委托运输的业务，其内容应该包括：委托运输业务的区域、预期的委托运输方式、运输对象及其属性、数量、委托运输的配送特点和要求等。

2. 确定备选的承运商

一旦明确了具体的委托运输需求，就可从以下几个方面来初步确定一定数量的承运商：根据运输业务的区域，选择一些本地或对需求范围运输比较熟悉的承运商；根据运输货品的属性、运送的体积大小、运送的频次，选择合适类型的承运商。对确定为备选的承运商索取企业资质、运输设施设备情况、服务特点、服务报价等资料。

3. 备选承运商审计

（1）资质证照审计　资质证照审计需要承运商提供或现场查看以下证件：《企业法人营业执照》《道路运输经营许可证》等证件资质。

（2）运输能力审计　运输能力审计主要从以下几个方面进行：承运商车辆情况审计，如车型、吨位、数量、车况、保险等；承运商的硬件和软件设施情况资料如停车场、维修站、集装箱堆场，车辆是否安装 GPS，信息系统管理信息系统兼容性；运输人员资料如身份证、驾驶证、健康状况、培训情况等；运输网络的覆盖范围资料，如承运商提供的业务范围，承运商的业务范围广、服务种类多可以为客户企业提供更好的服务，有利于与其进一步的发展和建立长期合作关系；冷藏、冷冻药品委托运输的，还需索取承运单位承运过程温度控制及检测等相关资料，承运单位的冷藏、冷冻设施设备及自动检测系统验证资料。

（3）质量保障能力审计　质量管理体系：指承运商用来评价、报告和改善他的质量绩效的体系和工具。此指标用来明确承运商的质量管理程度。该指标主要考核承运商在运输安全、准确、风险防范等方面的管理能力。紧急情况处理能力：指在紧急情况发生时承运商的处理能力。紧急情况处理能力包括报告提前通知、启动紧急预案等，这对于保证服务的连续性是必需的。

（4）服务能力与服务价格审计　服务能力需要考虑以下因素：送货准时性，即约定的送达时间与实际送达时间比较；客户支持服务即承运商的客户支持服务水平，如是否提供 7×24 小时服务等；配送和运作灵活性即承运商是否具有按照药品经营企业的要求灵活配送和运作的能力，这种灵活性可以使承运商为药品经营企业提供定制化的服务，尤其对于特殊和非常规的需求的满足。

随着市场竞争程度的加剧，药品企业的经营利润越来越低。在同等条件下，承运商的价格高低也是供应商选择的重要因素，尤其是普药和重量偏重的产品如大输液。

（5）企业声誉及其他能力审计　企业声誉即承运商在业界的声望和信誉。一般信誉度高的企业，质量保障力越强，有利于药品经营企业规避风险，保证物流供应商的稳定性。行业经验即承运商在医药相同行业或类似公司的运作经验。这些经验可以使承运商能够快速准确地为药品经营企业提供相似的服务。

财务方面能力如付款周期即企业付给承运商的服务款项的时间周期，付款周期越长对本企业越有利；财务稳定性即承运商的财政情况；支付灵活性即药品经营企业在给承运商付款时的灵活性。这些能力的强弱能够体现承运商的合作诚意，增加双方的信任度。

审计完成，建立《承运商档案》，主要信息，如资质证明、质量管理文件、运输设施设备档案、该承运商的绩效结果（如每次运输的质量情况）等。

4. 确定承运商并试运行

根据运能、车辆状况、价格和配合能力等对备选的承运商进行综合评价比较，并形成评价结果表。评标小组遴选出最符合《药品经营质量管理规范》运输设施设备条件和要求的承运商。根据评价比较的结果确定承运商。确定少量线路的业务给备选承运商进行试发运，根据承运商的试运行情况进行评价并决定是否继续合作。

（二）签订委托运输协议

企业委托运输药品应当与承运方签订运输协议，明确药品质量责任、遵守运输操作规程和在途时限等内容。必须要求承运商在运输药品时使用封闭式货物运输工具，分清运输过程双方质量责任。承运商对运输途中可能发生的设备故障、异常天气影响等突发事件，能够采取相应的应对措施。通过签订委托运输协议，规定双方的权利和义务，既是对双方权益的保障也是对双方行为的约束。《医药商品委托运输质量保证协议》内容包括承运商制定并执行符合要求的运输标准操作规程，对运输过程中温度控制和实时监测的要求，明确在途时限以及运输过程中的质量安全责任等内容。

（三）交付运输

已装车的药品应当及时发运并尽快送达。委托运输的，企业应当要求并监督承运方严格履行委托运输协议，防止因在途时间过长影响药品质量。

（1）特殊药品的委托发运管理　特殊药品实行门对门送货，购货单位不得自行上门提货；销售人员也不得自行提货，实行人货分离。必须使用封闭式车辆送货。建立运输记录，货物送达，与购货单位当面逐件点交，办理签收手续。若运输的是第一类精神药品和麻醉药品，需携带运输证明副本；驾驶员和押运员应了解运输的目的地及行车路线，确保药品能快捷运到。特殊药品若托运、委托运输送货时，应在运单上注明该药品的具体名称，办理相应的运输手续；收货方不得是委托方销售人员或购货单位人员，必须是购买单位。

托运人办理麻醉药品和第一类精神药品运输手续，应当将运输证明副本交付承运人。承运人应当查验、收存运输证明副本，并检查货物包装。没有运输证明或者货物包装不符合规定的，承运人不得承运。承运人在运输过程中应当携带运输证明副本，以备查验。

（2）易制毒化学品委托运输管理　接受货主委托运输的，承运人应当查验货主提供的运输许可证或者备案证明，并查验所运货物与运输许可证或者备案证明载明的易制毒化学品品种等情况是否相符；不相符的，不得承运。

（3）含特殊药品复方制剂的发运管理　含特殊药品复方制剂实行门对门送货，购货单位不得自行上门提货；销售人员也不得自行提货，实行人货分离。含特殊药品复方制剂若托运送货时，应办理相应的运输手续；收货方不得是委托方销售人员或购货单位人员，必须是购货单位。货物送达，与购货单位当面逐件点交，办理签收手续。

（四）委托运输记录

企业委托运输药品应当有记录，实现运输过程的质量追溯。记录至少包括发货时间、发货地址、收货单位、收货地址、货单号、药品件数、运输方式、委托经办人、承运单位，采用车辆运输的还应当载明车牌号，并留存驾驶人员的驾驶证复印件。记录应当至少保存5年。

四、运输成本核算

不管是采用自营运输还是委托运输，都需要核算运输成本，即运输各种费用的支出。运输成本是医药商品流通总支出的重要组成部分，本部分主要介绍药品的公路运输成本、航空运价、铁路运价。

（一）公路运输成本核算

1. 自营公路运输成本计算

（1）公路运输总成本的计算　自营运输的企业，公路运价的测算一般是根据车队运行的成本并按经验估计来报价的，车队运营的成本一般由固定成本、变动成本和其他成本构成。但这种计算运价的方法是运输服务发生后才能计算出来，往往不能精准计算。可以上一个月的运输作业成本来测算当下的运输成本并报价。公路运输成本的计算项目如下。

① 油耗费用　运输车辆运行过程所消耗的各种燃料如汽油和柴油，所花费的费用。该费用一般应与车辆运行情况一致。一般会根据当月车辆行驶总里程数（公里）和所完成的运输周装量（吨）来折算出吨公里的油耗费用。并和以往数据进行比对并结合油价的市场波动来考量其费用合理性，然后根据实际油耗计算计入成本。

② 路桥费　过路费和过桥费的总称，依据《公路法》和《收费公路管理条例》来制定收费标准。根据实际发生计入成本。

③ 司乘人员工资及补贴　每个月支付给司机及随车人员的基本工资、行车津贴及各类补助。其中行车津贴主要是根据运营车吨位公里数计算。

④ 轮胎损耗费　运输车辆运行中所耗用的内外胎发生的费用。按实际发生计入成本。

⑤ 车辆维修费　运输车辆进行的各级维护和修理所发生的费用。

⑥ 车辆折旧费　运输车辆因使用损耗而逐渐转移到成本费用中去的价值。一般按月计提折旧，直到车辆报废。

⑦ 车辆保险费　向保险公司缴纳的运输车辆的保险费用。按实际支付的投保费用和投保期，按月分车型分摊计入。

⑧ 运输管理费　按国家有关规定向道路运输经营者所征收的用于道路运输行业管理的事业经费。

⑨ 其他费用　除上述费用之外，其他费用包括事故费、劳防用品、温湿度监控设备及GSP 定位发生的费用等。

（2）公路运输单位成本的计算　单位成本是指成本计算期内按成本计算对象完成单位运输周转量（吨/公里）的成本额。即单位成本＝当月运输总成本/运输周转量。

2. 委托运输成本计算

承运商的运输报价即托运人的运输成本。委托运输价格一般由承运商先报价，报价时会综合考虑货运量、货物类型、运行路线、车辆类型及双方的合作程度，然后托运人和承运商磋商达成最后的成交价格。该成交价格也就是托运人实际发生的运输成本。货物运杂费在货物托运、起运时一次结清，也可按合同采用预付费用的方式，随运随结或运后结清。托运人或者收货人不支付运费、保管费以及其他运输费用的，承运人对相应的运输货物享有留置权，但当事人另有约定的除外。

（1）公路整车报价

公路整车运价＝货物计费重量（吨）或车辆标记吨位×运输里程×运价率
＋路桥费等其他费用

其他费用包括调车费、延滞费、装货落空损失费、道路阻塞停运费、车辆处置费、车辆通行费和运输变更手续费等多项费用。

装运整批轻泡货物的高度、长度、宽度，以不超过有关道路交通安全规定为限度，这种公路运输费按车辆标记吨位计算重量。

若采用特种货车包括罐车、冷藏车及其他具有特殊构造和专门用途的专用车。则需在基本运价的基础上加成计算。

公路运输计算运费方法中的货物按其性质分为普通货物和特种货物两种。普通货物分为三等；特种货物分为长大笨重货物、大型物件、危险货物、贵重货物、鲜活货物五类。普通货物运价以一等货物为基础，二等货物加成 15%，三等货物加成 30%；特种货物运价根据以上五类按规定单独计算。

公路按公路等级分等级公路和非等级公路。非等级公路货运运价在基本运价的基础上加成 10%～20%。

（2）零担运输报价

$$零担货物运费＝零担货物运价×计费重量×计费里程$$

零担运输轻泡货物以货物包装最长、最宽、最高部位尺寸计算体积，按每立方米折合 333 千克计算重量。

（3）包车运输报价

$$包车运费＝包车运价×包用车辆吨位×计费时间小时＋路桥费等其他费用$$

包车运输以小时为单位，超过半小时进整。包车计费时间确定：①整日包车，每日按 8 小时计算，超过 8 小时按实际使用时间计算。②起码计费时间为 4 小时，超过 4 小时按实际包用时间计算。包车运输按车辆的标记吨位计算。

（4）集装箱运输

$$重集装箱运费＝重箱运价×计费箱数×计费里程＋路桥费等其他费用$$

集装箱可分为国内标准集装箱、国际标准集装箱和非标准集装箱三类，其中国内标准集装箱又分为 1 吨箱、6 吨箱、10 吨箱三种；国际标准集装箱分为 20 英尺箱、40 英尺箱两种；集装箱按货物种类分普通货物集装箱和特种货物集装箱。

（二）国内航空运费计算

货物的航空运费是指航空公司将一票货物自始发地机场运至目的地机场所应收取的航空运输费用。

$$航空运费＝计费重量×运价$$

1. 计费重量的确定

第一步计算体积重量，即将货物体积按每 6000 立方厘米折算成 1 千克的比例折合；第二步比较实际重量与体积重量的大小；实际重量是指包括包装在内的货物实际重量，计量单位为千克。第三步按照"择大计收"原则，确定计费重量。

举例如下：某纸箱包装的空运生物制品的体积和重量分别为：毛重 40 千克；体积是 0.3 立方米。体积吨＝0.3/0.006＝50 体积吨 50＞毛重 40 千克。按照"择大计收"原则，航空公司就按体积吨 50 作为计费重量。

2. 国内空运货物运价的确定

（1）运价的分类

① 基础运价（代号 N） 中国民航局统一规定各航段货物基础运价为 45 千克以下普通货物运价。

② 重量分界点运价（代号 Q） 国内航空货物运输建立 45 千克以上、100 千克以上、300 千克以上 3 级重量分界点及运价。

③ 等级货物运价（代号 S） 急件、生物制品、珍贵植物和植物制品、活体动物、骨

灰、灵柩、鲜活易腐物品、贵重物品、枪械、弹药、押运货物等特种货物实行等级货物运价，按照基础运价的 150% 计收。

④ 指定商品运价（代号 C）　对于一些批量大、季节性强、单位价值低的货物，航空公司可申请建立指定商品运价。

⑤ 最低运费（代号 M）　每票国内航空货物最低运费为人民币 30 元。

⑥ 集装货物运价　以集装箱、集装板作为一个运输单元运输货物可申请建立集装货物运价。

（2）国内航空货物运价的规则

① 直达货物运价优先于分段相加组成的运价。

② 指定商品运价优先于等级货物运价和普通货物运价。

③ 等级货物运价优先于普通货物运价。

（3）国内航空货物运价的计价规则

① 货物运费计费以"元"为单位，元以下四舍五入。

② 最低运费，按重量计得的运费与最低费相比取其高者。

③ 按实际重量计得的运费与按较高重量分界点运价计得的运费比较取其低者。

④ 分段相加组成运价时，不考虑实际运输路线，不同运价组成点组成的运价相比取其低者。

（4）国内航空货物运价计算　将上例货物从上海发往广州，试计算航空运费。

第一步：确定计费重量。按体积吨 50 作为计费重量。

第二步：确定运价。该货物是生物制品，属于等级货物，查运价表（表 7-2），可知上海至广州 S 运价为：CNY 9.6。

表 7-2　国内航线货物运价表（上海始发）

目的地机场	代码	普通货物运价					等级货物运价
		最低运价	基础运价	45 千克以上	100 千克以上	300 千克以上	S
		M	N	Q45	Q100	Q300	
广州	CAN	60	6.4	5.1	4.5	3.8	9.6

第三步：航空运费计算。航空运费为：50×9.6＝CNY 480

第四步：最低运费对比。查运价表，以 Q 运价计算的航空运费 CNY 480 高于最低运费 M（CNY 60.00）。因此，该票货物的航空运费适用等级货物运价 S。该票货物航空运费为：CNY 480。

（三）铁路运费计算

铁路运输费用根据《铁路货物运价规则》核收。未列入该规则的货物运输费用，按铁道部的有关规定计算核收。

$$铁路运输费用＝（发到基价＋运价里程×运行基价）×计费重量$$

1. 计费重量的确定

货物运费的计费重量，整车货物以吨为单位，吨以下四舍五入；零担货物以 10 千克为单位，不足 10 千克进为 10 千克；集装箱货物以箱为单位。

零担货物按货物重量或货物体积折合重量择大计费，即每立方米重量不足 500 千克的轻浮货物，按每立方米体积折合重量 500 千克计算，但下列货物除外。

① 本规则有规定计费重量的货物（指裸装货物）按规定计费重量计费。

②"铁路货物运输品名分类与代码表"列"童车""室内健身车""209 其他鲜活货物""9914 搬家货物、行李""9960 特定集装化运输用具"等裸装运输时按货物重量计费。

整车运输冷藏货物的，使用自备冷板冷藏车装运货物时按 50 吨计费；使用自备机械冷藏车装运货物时按 60 吨计费。

2. 运价里程的确定

运价里程应根据《货物运价里程表》按照发站至到站间国铁正式营业线最短径路（与国家铁路办理直通的合资、地方铁路和铁路局临管线到发的货物也按发、到站间最短径路）计算，但《货物运价里程表》内或铁道部规定有计费径路的，按规定的计费径路计算。运价里程不包括专用线、货物支线的里程。通过轮渡时，应将规定的轮渡里程加入运价里程内计算。水陆联运的货物，应将换装站至码头线的里程加入运价里程内计算。

下列情况发站在货物运单内注明，运价里程按实际经由计算：

① 因货物性质（如鲜活货物、超限货物等）必须绕路运输时；

② 因自然灾害或其他非铁路责任，托运人要求绕路运输时；

③ 属于五定班列运输的货物，按班列经路运输时。

3. 运价的确定

根据货物运单上填写的货物名称查找"铁路货物运输品名分类与代码表"、《铁路货物运输品名检查表》，确定适用的运价号。整车、零担货物按货物适用的运价号，集装箱货物根据箱型、冷藏车货物根据车种分别在"铁路货物运价率表"中查出适用的运价率。运价率包含发到基价和运行基价。

运输危险货物，根据危险货物的性质、等级按下列规定计费：一级毒性物质（剧毒品）按运价率加 100%；爆炸品、易燃气体、非易燃无毒气体、毒性气体，一级易燃液体（代码表 02 石油类除外）、一级易燃固体、一级自燃物品、一级遇水易燃物品、一级氧化性物质、有机过氧化物、二级毒性物质（有毒品）、感染性物质、放射性物质按运价率加 50%。

第二节　医药商品运输配送管理

一、运输管理制度制定

（一）确定推行组织

确定推行组织是有效制定运输管理制度的关键，是保证药品运输顺利推行的前提基础。药品运输管理制度的推行需要由专门组织、人员去负责，以达到预期效果。领导的重视对制度实施具有非常显著的作用，如果没有领导的重视，运输管理制度就不可能得到有效实施。它涉及全体员工的观念和行为的转变，领导的决心以及为培训提供资源的承诺是全体员工落实运输管理制度的信心来源。

1. 成立制定运输管理制度的组织

首先需要成立药品运输管理制度制定与管理委员会。委员会主任由公司总经理担任，副主任由副总经理、工会主席担任，委员由其他各部门、科室主任担任，形成以公司高层管理者为负责人、中层管理者为执行者的推行委员会。

2. 建立管理制度导入流程

编制药品运输管理活动制定与监督流程：由最高管理层制定活动方针、指导原则；建立推行委员会，明确制订计划、方案、内容和评价考核方法；在最广泛的组织体系内开展宣传推广；开展实施管理监督活动；检查评估实施效果，提出存在的问题和改进的措施。

3. 确定组织职责

建立推行组织以后，为保证管理制度顺利执行，需对组织的成员进行明确分工。对组织的每一个成员进行分工以完成组织工作任务，明确各自的职责，责任到部门、责任到人、责任到每一道岗位流程。

由制度推行委员会主要负责的计划，主任委员主要负责推行委员会的运作，并对委员会委员进行指导和监督；副主任委员辅助主任委员工作，负责制度的全程计划、执行和管制，可在主任委员授权时，代替主任委员行使权利；干事主要负责拟定具体制度方案，整理相关内容，并负责筹划和推动相关活动；执行秘书主要负责行政和文书工作，以及制度执行评比分析的统计和分析；委员参与制订相关计划，并作为评比委员对各部门、科室执行情况进行评比。

4. 编组及责任区划分

责任划分是管理的一个必要手段，具体由委员进行制定。由此，形成以高层管理者为表率负责推行、以中层管理者为基础负责实施的组织结构，构建药品运输管理体系的组织保障机制。

（二）新版 GSP 对药品运输与配送的规定

1. 总体要求

企业应当按照质量管理制度的要求，严格执行运输操作规程，并采取有效措施保证运输过程中的药品质量与安全。

2. 具体规定

（1）运输药品，应当根据药品的包装、质量特性并针对车况、道路、天气等因素，选用适宜的运输工具，运输工具应当保持密闭，并应采取相应措施防止出现破损、污染等问题。

（2）发运药品时，应当检查运输工具，发现运输条件不符合规定的，不得发运。

（3）企业应当严格按照外包装标示的要求搬运、装卸药品。

（4）企业应当根据药品的温度控制要求，在运输过程中采取必要的保温或者冷藏、冷冻措施。在冷藏、冷冻药品运输途中，应当实时监测并记录冷藏车、冷藏箱或者保温箱内的温度。同时，应当制订冷藏、冷冻药品运输应急预案，对运输途中可能发生的设备故障、异常天气影响、交通拥堵等突发事件，能够采取相应的应对措施。

（5）运输过程中，药品不得直接接触冰袋、冰排等蓄冷剂，防止对药品质量造成影响。

（6）企业委托其他单位运输药品的，应当对承运方运输药品的质量保障能力进行审计，索取运输车辆的相关资料，符合《规范》运输设施设备条件和要求的方可委托；企业委托运输药品应当与承运方签订运输协议，明确药品质量责任、遵守运输操作规程和在途时限等内容；企业委托运输药品应当有记录，实现运输过程的质量追溯，委托运输记录至少包括发货时间、发货地址、收货单位、收货地址、货单号、药品件数、运输方式、委托经办人、承运单位等内容；采用车辆运输的，还应当载明车牌号，并留存驾驶人员的驾驶证复印件，委托运输记录应当至少保存 5 年；委托运输的，企业应当要求并监督承运方严格履行委托运输协议，防止因在途时间过长而影响药品质量。

（7）已装车的药品应当及时发运并尽快送达。

（8）企业应当采取运输安全管理措施，防止在运输过程中发生药品盗抢、遗失、调换等事故。

（9）特殊管理的药品的运输应当符合国家有关规定。

（三）教育及活动前的宣传造势

教育是非常重要的，要让员工了解运输管理活动的必要性和重要性，同时让每一位员工都能知晓管理的内容及目的、管理的实施方法、管理的评比考核方法。可以采取宣讲、到标杆公司观摩、编写推行手册、观看录像等多种形式，使每一位员工耳濡目染，在潜移默化中认识、了解、接受并有效执行。

二、运输决策与优化

药品配送运输路线的选择直接关系到药品配送运输的距离，进而影响到药品配送运输的时间和费用等。如何选择最佳的药品配送运输路线、缩短药品配送运输的时间和距离、降低药品配送运输的费用，是医药企业进行药品配送运输时需要考虑的最重要的问题。

（一）药品配送运输路线优化的意义

为将药品送到客户手中，需要从一个或多个配送中心组织配送运输。从配送中心把药品送到所需的各个用户，有很多种不同的路线选择方案。合理地选择配送路线，对医药企业和社会都具有很重要的意义。一般地，由于配送中心和配送目的地之间存在一个道路交通网，如何在这张道路交通网上综合考虑各路线车流量、道路状况、客户的分布状况、配送中心的选址、车辆额定载重量以及其他车辆运行限制等的因素，找出一条最佳的运输路线解决方案，及时、安全、方便经济地将客户所需的不同医药药品准确送达客户手中，以便提供优良的药品配送服务，最终达到节省时间、缩短运行距离和降低运行费用的目的，达到节省运行距离、运输时间和运行费用的目的就是路线设计的意义所在。

1. 节约配送成本

成本和药品配送路线之间有着比较密切的关系，通过提高运输工具的装载率、降低运输工具的空驶率及减少配送中的不合理运输缩短运输里程，能够减少货物单位配送成本。

2. 提高效益

效益是医药企业整体经营活动的综合体现，可以用利润来表示，在计算时是以利润的数值最大化为目标值的。由于效益是综合的反映，在拟定数学模型时，很难与药品配送路线之间建立函数关系，一般很少采用这一目标，而是采用提高利润为目标。

3. 提高客户服务质量

通过为配送设定固定的路线，安排固定的车辆和司机，可方便客户收货的安排和联络。通过特定车辆路线，可满足客户的特殊送货要求，提供个性化的配送服务。

4. 节省运力和能源

合理地安排车辆路线，会促进配送运输的合理化，消除不合理现象，节省运力，降低能源消耗。

（二）药品配送路线优化的约束条件

药品配送路线方案的意义和目标实际上是多元的，但考虑到制订方案所选择的目标值应当容易计算，一般要尽可能选择单一化的目标值，这样容易求解，实用性较强。药品配送路线方案目标的实现过程受到很多约束条件的限制，因而必须在满足约束条件的限制下取得成本最低或路线最短或消耗最小等目标。常见的约束有以下几个。

（1）收货人对货物品种、规格和数量的要求，同一辆车上配送的是性质不相抵的货物。

（2）收货人对货物送达时间或时间范围的要求，方案能满足所有用户的到货时间要求。

（3）道路运行条件对配送的制约，如单行道、城区部分道路对货车通行的限制。

（4）车辆最大装载能力的限制，不使车辆超载。

（5）车辆最大行驶里程数的限制。

（6）司机的最长工作时间的限制。

（7）各种运输规章的限制等。

药品配送车辆路线优化，是医药配送系统优化的关键一环，也是电子商务活动不可缺少的内容。对车辆路线优化的理论和方法进行系统研究是物流集约化发展智能交通运输系统和开展电子商务的基础。总之，对于完成医药配送系统的目标而言，药品配送运输路径优化起着十分重要的作用，如提高服务水平，具体表现为降低配送成本，提高配送效率，提高配送质量，都要依靠合理的车辆路线安排才能达到目标。

（三）药品配送线路的优化

在从药品的配送中心输送到药品配送目的地的过程中，由于配送中心数量和客户收货地点的数量不同，配送线路的优化计算方法也不同。如前所述药品配送运输方式有直送式配送运输、分送式配送运输、联合式配送运输三种，其中前两种最为常见。下面就主要介绍这两种运输方式的配送线路优化方法。

1. **直送式配送运输——最短路径求解方法**

直送式配送运输是指由一个供应点对一个客户的专门送货，即一对一的配送模式。从物流优化的角度看，直送式客户的基本条件是其需求量接近于或大于可用车辆的额定载重量，经专门派一辆或多辆车一次或多次送货。在直送情况下，货物的配送追求的是多装快跑，选择最短配送线路，以节约时间和费用，提高配送效率。因此，直送问题的物流优化即是寻找物流网络中最短线路的问题。

2. **分送式配送运输——节约里程法求解**

分送式配送运输又称为一对多配送运输，是指由一个供应配送点对多个客户医药品接收点的共同配送。其基本条件是同一条线路上所有客户的需求量总和不大于一辆车的额定载重量。其基本思想是：送货时，由一辆车装着所有客户的医药品，沿着一条经过计算选择出的最佳线路依次将医药品送到各个客户的医药品接收点，这样既保证按时按量将用户需要的医药品及时送到，又节约了里程，节约了车辆，节省了费用，同时还缓解了交通紧张的压力，减少了交通运输对环境造成的污染。解决这种模式的优化设计问题可以采用"节约里程"法。

三、配送中心作业管理

（一）订单处理

1. **订单处理的含义**

从接到客户订单开始到着手准备拣货之间的作业阶段，称为订单处理。订单处理通常包括订单资料确认、存货查询、单据处理等内容。近年来，逐渐流行无纸化订单。

2. **订单处理的基本内容及步骤**

医药配送订单处理分为人工和计算机两种形式。人工处理具有较大弹性，但只适合少量的订单处理；计算机处理则速度快、效率高、成本低、适合大量的订单处理。因此，目前主要采取后一种形式。

（1）接受订货   接单作业为订单处理的第一步骤，随着流通环境及科技的发展，接受客户订货的方式也逐渐由传统的人工下单、接单，演变为计算机直接传送订货资料的电子订货方式。

（2）确认医药商品名称、数量和送货日期   即检查名称、数量、送货日期等是否有遗漏、笔误或不符合公司要求的情形。尤其当送货时间有问题或出货时间已延迟时，更需与客户再次确认订单内容或更正运送时间。

（3）确认客户信用   不论订单是由何种方式传至公司，配送系统都要核查客户的财务状况，以确定其是否有能力支付该订单的账款。通常的做法是检查客户的应收账款是否已超过其信用额度。

（4）确认订单形态

① 直接交易订单   这是指接单后按正常的作业程序拣货、出货、发送、收款的订单。接单后，将资料输入订单处理系统，按正常的订单处理程序处理，资料处理完后进行拣货、出货、发送、收款等作业。

② 间接交易订单   这是指客户向配送中心订货，直接由供应商配送给客户的交易订单。接单后，将客户的出货资料传给供应商由其代配。此方式需注意的是，客户的送货单是自行制作还是委托供应商制作的，应对出货资料加以核对确认。

③ 现销式交易订单   这是指与客户当场交易、直接给货的交易订单。订单资料输入后，因货物此时已交给客户，故订单资料不再参与拣货、出货、发送等作业，只需记录交易资料即可。

④ 合约式交易订单   这是指与客户签订配送契约的交易，如签订某具体期间内定时配送某数量的医药商品。在约定的送货日，将配送资料输入系统处理以便出货配送；或一开始便输入合约内容的订货资料并设定各批次送货时间，以便在约定日期系统自动生成所需的订单资料。

（5）确认订单价格   对于不同的客户（批发商、零售商）、不同的订购批量，可能对应不同的售价，因而输入价格时系统应加以检核。若输入的价格不符（输入错误或业务员降价接受订单等），系统应加以锁定，以便主管审核。

（6）确认加工包装方式   对于客户订购的医药商品是否有特殊的包装、分装或贴标等要求，或是有关赠品的包装等资料，系统都需加以专门的确认记录。

（7）设定订单号码   每一订单都要有其单独的订单号码，此号码是由控制单位或成本单位来指定，除了便于计算成本外，可用于制造、配送等一切有关工作，且所有工作说明单及进度报告均应附此号码。

（8）建立客户档案   将客户状况详细记录，不但使此次交易更易于进行，而且有利于以后合作机会的增加。客户档案应包含订单处理用到的及与物流作业相关的资料，包括：客户姓名、代号、等级形态（产业交易性质）。

（9）存货查询及依订单分配存货

① 存货查询   存货查询的目的在于确认有效库存能否满足客户需求。存货资料一般包括品项名称、编号、产品描述、库存量，已分配存货、有效存货及期望进货时间。在输入客户订货医药商品的名称、代号时，系统即应查对存货的相关资料，看此医药商品是否缺货，若缺货则应提供医药商品资料或是此缺货医药商品的已采购未入库的信息，便于接单人员与客户协调是否改订替代品或允许延后出货等办法，以提高人员的接单率及接单处理效率。

② 分配存货　订单资料输入系统，确认无误后，最主要的处理作业在于如何将大量的订货资料，作最有效的汇总分类、调拨库存，以便后续的物流作业能有效地进行。

（10）计算拣货标准时间　由于要有计划地安排出货时间，因而对于每一订单或每批订单可能花费的拣取时间应事先掌握。对此，就要计算订单拣取的标准时间。

阶段一：计算每一单元（一栈板、一纸箱、一件）的拣取标准时间，并将其设定于电脑记录标准时间档，将此各单元的拣取时间记录下来，推导出整个标准时间。

阶段二：有了单元的拣取标准时间后，即可依每品项订购数量（多少单元）再配合每品项的寻找时间，来计算出每品项拣取的标准时间。

阶段三：根据每一订单或每批订单所订医药商品项及考虑一些纸上作业的时间。

（11）安排发货时间及拣货顺序　前面已经根据存货状况进行了存货的分配，但对于这些已分配存货的订单，应如何安排其出货时间及拣货先后顺序，通常会依客户要求、拣取标准时间及内部工作负荷来拟定。

（12）存货不足的处理　若现有存货数量无法满足客户需求，且客户又不愿以替代品替代时，则应依客户意愿与公司政策来决定回应方式。

（13）订单资料输出　订单资料经由上述处理后，即可开始印制出货单据，以展开后续的物流作业。

（14）按订单供货　按订单供货是整个订货处理过程中最复杂的部分。确定供货的优先等级对订货处理周期时间有重要影响。许多企业没有正式的确定供货优先等级的标准，操作人员面对大量的订货处理工作，习惯性地优先处理简单的、品种单一、订货量少的订单，其结果往往造成对重要客户和重要订单供货的延迟。

（15）订单处理状态跟踪　为了向客户提供更好的服务，满足客户希望了解订货处理状态信息的要求，需要对订货处理进行状态追踪，并与客户交流订货处理状态信息。

（二）进货作业

进货就是配送中心根据客户的需要，为配送业务的顺利实施，从事组织医药商品货源和进行医药商品存储的一系列活动。进货是配送的准备工作或基础工作，它是配送的基础环节，又是决定配送成败与规模大小的最基础环节。同时，它也是决定配送效益高低的关键环节。

医药商品进货作业主要包括订货、制订进货作业计划、卸货作业、验收作业、分类作业、编号作业、储存作业。

1. 订货

配送中心收到并汇总客户的订单以后，首先要确定配送医药商品的种类和数量，然后要查询管理信息系统确定现有库存医药商品有无客户所订的货物，如有现货且数量充足，则转入拣货作业；如果没有现货或现货量不足，则要及时向供应商发出订单，提出订货。另外，为了对流转速度较快的医药商品保证供货，配送中心也可以根据需求情况提前组织订货，对于商流、物流相分离的配送中心，订货作业由客户直接向供应商下达采购订单。

2. 制订进货作业计划

进货作业计划制订的基础和依据是采购计划与实际的进货单据，以及供应商的送货规律与送货方式。进货作业计划的制订必须依据订单所反映的信息，掌握医药商品到达的时间、品类、数量及到货方式，尽可能准确预测出到货时间，以尽早作出卸货、储位、人力、物力等方面的计划和安排。进货作业计划的制订有利于保证整个进货流程的顺利进行，同时有利于提高作业效率，降低作业成本。在医药商品到达配送中心之前，应根据进货作业计划，在掌握入库医药商品的品种、数量和到库日期等具体情况的基础上做好进货准备。

3. 卸货作业

配送中心卸货一般在收货站台上进行，送货方到指定地点卸货，并抽样医药商品，交验送货凭证等。卸货方式通常有人工卸货、输送机卸货和码托盘叉车卸货。

4. 验收作业

医药商品验收作业必须由经过专业培训的人员进行。

5. 分类作业

将不同医药商品按其性质或其他条件分别逐次区分，将之归纳于不同医药商品类别，进行有系统的排列，以提高作业效率。

6. 编号作业

依据中心编号规则进行详细编号。

7. 储存作业

储存作业是订货、进货作业的延续。在配送活动中，医药商品储存有两种形态：一种是暂存形态；另一种是储备形态。

（三）拣货作业

1. 拣货作业的含义

拣货作业是配送中心依据顾客的订单要求或配送计划，迅速、准确地将医药商品从其储位或其他区位拣取出来，并按一定的方式进行分类、集中的作业过程。在配送中心的内部作业中，拣货作业是其中极为重要的作业环节，是整个配送中心作业系统的核心，其重要性相当于人的心脏部分。在配送中心搬运成本中，拣货作业搬运成本约占90％；在劳动密集型配送中心，与拣货作业直接相关的人力占50％；拣货作业时间约占整个配送中心作业时间的30％～40％。因此，合理规划与管理分拣作业，对配送中心作业效率和降低整个配送中心作业成本具有事半功倍的效果。

2. 拣货作业的流程

拣货作业在配送中心整个作业环节中不仅工作量大，工艺过程复杂，而且作业要求时间短、准确度高，因此，加强对拣货作业的管理非常重要。制定科学合理的分拣作业流程，对于提高配送中心运作效率及提高服务水平具有重要的意义。

（四）补货作业

补货作业是指在配送中心的存货低于设定标准时而发出存货再订购指令的作业活动，或者是拣货区的存货低于设定标准的情况下，将货物从仓库保管区域搬运到拣货区的作业活动。补货作业的目的是为了将正确的货物在正确的时间、正确的地点，以正确的数量和最有效的方式送到指定的拣货区，保证拣货区随时有货可拣，能够及时满足客户订货的需要，以提高拣货的效率。

（五）配货作业

配货作业是指把捡取分类完成的医药商品经过配货检查后装入容器并做好标识再运到配货准备区，待装车后发运。

1. 分货

分货作业是在拣货作业完成之后，将所拣选的医药商品根据不同的客户或配送路线进行的分类，对其中需要经过流通加工的医药商品拣选集中后，先按流通加工方式分类，分别进行加工处理，再按送货要求分类出货的过程。该作业承接的是分拣作业的最后一个环节——货物集中。若配送中心采用播种式拣货作业方式时，在拣取完毕后则需要根据订单类别、客户位置、送货要求、配送路线等相关信息对货物进行分类和集中处理，在开展分货作业时，物流人员需要根据实际情况选择不同的分货方式。

2. 配货检查

拣取的医药商品经过分类、集中后，需要根据客户、车次对象等拣选出来的医药商品做商品号码及数量的核对，以及产品状态及品质检验，以保证发运前医药商品的品种正确、数量无误、质量及配货状态不存在问题。配货检查属于确认拣货作业是否产生错误的处理作业，如果能先找出拣货作业不会发生错误的方法，就能避免事后检查，或只对少数容易出错的医药商品做检查。

配货检查最简单的方法是人工检查，也就是将医药商品一个个点数并逐一核对出货单，进而查验出医药商品品质及状态。就医药商品的品质及状态检验而言，纯人工方式很难将问题一一找出，即使是多次检查，耗费了许多时间，错误很可能依然存在。因此，有必要拓展和开发更有效的出货检查方法。

3. 包装、打捆

包装、打捆是指对配送医药商品进行重新包装、打捆以保护医药商品，提高运输效率，便于配送达时客户识别各自的医药商品等。医药配货作业中的包装主要是指物流包装，其主要作用是保护医药商品并将多个零散包装物品放入大小合适的箱子中，以实现整箱集中装卸、成组化搬运等，同时减少搬运次数，降低货损，提高配送效率。包装是物流的必要环节。包装的设计不仅要考虑生产终结的要求，而且要考虑流通的要求，尽量做到包装合理化。包装合理化表现在以下方面。

（1）包装简洁化 由于包装本身只起保护作用，对产品使用价值而言没有太大意义，因此，在强度、寿命、成本相同的条件下，应采用更轻、更薄、更短、更小的包装，这样可以提高运输、装卸搬运的效率，而且可以降低成本。

（2）包装标准化 包装的规格与托盘、集装箱关系十分密切。因此，包装应考虑到与运输车辆、搬运机械的匹配，从系统的角度制定包装的尺寸标准。标准化的包装规格、单纯化的包装形状和种类有助于提高整体物流效率。

（3）包装机械化 为提高作业效率和包装现代化水平，各种包装机械的开发和应用十分重要。在包装过程中，应尽量运用机械操作，减少人力耗费。

（4）包装单位大型化 随着交易单位的大量化和物流过程中的装卸机械化，包装单位大型化有利于减少包装时间，提高包装效率。

（5）资源节约化 在包装过程中，应加大包装物的再利用程度，以减少过度包装；开发和推广新型包装方式，以减少对包装材料的使用。

4. 贴标签

通过在外包装上书写产品名称、原料成分、重量、生产日期、生产厂家、产品条形代码、储运说明等，以便于客户和配送人员识别产品，进行医药商品的装运。通过扫描包装上的条码还可以进行医药商品跟踪，配货人员可以根据包装上的装卸搬运说明对医药商品进行正确操作。

5. 运到配货暂存区

将配好的医药商品送到暂存区，等待出库、发运。

（六）送货作业

送货作业是利用配送车辆把用户订购的医药商品从医药配送中心，送到用户手中的过程。送货通常是一种短距离、小批量、高频率的运输形式，它以服务为目标，以尽可能满足客户需求为宗旨。因此，送货作业的若干环节至关重要，比如划分基本配送区域、车辆配载原则、暂定配送先后顺序车辆安排、确定配送路线、确定最终的配送顺序等，都是非常关键的环节，每个环节都应与其他环节相协调，才能做到整体最优，为客户提供很好的服务。

1. 划分基本配送区域

为使整个配送有一个可循的基本依据，应首先将客户所在地的具体位置做一系统统计，并将其作业区域进行整体划分，将每一客户囊括在不同的基本配送区域之中，以作为下一步决策的基本参考。例如，按行政区域或依交通条件划分不同的配送区域，在这一区域划分的基础上再做弹性调整来安排配送。

2. 车辆配载原则

由于配送的医药商品品种、特性各异，为提高配送效率，确保医药商品质量，在接到订单后，一方面，将医药商品依特性进行分类，然后分别选取不同的配送方式和运输工具，如按需冷藏医药商品、散装医药商品、箱装医药商品等分类配载；另一方面，配送医药商品也有轻重缓急之分，应按照先急后缓的原则，合理组织运输配送。

3. 暂定配送先后顺序

在考虑其他影响因素，作出确定的配送方案前，应先根据客户订单要求的送货时间将配送的先后作业次序作一概括的预定，为后面车辆积载做好准备工作以有效地保证送货时间，提高运作效率。

4. 车辆安排

车辆安排要解决的问题是安排什么类型、吨位的配送车辆进行最后的送货。一般企业拥有的车辆有限，当公司车辆无法满足要求时，可使用外雇车辆，在保证运输质量的前提下，是组建自营车队还是以外雇车为主则需视经营成本而定。

5. 确定配送路线

知道了每辆车负责配送的具体客户后，如何以最快的速度完成对这些医药商品的配送，即如何选择配送距离短、配送时间短、配送成本低的路线，这需根据客户的具体位置、沿途的交通情况等作出优先选择和判断。除此之外，还应考虑有些客户或其所在地的交通环境对送货时间、车型等方面的特殊要求，如有些客户不在中午或晚上收货，有些道路在高峰期实行特别的交通管制等。

6. 确定最终的配送顺序

做好车辆安排及选择最好的配送路线后，依据各车负责配送的具体客户的先后，即可将客户的最终派送顺序加以明确。

7. 完成车辆积载

明确了客户的配送顺序后，接下来就是如何将货物装车、以什么次序装车的问题，即车辆的积载问题。原则上，知道了客户的配送顺序后，只要将货物依"后送先装"的顺序装车即可，但有时为了有效利用空间，可能还要考虑医药商品的性质（怕震、怕压、怕撞、怕湿、怕潮、怕热）、形状、体积及重量等作出弹性调整。此外，对于医药商品的装卸方法也应依照医药商品的性质、形状、重量及体积等来作具体决定。

（1）影响配送车辆积载的因素　医药商品特性因素：如轻泡医药商品，由于车辆容积的限制和运行限制（主要是超高），而无法满足吨位，造成吨位利用率降低。医药商品包装情况：如车厢尺寸不与医药商品包装容器的尺寸成整倍数关系，则无法装满车厢。比如，医药商品宽度 80 厘米，车厢宽度 220 厘米，并排放两箱的话，将会剩余 60 厘米；不能拼装运输应尽量选派核定吨位与所配送的医药商品数量接近的车辆进行运输，或按有关规定而必须减载运行，如有些危险品必须减载运送才能保证安全；由于装载技术的原因，造成不能装足吨位。

（2）车辆积载的原则　轻重搭配的原则：车辆装货时，应将重货置于底部，轻货置于上部，避免重货压坏轻货，并使货物重心下移，从而保证运输安全。大小搭配的原则：医药商品包装的尺寸有大有小，为了充分利用车厢的内容积，可在同一层或上下层合理搭配不同尺寸的货物，以减少箱内的空隙。医药商品性质搭配原则：拼装在一个车厢内的医药商品，其化学性质、物理属性不能互相抵触；到达同一地点的适合配装的医药商品应尽可能一次积载；确定合理的堆码层次及方法。可根据车厢的尺寸、容积及医药商品外包装的尺寸来确定；装载时不得超过车辆所允许的最大载重量；装载易滚动的桶装医药商品，要垂直摆放；货与货之间、货与车辆之间应留有空隙并适当衬垫，防止货损；装货完毕，应在门端处采取适当的稳固措施，以防开门卸货时，医药商品倾倒造成货损；尽量做到"后送先装"。

（3）提高车辆装载效率的具体办法　研究各类车厢的装载标准，根据不同医药商品和不同包装体积的要求，合理安排装载顺序，努力提高装载技术和操作水平，力求装足车辆核定吨位。根据客户所需要的医药商品品种和数量，调派适宜的车型承运，这就要求配送中心根据经营医药商品的特性，配备合适的车型。凡是可以拼装运输的，尽可能拼装运输，但要注意防止差错。

（4）配送车辆装载与卸载　装载卸载的基本要求："省力、节能、减少损失、快速、低成本"。装车前应对车厢进行检查和清扫。因医药商品性质不同，装车前需对车辆进行清洗、消毒，应达到规定要求。

确定最恰当的装卸方式。在装卸过程中，应尽量减少或根本不消耗装卸的动力，利用医药商品本身的重量进行装卸，如利用滑板、滑槽等。同时，应考虑医药商品的性质及包装，选择最适当的装卸方法，以保证医药商品的完好。

合理配置和使用装卸机具。根据工艺方案科学地选择并将装卸机具按一定的流程合理地布局，以达到搬运装卸的路径最短。

力求减少装卸次数。物流过程中，发生货损货差的主要环节是装卸，而在整个物流过程中，装卸作业又是反复进行的，从发生的频数来看，超过其他环节。装卸作业环节不仅不能增加医药商品的价值和使用价值，反而有可能增加医药商品破损的概率和延缓整个物流作业速度，从而增加物流成本。

防止医药商品装卸时的混杂、散落、漏损、砸撞，特别要注意有毒医药商品不得与普通医药商品混装，性质相抵触的医药商品不能混装。

装车的医药商品应数量准确，捆扎牢靠，做好防丢措施；卸货时应清点准确，码放、堆放整齐，标志向外，箭头向上。

提高医药商品集装化或散装化作业水平。成件医药商品集装化，粉粒状医药商品散装化是提高作业效率的重要手段。所以，成件医药商品应尽可能集装成托盘系列，集装箱、货捆、货架、网袋等医药商品单元再进行装卸作业。不宜包装的粉粒状医药商品也可装入专用托盘、集装箱、集装袋内，提高医药商品活性指数，便于采用机械设备进行装卸作业。

做好装卸现场组织工作。装卸现场的作业场地、进出口通道、作业流程、人机配置等布局设计应合理，使现有的和潜在的装卸能力充分发挥或发掘出来。避免由于组织管理工作不当造成装卸现场拥挤、混乱现象，以确保装卸工作安全顺利完成。

装卸的工作组织。医药商品配送运输工作的目的在于不断谋求提高装卸工作质量及效率、加速车辆周转、确保物流效率。因此，除了强化硬件之外，在装卸工作组织方面也要给予充分地重视，做好装卸组织工作。

第一，制订合理的装卸工艺方案。用"就近装卸"方法或用"作业量最小"法。在进行装卸工艺方案设计时应该综合考虑，尽量减少"二次搬运"和"临时放置"，使搬运装卸工作更合理。

第二，提高装卸作业的连续性。装卸作业应按流水作业原则进行，工序间应合理衔接，必须进行换装作业的，应尽可能采用直接换装方式。

第三，装卸地点相对集中或固定。装载、卸载地点相对集中，便于装卸作业的机械化、自动化，可以提高装卸效率。

第四，力求装卸设施、工艺的标准化。为了促进物流各环节的协调，要求装卸作业各工艺阶段间的工艺装备、设施与组织管理工作相互配合，尽可能减少因装卸环节造成的货损货差。

装车堆积：装车堆积是在具体装车时，为充分利用车厢载重量、容积而采用的方法。一般是根据所配送医药商品的性质和包装来确定堆积的行、列、层数及码放的规律。堆积的方式有行列式堆码方式和直立式堆码方式。

课后练习

选择题

1. 全国性批发企业和区域性批发企业向医疗机构销售麻醉药品和第一类精神药品，应当（　　　）。
   A. 由医疗机构自行提货　　　　　　　　B. 将药品送至医疗机构
   C. 可由医疗机构委托的企业自行提货　　D. 以上均可

2. 企业应对温控药品承运商进行托运前和定期（　　　）。
   A. 审计　　　　　B. 审核　　　　　C. 考察　　　　　D. 考核

3. （　　　）可以实现医药商品从发货人到收货人之间门对门直达运输。
   A. 航空运输　　　B. 铁路运输　　　C. 公路运输　　　D. 水路运输

4. （　　　）运输方式最适合运输距离长、价值高的温控药品。
   A. 水路　　　　　B. 铁路　　　　　C. 航空　　　　　D. 公路

5. 运输药品，应当根据药品的包装、质量特性并针对车况、道路、天气等因素，选用适宜（　　　）的，采取相应措施防止出现破损、污染等问题。
   A. 运输距离　　　B. 运输环节　　　C. 运输工具　　　D. 运输人员

6. 运输特殊管理药品应当按照相关规定在（　　　）或者专区内交接。
   A. 专库　　　　　B. 仓库门口　　　C. 冷藏室　　　　D. 仓库通道

7. 药品运输应急预案中须有运输作业受（　　　）影响的措施。

A. 运输箱数　　　　　B. 异常天气影响　　　　C. 运输重量　　　　D. 司机临时弯路

8. 航空货物运输保险责任范围为（　　）。

A. 飞机起降　　　　　B. 上飞机前　　　　　C. 仓至仓　　　　　D. 下飞机后

9. 新版 GSP 规定，药品出库运输时应与运输方签订保质协议、记录运输车辆是否符合货物运输要求并装运（　　）。

A. GPS 导航　　　　　B. 行程记录仪　　　　C. 厢式货车　　　　D. 安装温度记录仪

10. 以下（　　）药品需要温控运输和配送。

A. 所有的疫苗　　　　　　　　　　　　B. 2～8℃的抗肿瘤药品

C. 阴凉库存储的外用药品　　　　　　　D. 20℃以下存储的抗菌类药物

参考答案

1. B　2. A　3. C　4. C　5. C　6. A　7. B　8. C　9. C　10. A

实训任务

现有一批药品从国药集团医药物流有限公司发往上海市第一人民医院，请根据 GSP 相关要求在 15 分钟内完成以下药品的配送交付作业。评分细则如下。

药品配送交付操作评分细则

序号	配分	评分细则描述	得分
1	6	药品送达顺序正确、送达仓库正确	
2	2	卸到普通药品区域，药品分类堆放	
3	2	卸货时核对品名、规格、批号、数量	
4	1	卸货时核对药品外包装六个面	
5	2	收回已签收的随货同行单，检查签名、签收日期及数量	
6	2	将签收回单带回，填写签收单回收记录表	
合计配分	15	合计得分	

第八章
培训与指导

学习目标

本章教学内容主要包括培训计划的制订与实施、技能操作现场指导。通过本章学习，达到以下基本要求：了解培训工作的目标及要求；熟悉培训的整个工作流程，可以制订培训计划并准备培训资料；掌握仓储运输作业流程和培训知识，能对医药商品储运员进行业务辅导，并运用现场指导方法指导储运员处理储运作业中遇到的业务问题。

按照《药品经营质量管理规范》的要求，为了加强员工的法律法规、药品知识、岗位技能及操作规程培训教育，不断提高员工整体素质和企业经营水平，使公司质量管理体系良好，质量管理水平、员工素质不断提升，保证药品质量的"全过程"控制，对企业人员进行有组织、有计划的培训与指导工作具有十分重要的意义。

第一节 培训

培训是一种有组织的知识传递、技能传递、标准传递、信息传递的行为。培训管理体系包括培训组织机构、培训计划、培训制度、培训政策、管理人员培训职责、培训信息搜集反馈与管理、培训课程体系、培训讲师队伍建设、培训评估体系、培训预算及费用管理、培训绩效考核管理等方面。作为培训人员在培训前应能够编写培训计划和培训资料。

一、培训计划制订

企业应结合自身管理模式按年度制订培训计划，企业各部门在年初提交全年的教育培训需求，涵盖：药品基础知识、药品质量监管、特殊药品监管、温控药品监管、财务知识、操作流程、计算机系统操作培训、法律法规、安全、突发应急演练等。重点围绕《药品经营质量管理规范》的要求。年度培训计划应统一上报上级管理层审批后执行，做好各相关记录。公司应有专门人员定期检查培训计划的实施执行情况，根据公司发展的需要适时调整培训计划。

（一）培训分类

按照培训的目的、内容和方式的不同，培训可分为岗前培训和继续教育。

岗前培训是指上岗前必须接受的培训。其目的为保证新录用和岗位调整等人员能充分有效、适宜地履行岗位职责，对其进行有针对性的包括规章制度、岗位职责、操作规程、岗位安全知识、企业文化等内容在内的岗前任职培训。

继续培训，也称为继续教育，是为保证在职在岗的工作人员能够不断适应科技发展、社会进步和本职工作的需要，对其进行新知识、新技术、新理论、新方法、新信息、新技能及国家有关药品监督管理的最新政策要求的高层次的追加教育与培训。

（二）培训需求分析

作为开展企业培训工作的第一步，首先应清楚企业是否需要开展培训，即培训什么。企业的培训需求来源于两个方面：一方面是组织的需求，组织需求表现在组织战略的变化、业务的调整以及应对不断变化的经营环境提出的要求；另一方面是员工的需求，员工的需求表现在员工是否胜任岗位工作任务、员工是否达到业绩目标要求以及员工个人的发展等。具体需求分析包括岗位分析、人员分析和工作分析三项内容。

1. 岗位分析

通过组织结构分析决定公司选人、育人、用人、留人等各环节的需求，确定培训是否符合需要。

2. 人员分析

确定哪些员工需要培训。包括查找原因即判断业绩不佳到底是什么原因引起的，是知识、技能或能力不足，还是由于工作动力不够，或者是工作岗位设计本身有问题，同时确定员工是否做好培训准备。

3. 工作分析

首先确定员工需要完成哪些方面的任务，然后确定在培训中应强调哪些知识、技能及行为，从而确定培训内容。

（三）培训目标

1. 提高员工素质

提高员工的综合素质，完善知识结构，增强综合管理能力、创新能力和执行能力，提高对药品管理法律法规及 GSP 的理解，形成一个团结协作、勇于创新的集体。

2. 提升专业技能

加强公司对员工技术的培训，提高技术理论水平和专业技能，熟知 GSP 相关知识，能够在工作中运用。

3. 增强履行职责能力

强化履行岗位职责的能力，掌握所在岗位的相关规程，满足各岗位的要求，胜任本职工作。

4. 提高质量管理意识

通过对各岗位人员进行有针对性的 GSP 知识和岗位培训，全面提升各岗位人员的岗位工作技能、提高质量管理意识，使公司质量管理体系常态化保持良好运行。

（四）制订培训计划

培训计划的制订与实施由质量管理部门和人力资源部门共同完成。质量管理部门应负责落实和确定培训的内容、培训教师、培训对象和考核方法等工作。培训内容首先达到药品监督管理部门对质量管理的规定和要求，其次完成企业年度工作的总体目标任务和对质量管理工作的部署。通过培训实施来解决企业实际质量管理工作中存在的不足和问题,提升员工的质量管理意识和素质,缩短与全面的、高水平的、规范化的质量管理要求的差距,达成现代医药物流企业的新任务、新要求,使员工掌握新知识、新技能。

培训计划包括培训目的、培训内容、培训对象、培训时间、培训学时、培训教师、培训地点、考核方式及培训预算等。在年度开始前,制订该年度预计举办的培训内容的计划,培训日期的选择应使培训对象都能参加;计划培训内容,除预先决定的固定课程之外,其他的辅助学习可一并进行。具体格式见表8-1。

表 8-1 ××××医药股份有限公司年度培训计划

序号	培训目的	培训内容	培训对象	培训时间	培训学时	培训教师	培训地点	考核方式

起草人:××   日期:××   批准人:××   日期:××

二、培训实施、考核、评价

完善培训实施过程有效监控和做好记录。按照培训制度的规定,培训应采取有效的考核手段,将考核结果与员工的上岗资格、激励机制紧密结合。

(一)培训实施

1. 培训准备

要想培训工作起到良好的效果,那么培训前的准备工作是十分重要的。主要准备工作有:培训通知、讲师确认、课件确认、时间地点协调、设施设备检查调试、所需表格及资料准备等。当然根据内训或外训的需要,以上工作在准备细节上会有所区别和侧重。

(1)时间地点协调 不管是外训还是内训,虽然在培训计划中都有明确的时间和地点,但计划不如变化快,正式培训前两三天,需要与部门领导、培训讲师确认培训具体时间;另外,培训地点也需要落实,场地人数容纳量、光线明暗度、设备齐全度、桌椅排列方式是否合乎所需、是否可弹性运用、是否安静不受干扰,场地届时是否有其他会议或培训与之相冲突,需与会议室管理者沟通好。

(2)设施设备检查 培训所需投影仪、音响、话筒、激光笔等进行确认和试用,对于无法正常使用的,要及时请维修人员进行修理或者更换。

(3)所需表单及资料确认 一般而言,培训签到表、培训评价表、培训试卷、笔记本、笔等数量需要比参加培训人准备更多的数量。

2. 培训方式

可采用企业内部培训和外部培训相结合的方式。内部培训采取集中授课、自学、讲座、专题研讨会、网络教学等多种方式。外部培训采取参加药监、协会等部门举办的培训学习、专业技术人员每年参加国家规定的继续教育培训、外部培训机构组织的质量培训等方式。

3. 培训人员

企业对新入职员工的培训是先进行普及药品知识的第一阶段,由人力资源部下发培训资料,质管部讲解重点知识、岗位职责等,书面考试通过后,再进行第二阶段,根据其工作岗位的不同,由信息部进行计算机系统操作的培训,班组长进行技能操作培训,普及教育结束后，人力资源部组织对其考核，信息部授予该员工计算机操作权限，整个过程需在该员工签订劳动合同的一个月内进行。培训学时应不少于 3 个课时，培训的时间建议每课时 45 分钟，每课时累积 1 学分。经培训并经书面考试合格分数建议≥80 分。

对调入新岗位的员工，除了进行基础知识的培训外，由新的工作组长对其进行岗位职责的说明和相关操作规程的培训，质量管理部依据岗位职责及相关操作规程编辑考试试卷，交由人力资源部进行书面考试，通过后，信息部对其进行计算机系统模块培训，经新岗位部门经理考核后，信息部受理计算机系统新的操作权限，同时收回原来岗位权限，整个过程需在该员工提出转岗申请一个月内进行。培训学时不得少于 2 个课时。

企业在人员培训的过程中应注意全员参与培训，避免出现新入职人员如新任领导或从外单位调入的员工未参加培训；转岗前如质量部长升职为质量负责人未参加培训；送货司机或企业负责人未参加培训等现象。

现代医药物流企业中从事药品质量管理、验收、保管、养护、运输配送等人员，必须按药品流通法律法规等规定参加培训，从事特殊管理药品、冷藏冷冻药品的储存、运输等工作的人员，应当接受相关法律法规和专业知识培训并经考核合格后方可上岗。

4. 培训内容

培训内容包含药品的相关法律法规、药品专业知识及技能、质量管理制度、质量职责及岗位操作程序等。企业对各岗位人员进行与其职责和工作内容相关的岗前培训和继续教育，使其掌握岗位工作的基本技能和要求。同时根据不同岗位进行药品管理质量法规、基本知识和岗位技能操作等培训。

企业培训应避免出现以下问题。

（1）培训内容不全　新政策和专业知识未培训。

（2）培训不及时　新出台的政策不及时培训、新员工入职及转岗前不及时培训、新制度下发后不及时培训。

（3）培训针对性不强　没有针对性的职责和操作规程的培训，缺少温控药品管理人员和特殊管理人员专项培训等问题。

5. 培训档案

企业员工在接受岗前培训、教育培训或其他培训时，应建立培训档案。具体分为企业质量教育培训档案和员工个人教育培训档案，以便于从不同角度记载企业开展药品质量管理方面的教育与培训情况。

企业质量教育培训档案应包括以下内容：质量教育培训计划、培训通知、培训材料或讲稿、培训记录表、考核试卷、培训照片等。员工个人教育培训档案包括：考试试卷、新入职及转岗人员培训考核汇总表、培训合格证书、员工个人培训教育档案等内容。相关表格文件见表 8-2～表 8-4。

表 8-2　员工培训记录表

编号：　　　培训主题：　　　培训时间：　　　培训地点：

序号	姓名	部门	职务	培训表现	考核结果	备注

表 8-3　员工培训考核汇总表

培训时间					
培训地点					
培训内容					
考核人					
序号	姓名	考核成绩	考核结果	采取措施	备注

表 8-4　员工个人培训教育档案

档案编号：

姓名		性别		出生年月		任职时间	
部门		职位		工号		职称	
培训编号	培训主题	培训时间	课时	授课方式	考核方式	考核成绩	备注

（二）培训考核

培训考核分为学分制、现场检查制和认证制三种形式。

1. 学分制

企业根据长期与短期的培训需求，将不同岗位员工应具备的知识、技能、态度、习惯，通过科学的学分制定，进行系统性的培训。这些学分的获取有内训课程、外训课程，以自学的方式或者与外部专业机构或协会配合开展培训。这种考核的缺点是不能掌握员工的实际工作能力是否提高和完善，因此必须结合现场检查制的考核方法进行综合考核。

2. 现场检查制

现行的 GSP 要求企业应当对岗位人员进行与其职责和工作内容相关的岗前培训和继续培训，以符合该规范的要求。其培训目标是要求员工能正确履行岗位要求，所以要对培训效果进行考核。最简单和有效的方法是进入员工的工作现场进行提问和检查。从中了解员工的工作能力是否有改进，企业的效益是否有提高，从而判断培训的实际效果。这种方法应当是企业首选的考核方法。

3. 认证制

对于研发设计人员、维修技师、销售精英、管理师、督导师、内部讲师等专业人才，不仅可以通过外部正式文凭、资格证书、执业执照获取的方式，还可以通过内部认证或授权的方式，使其成为企业人才库的重要成员，负责各种专业知识技能、态度的传承和培训任务。因此企业在开展培训计划时，主要以协助此类人员取得内部认证为方向，除了考虑课程结构、学员资格审核、讲师选择、时间场地安排，还要进一步研究认证的形式。

另外，认证评委的选择与评分标准也是一大考验，评委若有高层领导或专家参与，必须与授课讲师进行认证前的协商咨询，了解学员的背景、学习历程、课中表现、课后差异及评分指标与打分标准等，才能保证认证结果公平、公开、公正、高效。

（三）培训评价

培训评价是指对培训效果开展收集分析、评价和改进工作。主要通过访谈的形式与参培人员进行交流，了解培训内容、培训方式、讲课质量等方面的数据，掌握培训取得的实际意义和价值，以便于对整个培训全过程进行综合评价和改进，进一步提高员工培训的水平。

1. 培训评估

（1）课堂反应　主要考察学员对培训讲师的看法，培训内容是否合适等。这是一种浅层评估，通常是通过设计调查问卷表的形式进行。

（2）学习效果　主要是检查学员通过培训掌握了多少知识和技能。可以通过书面考试和撰写学习心得的形式进行检查。

（3）工作能力变化　是指学员通过培训是否将掌握的知识和技能应用到实际工作中，提高工作绩效。此类评估可以通过绩效考核方式进行。

（4）业绩提升　通过培训受训者是否对企业的运营结果产生影响，培训后还要进行质量跟踪，在受训者返岗工作后定期跟踪反馈，也确认受训者在各方面是否有进步和改善，也可进一步发现工作中仍然存在的问题，为制订下一步的培训计划提供依据。

2. 培训奖惩激励制度

把培训结果与奖惩挂钩，把是否接受培训以及受训学习效果的好坏作为晋级、提薪的重要依据，对达不到培训要求的受训者给予一定的行政降级和经济处罚或岗位调整。形成"培训、考核、使用、待遇"一体化的激励机制，保证"参与培训与不参与培训不一样，学的好与学的差不一样"，从而激发员工的学习知识、学习技术、学习管理、自我提升的积极性。

3. 完善培训管理责任制

任何制度的推行，都必须把管理责任落实到人才会有效。为了保证企业培训体系的良性运行，企业要考虑建立相应的责任制，如推行培训指标与部门经理经济利益挂钩制。在年终进行综合考评，凡培训工作开展不好的部门，对主管领导进行一定的经济处罚，只有真正地将培训指标同基层领导的经济利益挂钩，培训工作才能见到实效。

第二节　指导

指导是指示教导、指点引导的意思。在培训工作中，指导起着很重要的作用。通过指导可以解决在培训过程中遇到的问题，提升受训者的知识和技能水平。

一、药品储运质量管理与作业流程指导文件

（一）储运岗位职责及工作内容

仓储运输作业是货物从收货入库到出库运输的一系列活动，为了确保储存运输的医药商品质量合格，在工作的每一环节均强调执行作业标准和规范。仓储运输作业流程，主要包括收货、验收、入库保管、养护、出库复核、运输几大方面的作业流程，每个流程中根据操作步骤还可细化各环节的操作要求。

1. 收货员岗位

收货员岗位职责与工作内容见表 8-5。

表 8-5 收货员岗位职责与工作内容

职责	① 负责企业采购到货收货
	② 负责企业销后退回收货
工作内容	① 指导、协助卸货人员按规定卸货、码放
	② 按照收货规程接收进货药品和销后退回药品
	③ 检查到货运输工具、运输状况、运输时间,对照随货同行单(票)和采购记录核对药品;对于温控药品,还需要检查来货温控工具、到货温度、运输过程温度记录,对不符合要求的,通知采购部门或者质量管理部门处理
	④ 收货完成后将药品按品种特性放置于待验区,并在随货同行单(票)上签字后移交验收人员

2. 验收员岗位

验收员岗位职责与工作内容见表 8-6。

表 8-6 验收员岗位职责与工作内容

职责	负责企业经营药品的验收
工作内容	① 单据、货物核对查验
	② 按照批号逐批查验药品的合格证明文件
	③ 按照批号逐批对药品进行抽样检查,对抽样药品的外观、包装、标签、说明书等逐一进行检查、核对
	④ 验收不合格药品的处理
	⑤ 验收结束后将抽取完好样品放回原包装箱,加封并标示
	⑥ 建立并保存真实、完整、规范的验收记录

3. 保管员岗位

保管员岗位职责与工作内容见表 8-7。

表 8-7 保管员岗位职责与工作内容

职责	① 对药品入库、存储工作的规范性负责
	② 对药品入库、在库、出库数量的准确性负责
	③ 对入库、在库、出库药品的质量负相应责任
	④ 对在库药品的合理储存条件负责
工作内容	① 严格执行与本岗位相关的质量管理制度和工作规程,做好药品的入库、存储、出库、复核等各个环节的工作
	② 依据验收员的检验结论和按有关规定办理药品入库手续,正确合理分库、分类存放药品,实行色标管理
	③ 严格遵守药品外包装图示标志,正确搬运和堆垛药品,做到不错放、乱摆与倒置
	④ 按照先进先出、按批号发货的原则办理药品出库,并做好药品出库复核记录
	⑤ 发现质量有问题的药品应挂黄牌暂停发货,及时通知质量管理人员检验处理,依据处理意见及时处理

续表

工作内容	⑥ 做好库房温湿度监测、调控、记录工作,采取防鼠、防虫、防霉、防尘、防火等相应措施,保证在安全合理的条件下储存药品
	⑦ 做好仓库及库存药品的清理卫生工作,保持库区内外的清洁卫生
	⑧ 负责对仓储设施设备进行维护保养,确保所用设施设备运行良好并做好相应记录

4. 养护员岗位

养护员岗位职责与工作内容见表 8-8。

表 8-8 养护员岗位职责与工作内容

职责	① 对药品入库、存储工作的规范性负责
	② 对药品入库、在库、出库数量的准确性负责
	③ 对入库、在库、出库药品的质量负相应责任
工作内容	① 根据 GSP 有关规定,指导保管员正确分库(区)、分类、合理存放药品,实行色标管理,纠正药品存放中的违规行为
	② 坚持"预防为主"的原则,依据药品流转情况、季节变化和市场药品质量动态确定药品养护方案,拟定药品养护计划
	③ 依据养护计划对库存和陈列药品进行质量检查,依据药品的特性采取正确的方法进行科学养护
	④ 每月汇总、分析和上报养护检查、近效期或长时间陈列和存储的药品等质量信息
	⑤ 填写并上报有效期商品报表和各类质量信息报表
	⑥ 定期对企业的养护用仪器设备、温湿度监控仪器等检查维护,确保设施设备和监控仪器的正常运行

5. 复核员岗位

复核员岗位职责与工作内容见表 8-9。

表 8-9 复核员岗位职责与工作内容

职责	负责企业出库药品的准确性
工作内容	① 按照散件药品出库复核规程完成散件药品出库复核
	② 按照整件药品出库复核规程完成整件药品出库复核
	③ 将散货按"重不压轻、大不压小、液体不倒置并单独用塑料袋封装"的原则进行封装
	④ 出库复核过程中异常情况的处理

6. 运输员岗位

运输员岗位职责与工作内容见表 8-10。

表 8-10 运输员岗位职责与工作内容

职责	① 负责药品运输工作
	② 负责药品运输途中的质量、数量、安全管理
	③ 负责药品在运输过程中的装卸、搬运,实现安全、准确、及时和经济的运输要求

续表

工作内容	① 按指定的运输工具和运输路线做好药品的运输准备工作
	② 依据运输凭证核实所需运输药品的内容,并检查药品包装及图示标志,准确无误后在运输凭证上签名确认
	③ 装卸搬运药品需轻拿轻放,严格按照外包装图示要求堆码存放,不得倒置或重压药品
	④ 药品装车堆码整齐,捆扎牢固,并采取相应的衬垫、防震等措施防止药品破损、污染等,保证药品运输的质量、数量及安全
	⑤ 应针对药品包装和道路情况,采取相应措施,防止药品破损和混淆,运输有温度要求的药品,需要采取保温和冷藏措施确保药品质量
	⑥ 运输途中必须严密覆盖药品,禁止敞篷运输
	⑦ 托运部门和购货单位相关人员办理托运时,应及时清点药品,并妥善保管托运凭证
	⑧ 与发货员办理药品运输交接手续
	⑨ 运输危险品时应按照《化学危险品管理条例》的规定进行
	⑩ 运输途中发现药品质量问题后,应立即终止药品的发货,并及时上报质量管理部门处理,做好相应记录,不得自行处理后继续运送给购药单位

(二) 储运作业规程主要内容

药品储运质量管理与作业流程指导文件主要内容包括规程制定起草依据、目的、适用范围、岗位职责、具体操作流程图与操作要求。具体格式以药品收货为例见表 8-11。

表 8-11 药品收货操作规程

××医药股份有限公司	药品收货操作规程		文件编号:	
			版本号:	页数:
起草人/日期		审核人/日期		生效日期:
批准人/日期		发放部门		发放日期:
收件部门:				

1. 起草依据:《药品管理法》《药品经营质量管理规范》。

2. 目的:规范药品收货操作程序,保证药品收货环节质量安全。

3. 适用范围:仓储部。

4. 岗位职责:负责企业采购到货收货;负责企业销后退回收货。

5. 药品收货流程图:一般药品流程图和冷藏药品收货流程图。

6. 药品收货流程具体规程:具体包含实货收货与码放、计算机系统录入、单据交接等内容。实货收货与码放规程如下。

(1)药品到达后收货员首先查看送货车辆是否为密闭车辆;符合要求按如下规定操作,不符合要求直接拒收。

(2)随货同行单与系统上传样单对比,不一致通知质量管理部,质量管理部确认拒收并形成拒收记录,一致的按如下规程操作。

(3)收货员将随货同行单、药品实物信息与 WMS 中的物流入库订单进行核对,确认到货信息与物流入库订单一致,方可收货,信息不符的通知采购部与供应商确认。

(4)冷藏、冷冻药品执行《温控药品收货与验收操作规程》,检查运输方式,到货温度,留存并检查在途温度记录。根据物流入库订单的信息,核对在途时间、承运方式、承运单位、启动时间等信息。

（5）拆除药品的运输防护包装，按随货同行单与药品实物信息进行核对，信息不符的在随货同行单上标注，并检查药品外包装是否完好，对出现破损、污染、标识不清等情况的药品，应当拒收并形成拒收记录。

（6）收货员对货物进行托盘堆码，按限高警示线进行堆码托盘。若有电子监管码标签将标签全部朝外，便于入库上架时对电子监管码进行扫描。

（7）收货完成的将药品放置待验区

（三）储运作业流程的编写

1. 储运作业流程的编写步骤

（1）成立编写组织　编写作业流程应设立编写组，确定编写成员。其中应该包括该岗位熟练的操作人员和管理人员。

（2）确定编写计划　一个标准或流程的产生应当是根据企业需要和岗位需要，有步骤、有计划地组织人员、说明要求、调查研究并编写和试运行，因而必须制订编写计划，以便按期完成工作。

（3）要求范围的确定　在确定编写人员的同时讨论确定编写的要求。

（4）调研收集资料　通过各种手段，比如调查问卷和面谈，收集有关操作的要求与资料。

（5）编写　每个参加编写的人员应按期完成编写部分，并在编写过程中及时沟通，确保编写顺利进行。

（6）研讨与确认　编写完成的作业流程应经编写组讨论通过。

（7）发布　讨论通过的作业流程应经主管负责人签字、公布。

（8）执行检查　公布实施的作业流程应进行检查，核实其是否存在不合理的问题。

（9）持续改进　对于发现的问题应及时修正，使操作流程更加贴合实际和方便使用。

2. 储运作业流程的编写要求

（1）必要性分析　编写前必须做必要性分析。

（2）查阅资料　在编写过程中，一定要通过查阅资料和小组讨论，以论证经过精化和细化后流程的合理性。

（3）完善流程　考虑不同医药商品的特殊要求，在一般流程的基础上进行调整与改进。

（4）完善人员及设备配备　在确定流程的基础上，对该环节作业时的人员配备、设备配备和相关的管理制度等进行设计和完善，以使此项作业流程能够更好地执行。

二、现代医药物流现场指导

（一）现场指导基本要求

1. 敏捷的思维

思维的敏捷性是指思维过程的速度。有了思维敏捷性，在处理问题和解决问题的过程中，才能遇事从容不迫，当机立断，及时解决问题。

2. 流利的表达

流利就是通顺、通畅、不间断的意思。流利的表达在现场指导中具有很重要的意义，可以增强自信心和别人的信任感。一个人在现场要想实现精辟的、深刻的、合理的表达，除需要不断地学习和练习，增加自己的词汇量，熟练准确的运用以外，个人的思维结构也是很重要的。

3. 清晰的表述

清晰的表述就是用清晰的语音、准确的语言、完整地表达一句话或说明一件事情。吐字时字正腔圆，铿锵有力。清晰的表达直接影响着培训结果的好坏。

4. 专业的示范

示范是做出榜样或典范，供人们学习。现场指导中，专业的示范起到垂范的作用，不仅可以以理服人，而且会收到意外的成效。

（二）现场指导步骤

1. 发现问题

现场指导意义就在于能够当场发现问题并解决问题。因此，首要的任务就是发现问题。怎么才能发现问题呢？首先要有敏锐的观察力，具有责任感、对工作认真负责、有较强的专业能力、有开阔的视野、有发现解决各种问题的能力；其次是聆听，在现场认真听取各种声音，并逐一进行分析和对比，及时准确地判断事情的真伪并发现核心问题。

2. 诊断问题

发现问题后，要对产生的问题进行诊断。诊断的方法主要是对问题来源的信息进行收集、整理、汇总并加以分析。然后确定问题的大小和轻重，做出正确的判断结论。

3. 解决问题

根据诊断问题的结果，利用专业知识技能及从业经验，结合实际工作情况，对问题进行相应的处理，妥善解决。

4. 完善提高

在此次事件和问题解决的基础上，总结经验教训，做出奖惩，并进一步完善和提高，防止此类事情的再次发生。

（三）举例——收货员岗位现场指导

药品收货环节是防止假劣药流入药品经营企业的一道重要屏障，正确的收货操作可以保证供货渠道的合法性以及到货药品的正确性，确保药品在运输过程中质量可控。

药品到货时，收货人员应当核实运输方式是否符合要求，并对照随货同行单（票）和采购记录核对药品，做到票、账、货相符。随货同行单（票）应当包括供货单位、生产厂商、药品的通用名称、剂型、规格、批号、数量、收货单位、收货地址、发货日期等内容，并加盖供货单位药品出库专用章原印章。冷藏、冷冻药品到货时，应当对其运输方式及运输过程的温度记录、运输时间等质量控制状况进行重点检查并记录，不符合温度要求的应当拒收。

收货人员对符合收货要求的药品，应当按品种特性要求放于相应待验区域，通知验收。

1. 发现问题

收货员岗位常见的问题有：无采购订单或无随货同行单收货；随货同行单项目不全或信息与实际到货不符收货；随货同行单未加盖供货单位药品出库专用章原印章，或加盖原印章不全的收货；未留存运输凭证的收货；收货用的凭证、记录等未归档的收货；冷藏、冷冻药品到货超温后没有相关证明文件也收货入库；到货温度检查方法与规程不一致的收货；无冷藏、冷冻药品收货记录，或记录内容不完整的收货；未核实冷藏、冷冻药品的运输方式收货；未检查在途温度和运输时间等。

2. 诊断问题

引起上述问题的原因有：制度不完善，流程不明确；岗位培训不到位；员工责任心不强；新员工对业务不熟悉；工作量大，时间紧任务重等。

3. 解决问题

针对上述几个问题的解决方法是：企业应制定各岗位完善的操作规程；对新进员工或者调岗员工进行相应的岗前培训或继续教育，提高业务水平；加强对员工责任心的培养。收货过程中常见问题及处理措施见表 8-12。

表 8-12　药品收货常见问题及处理措施

核对单据	核对印章印模	① 印章盖错，未按要求加盖出库专用章，而是用公章或质量章代替； ② 供应商变更了企业信息但未及时更新备案，如变更了印章印模的样式、收货地址等	应通知采购部，先将到货药品放置"待处理区"，等待资料更新备案。质量部将更新后的资料上传至系统后，通知收货员重新完成收货
	核对采购记录	收货时发现到货药品信息与计算机系统不一致，例如药品的品名、规格等与系统中的采购记录不符	应拒收，通知采购部，并在随货同行单上标注拒收原因
		收货时发现到货药品信息与系统不一致，例如生产企业变更药品信息，但供应商未及时更新备案	应通知采购部，先将到货药品放置"待处理区"，等待资料更新备案。质量部将更新后的资料上传至系统后，通知收货员重新完成收货
核对药品	数量	收货时发现随货同行单错误，例如批号数量信息与实物不一致	应暂存"待处理区"，并通知采购部与供应商联系，更换随货同行单后再完成收货
	外包装	收货时发现药品外包装有挤压、破损、污染、渗液等情况	应通知采购部、质量部，确认处理措施，需当场拒收的药品直接拒收，不需当场拒收的药品暂存"待处理区"

4. 完善提高

为了保证药品收货环节质量安全，特制定本岗位的工作标准，对收货过程中常出现的问题制定应达到的标准和考核办法并进行评分。

 知识链接 -

《药品经营质量管理规范》中第二章药品批发的质量管理第三节人员与培训十八至三十条。

第十八条　企业从事药品经营和质量管理工作的人员，应当符合有关法律法规及本规范规定的资格要求，不得有相关法律法规禁止从业的情形。

第十九条　企业负责人应当具有大学专科以上学历或者中级以上专业技术职称，经过基本的药学专业知识培训，熟悉有关药品管理的法律法规及本规范。

第二十条　企业质量负责人应当具有大学本科以上学历、执业药师资格和 3 年以上药品经营质量管理工作经历，在质量管理工作中具备正确判断和保障实施的能力。

第二十一条　企业质量管理部门负责人应当具有执业药师资格和 3 年以上药品经营质量

管理工作经历，能独立解决经营过程中的质量问题。

第二十二条　企业应当配备符合以下资格要求的质量管理、验收及养护等岗位人员：

（一）从事质量管理工作的，应当具有药学中专或者医学、生物、化学等相关专业大学专科以上学历或者具有药学初级以上专业技术职称；

（二）从事验收、养护工作的，应当具有药学或者医学、生物、化学等相关专业中专以上学历或者具有药学初级以上专业技术职称；

（三）从事中药材、中药饮片验收工作的，应当具有中药学专业中专以上学历或者具有中药学中级以上专业技术职称；从事中药材、中药饮片养护工作的，应当具有中药学专业中专以上学历或者具有中药学初级以上专业技术职称；直接收购地产中药材的，验收人员应当具有中药学中级以上专业技术职称。

从事疫苗配送的，还应当配备 2 名以上专业技术人员专门负责疫苗质量管理和验收工作。专业技术人员应当具有预防医学、药学、微生物学或者医学等专业本科以上学历及中级以上专业技术职称，并有 3 年以上从事疫苗管理或者技术工作经历。

第二十三条　从事质量管理、验收工作的人员应当在职在岗，不得兼职其他业务工作。

第二十四条　从事采购工作的人员应当具有药学或者医学、生物、化学等相关专业中专以上学历，从事销售、储存等工作的人员应当具有高中以上文化程度。

第二十五条　企业应当对各岗位人员进行与其职责和工作内容相关的岗前培训和继续培训，以符合本规范要求。

第二十六条　培训内容应当包括相关法律法规、药品专业知识及技能、质量管理制度、职责及岗位操作规程等。

第二十七条　企业应当按照培训管理制度制定年度培训计划并开展培训，使相关人员能正确理解并履行职责。培训工作应当做好记录并建立档案。

第二十八条　从事特殊管理的药品和冷藏冷冻药品的储存、运输等工作的人员，应当接受相关法律法规和专业知识培训并经考核合格后方可上岗。

第二十九条　企业应当制定员工个人卫生管理制度，储存、运输等岗位人员的着装应当符合劳动保护和产品防护的要求。

第三十条　质量管理、验收、养护、储存等直接接触药品岗位的人员应当进行岗前及年度健康检查，并建立健康档案。患有传染病或者其他可能污染药品的疾病的，不得从事直接接触药品的工作。身体条件不符合相应岗位特定要求的，不得从事相关工作。

课后练习

选择题

1. 按照培训的目的、内容和方式的不同，培训可分为岗前培训和（　　　）。

A. 脱岗培训　　　　B. 网络培训　　　　C. 继续教育　　　　D. 自主学习

2. 企业应当对（　　　）岗位人员进行与其职责和工作内容相关的岗前培训和继续培训。

A. 各　　　　　　　B. 个别　　　　　　C. 供货方业务员　　D. 购货方采购员

3. 编写培训计划需对培训需求进行分析，其中包括（　　　）。

A. 岗位分析　　　　B. 人员分析　　　　C. 工作分析　　　　D. 以上都是

4. 培训考核分为三种形式，不包含（　　　）。

A. 学分制　　　　　B. 现场检查制　　　C. 调查问卷制　　　D. 认证制

5.（　　）主要考核学员对培训讲师的看法，培训内容是否合适。

A. 课堂反应　　　　B. 学习效果　　　　C. 工作能力变化　　D. 业绩提升

6. 内部培训采取集中授课、自学、（　　）、专题研讨会、网络教学等多种方式。

A. 参加药监培训　　　　　　　　　B. 参加协会培训

C. 参加外部培训机构培训　　　　　D. 企业讲座

7. 企业负责人应当具有（　　）以上学历或者中级以上专业技术职称，经过基本的药学专业知识培训，熟悉有关药品管理的法律法规及本规范（　　）。

A. 大学本科　　　　B. 大学专科　　　　C. 中专　　　　　D. 高中

8. 企业质量教育培训档案应包括以下内容：（　　）、培训通知、材料或讲稿、培训记录（时间地点、人员签名等）、考核的试卷、培训照片等。

A. 员工个人培训教育档案　　　　　B. 质量教育培训计划

C. 员工培训考核表　　　　　　　　D. 员工学历证书

9. 现场指导中，（　　）起到垂范的作用，不仅可以以理服人，而且会收到意外的成效。

A. 敏捷的思维　　　B. 流利的表达　　　C. 清晰的表述　　　D. 专业的示范

10. 现场指导的意义就在于能够当场（　　）并解决问题。

A. 发现问题　　　　B. 诊断问题　　　　C. 分析问题　　　　D. 完善提高

参考答案

1. C　2. A　3. D　4. C　5. A　6. D　7. B　8. B　9. D　10. A

实训任务

现某医药企业收货员岗位招聘了一批新员工，请根据 GSP 培训相关要求，设计培训计划并准备培训资料。评分细则如下。

评价要素	分值	评分标准	得分
设计培训计划准备培训资料	15	培训计划	
	10	培训通知	
	10	员工签到表	
	10	培训资料	
	10	培训考试试题	
	10	试题答案	
	10	员工考试成绩单	
	10	员工个人培训教育档案	
	15	培训效果调查表	
合计配分	100	合计得分	

参考文献

[1] 杨玉茹. 医药商品储运员职业资格培训教程 [M]. 北京：中国医药科技出版社，2014：273.

[2] 丛淑芹，丁静. GSP 实用教程 [M]. 北京：中国医药科技出版社，2017：18.

[3] 谢小兵. 湖南天健现代医药物流中心的仓储管理研究 [D]. 湖南大学，2013.

[4] 杨定国. 物流企业人才教育培训体系的战略构建 [D]. 天津大学，2009.

[5] 孙志安. 医药商品储运员实战教程 [M]. 北京：中国医药科技出版社，2014.

[6] 欧阳小青. 医药物流实务. 北京：中国医药科技出版社，2016.

[7] 张海瑞，姜云莉. 现代医药物流仓储管理策略优化探析 [J]. 物流工程与管理. 2019，41（04）：70-71，135.

[8] 邓金栋，温再兴. 中国药品流通行业发展报告 [R]. 北京：社会科学文献出版社，2017.

[9] 中华人民共和国国家标准：物流术语 [S]. 北京：中国标准出版社，2006.

[10] 百度百科. 美国成功发射 GPS IIF－7 卫星 [N]. 测绘. 2014-12-24.

[11] 全球定位系统将"归零"中国北斗明智绕过了 GPS 的这个坑 [N]. 百家号-环球时报. 2018-03-22.

[12] 杨欢，幸芦笙. 自动化立体仓库中货物自动识别技术 [J]. 江西科学，2019，37（2）：287-292.